D1573842

cocon

Die Drucklegung erfolgte mit großzügiger Unterstützung
der Hessischen Staatskanzlei,
des Hessischen Ministeriums für Wissenschaft und Kunst
und der Stiftung der Sparkasse Hanau.

Hessische Landgemeinden im Ersten Weltkrieg 1914–1918
Begleitband zur Ausstellung vom 3. Oktober bis 16. November 2014 in Nidderau
Herausgegeben von Heinrich Pieh, Jürgen Müller und Katja Alt

ISBN 978-3-86314-260-5
Erschienen im CoCon Verlag, Hanau 2014
www.cocon-verlag.de

Titelgestaltung: Manfred Nachtigal unter Verwendung eines Fotos von Wilhelm und Margarete Merz aus Eichen (siehe Abb. auf S. 191) und einer Postkarte mit einer Ansicht von Nidderau-Eichen (Abb. auf S. 215).

Hessische Landgemeinden im Ersten Weltkrieg 1914-1918

Begleitband
zur Ausstellung vom 3. Oktober bis 16. November 2014 in Nidderau

Herausgegeben von

Heinrich Pieh, Jürgen Müller und Katja Alt

Inhalt

Grußworte der Schirmherren:
Dekan Dr. Martin Lückhoff und Landrat Erich Pipa — 6

Heinrich Pieh: Vorwort — 9

Jürgen Müller: Der Erste Weltkrieg und die hessischen Landgemeinden — 12

Katja Alt: Kriegsalltag im Dorf — 18
Die Pfarreichronik von Eichen und Erbstadt von
Pfarrer Karl Wilhelm Castendyck 1914–1918

Christian Lazic: Pfarrer Karl Heyde und die Roßdorfer „Heimat" — 48
Das Dorfleben im Spiegel einer Kriegszeitung

Jürgen Müller: Gefallen, vermisst, verwundet, gefangen — 68
Das Schicksal junger Männer aus Ostheim als Soldaten im Ersten Weltkrieg

Monica Kingreen: Von geachteten Bürgern zu Verfolgten — 82
Jüdische Windecker, Ostheimer und Heldenberger als Soldaten
im Ersten Weltkrieg

Friederike Erichsen-Wendt: „In derselben Gegend auf dem Felde" — 108
Windecker Weltkriegsweihnacht. Theologiegeschichtliche Beobachtungen
zur lokalen Mentalitätsgeschichte im Ersten Weltkrieg

Erhard Bus: Sammeln, versorgen, pflegen — 130
Spendenaktionen, Bahnhofsdienste und Lazarette des Roten Kreuzes
in Hanau und Gelnhausen

Jürgen Müller: „Im verlassenen Grab im Mauerwinkel" — 152
Ausländische Kriegsgefangene in den Landgemeinden der Region Main-Kinzig

Kristina Schulz: „Krieg dem Kriege" — 164
Die Frauenfriedensbewegung und der Erste Weltkrieg

Die Ausstellung — 180

Dank — 224
Abkürzungen — 229
Die Autorinnen und Autoren — 228
Verzeichnis der Abbildungen — 232
Register — 234

Grußworte der Schirmherren

Hundert Jahre nach dem Ausbruch des Ersten Weltkriegs blicken wir mit zeitlichem Abstand auf eine Kette von Ereignissen, die die Geschichte des letzten Jahrhunderts prägen und bis in unsere Gegenwart hinein spürbar bleiben. Der zeitliche und kulturhistorische Abstand hilft uns nun, diese „Urkatastrophe des 20. Jahrhunderts" (George Kennan) mit ihren Abläufen, Deutungen und Folgen differenziert zu sehen.

Das Projekt „Hessische Landgemeinden im Ersten Weltkrieg" lenkt den Blick auf unsere Region. Es hilft verstehen, wie sich der Krieg mit seinem Ablauf und seinen Folgen in den Erfahrungen der Dorfbewohnerinnen und Dorfbewohner wiederfindet und sich im dörflichen wie kleinstädtischen Leben abbildet. Menschen in einer uns vertrauten Umgebung erfahren und erleiden den Krieg im direkten Kriegsgeschehen oder zu Hause. Kriegsereignisse in Verdun oder in den Vogesen, in Flandern oder in Masuren wirken sich auch auf das Leben in Ostheim oder Oberissigheim, Eichen oder Windecken aus.

Menschen verhalten sich zu einem Krieg, dessen sozialen und wirtschaftlichen Folgen sie ausgeliefert waren. Geschichte wird so „alltagstauglich" erfahrbar und lebensnah, ihre Folgen und Auswirkungen nachvollziehbar. Dazu leistet das Forschungsprojekt mit der vorliegenden Publikation einen wichtigen Beitrag.

Sich der eigenen Geschichte zu stellen bleibt unverändert Anliegen der Evangelischen Kirche. Der Kirchenkreis Hanau mit seinen Kirchengemeinden ist Teil der Region, ihrer Geschichte und Kultur. Pfarrer, Mitarbeitende im Ehrenamt und kirchlich Engagierte gestalten die Region aktiv mit.

Allen Beteiligten danke ich ausdrücklich für ihre Mühe und den Einsatz. Gewiss werden die Forschungsergebnisse mit großem Interesse aufgenommen werden und so auch in unseren Kirchenkreis hineinwirken.

Dr. Martin Lückhoff
Dekan

Liebe Leserin, lieber Leser,

im Rahmen einer konstruktiven Erinnerungskultur ist es dem Main-Kinzig-Kreis ein wichtiges Anliegen, die Auseinandersetzung mit dem Ersten Weltkrieg und dessen Auswirkungen auf unsere Region anzuregen. Daher haben wir das Projekt „Hessische Landgemeinden im Ersten Weltkrieg" von Beginn an gerne begleitet.

Mir persönlich ist es eine Ehre, gemeinsam mit Dekan Dr. Martin Lückhoff, die Schirmherrschaft für das Projekt zu tragen.

Das vorliegende Buch fasst erste Forschungsergebnisse zusammen und dient als Begleitpublikation zur gleichnamigen Ausstellung. Ausgangspunkt der Betrachtung ist dabei nicht die Ereignisgeschichte des Ersten Weltkrieges. Es stehen nicht Bündnispolitik, Rüstung, Kriegslogistik, -taktiken oder spezifische Frontverläufe an Orten fern der Heimat im Blickfeld, sondern die Erfahrungen der Dorfbevölkerung in ausgewählten Orten des heutigen Main-Kinzig-Kreises. Wie ging eine dörfliche Gemeinschaft damit um, wenn ein Viertel der zum Kriegsdienst eingerückten Männer nicht heimkehrte – so geschehen in Birstein-Hettersroth. Wie haben die Familien der Gefallenen ohne ihre Ernährer überlebt?

Es sind manchmal besondere Archivalien, die ein Licht auf ganz persönliche Kriegserfahrungen werfen, wie das vom Zentrum für Regionalgeschichte des Main-Kinzig-Kreises aufbewahrte Postkartenalbum des bei Kriegsbeginn jungvermählten Paares Wies aus Wächtersbach. Eindrücklich bezeugen über 200 Feldpostkarten den Versuch der Eheleute, über Jahre hinweg durch ihre Korrespondenz Kontakt zu halten und einander Mut zum Durchhalten zu machen. Heinrich Wies kehrte kriegsinvalid heim, führte fortan den erlernten Beruf als Schustermeister mit nur einem Bein aus. Ehefrau Marie betrieb zusätzlich eine kleine Landwirtschaft. Beide wurden schließlich Eltern von drei Kindern.

Die Ausstellung basiert auf wissenschaftlichen Recherchen in den lokalen Archiven. Sie stellt die Kriegserfahrungen der ländlichen Bevölkerung, die einschneidenden Folgen der Kriegsereignisse für die dörfliche Lebens- und Wirtschaftsweise sowie die Erinnerung an den Krieg dar.

Ich danke allen Autorinnen und Autoren sowie allen an der Gestaltung und Ausführung der Ausstellung Beteiligten und wünsche der Ausstellung die größtmögliche Resonanz.

Ich würde mich freuen, wenn viele Menschen der Einladung zur Auseinandersetzung mit dem Thema „Hessische Landgemeinden im Ersten Weltkrieg" folgen.

Ihr
Erich Pipa, Landrat

Vorwort

In diesem Jahr schaut die ganze Welt zurück auf das Jahr 1914, in dem der Erste Weltkrieg begann. Das Erinnern an dieses Ereignis ist auch für den Heimat- und Geschichtsverein Ostheim Anlass zu einem historischen Projekt, das die Auswirkungen des Krieges auf die Dörfer in unserer Region untersucht und der Öffentlichkeit präsentiert.

Die Projektleitung hat Professor Dr. Jürgen Müller (Goethe-Universität Frankfurt) übernommen. Er hat das Vorhaben in Zusammenarbeit mit einem engagierten Projektausschuss und in Verbindung mit zahlreichen lokalen und regionalen Partnern organisiert und koordiniert.

Die zündende Idee hatte Otto Löber, Projektpfarrer im Kirchenkreis Hanau-Land. Zusammen mit Jürgen Müller trug er den Gedanken in den Heimat- und Geschichtsverein Ostheim, der sofort seine Mitarbeit anbot, denn ein solches historisches Projekt entspricht genau den Zielen des Vereins, die lokale Geschichte zu erforschen und öffentlich wirkungsvoll zu präsentieren. Auf der Basis einer Auswahl von Landgemeinden im Main-Kinzig-Kreis wird Quellenmaterial zum Ersten Weltkrieg systematisch ausgewertet, in einer Ausstellung gezeigt, in Vorträgen und in einer Begleitpublikation der interessierten Öffentlichkeit zugänglich gemacht.

Nicht nur für die Mitglieder unseres Geschichtsvereines wurde es schlagartig interessant, im eigenen Ort und in der eigenen Familie auf Spurensuche zu gehen. Eine ganze Reihe von Fragen tat sich auf: Gibt es noch irgendwo Bilder in Schubläden oder Alben aus dieser Zeit? Haben wir noch Fotografien oder Feldpostbriefe von Großvätern, Urgroßvätern aus Friedens- und Kriegszeiten? Was ist nach so langer Zeit in den privaten Sammlungen und den örtlichen Archiven überhaupt noch zu finden? Können wir Einzelschicksale nachverfolgen? Sind noch Militärpässe vorhanden, die Auskunft zu Fronteinsätzen geben? Und wie verlief das Leben im Dorf in den Kriegsjahren? Wie waren die wirtschaftlichen Auswirkungen auf dem Land? Kann noch jemand etwas erzählen über das Schicksal seiner Eltern oder Großeltern in dieser Zeit? Wie wurden die zurückgekehrten Soldaten nach dem Krieg integriert? Wie gedachte man der getöteten Mitbürger, die nicht „aus dem Feld" zurückkehrten? Wie geht man heute in den politischen und kirchlichen Gemeinden mit der Erinnerung an die damalige Zeit um?

Die Spurensuche in unseren Dörfern war erfolgreich – an vielen Stellen kam Überraschendes, teilweise Unerwartetes zu Tage, das es uns erlaubt, die Ereignisse, Erfahrungen und Erinnerungen an die Kriegszeit lebendig werden zu lassen. Man las sich ein in verblasste Handschriften, mit Bleistift geschrieben und las dabei auch zwischen den Zeilen. Wir entzifferten hundert Jahre alte Feldpostkarten mit den anfangs manchmal euphorischen, immer aber beruhigenden Nachrichten der Soldaten an ihre Familien in der Heimat. Wir trafen aber auch auf Beschreibungen des Grauens an der Front – mit Fotografien aus zerstörten Ortschaften und Berichten über Tod und Verwundung. Bürokratisch korrekt wurden die Nachrichten vom sogenannten „Heldentod" der Soldaten von den militärischen Vorgesetzten übermittelt. Es folgten häufig Berichte von Kameraden über die letzten Stunden der Verwundeten und Gefallenen – manchmal sind diese Schilderungen auch heute noch schwer erträglich.

Eine erstaunliche Fülle von Material stand schließlich zur Verfügung. Es wurde – im Rahmen der Möglichkeiten – wissenschaftlich untersucht und für die Ausstellung aufbereitet, die nun gezeigt wird. Wichtige Ergebnisse des Projekts werden darüber hinaus in der vorliegenden Begleitpublikation zur Ausstellung veröffentlicht in Artikeln, die ganz konkret die lokalen Verhältnisse beleuchten und uns damit in eine Lebenswelt zurückversetzen, von der wir kaum noch etwas wussten.

Dass wir nun mehr wissen, ist all denen zu verdanken, die uns bei der Suche nach Schriften, Dokumenten, Fotografien und anderen Relikten aus den Jahren 1914 bis 1918 unterstützt haben. Ihnen allen, den Privatpersonen wie den kirchlichen und kommunalen Institutionen und den Geschichtsvereinen, sagen wir herzlichen Dank.

Zum Abschluss noch ein kurzer Blick auf den Heimat- und Geschichtsverein Ostheim e.V., den Projektträger. Der Verein wurde 1987 mit dem Ziel gegründet, ein Dorfmuseum für Landwirtschaft und Handwerk aufzubauen. Ein solcher Ort soll nicht nur zeigen, wie es früher einmal war, sondern überdies dokumentieren, wie sich der soziale und wirtschaftliche Wandel auf dem Land vollzog und noch vollzieht. Er soll nachfolgenden Generationen sagen, woher wir kommen und damit ein fundiertes Geschichtsbewusstsein über den eigenen Ort vermitteln. Damit trägt unser Dorfmuseum in Ostheim auch bei zum geschichtlichen Gedächtnis für Nidderau und die Region.

Der Museumsgedanke entstand schon einige Jahre vor der Gründung des Heimat- und Geschichtsvereins, und zwar im Zusammenhang mit der kommunalen Gebietsreform Anfang der 1970er Jahre. Ostheim hatte damals den Wunsch, als politische Gemeinde selbstständig zu bleiben. Im Kampf um die Selbstständigkeit legte man sich in Ostheim sogar die Bezeichnung „Freie Hansestadt Usthem" zu – eine nicht ganz ernstgemeinte Bezeichnung für die Kerb und für Büttenreden. Es half aber nichts: Mit dem im Hessischen Landtag am

6. März 1974 beschlossenen Main-Kinzig-Gesetz wurde Ostheim zum 1. Juli 1974 in die Stadt Nidderau eingegliedert.

Die Reaktion der Ostheimer ging in die Stadt- und Regionalgeschichte ein. In weiser Voraussicht und auf Initiative einiger Abgeordneter hatte die letzte Ostheimer Gemeindevertreterversammlung im Jahr 1973 einstimmig beschlossen, ein Dorfmuseum aufzubauen, um mitzuhelfen, „die Vergangenheit Ostheims wenigstens noch bruchstückhaft zu erhalten". Der Museumsgedanke ruhte allerdings bis 1987, ehe er mit Leben erfüllt wurde, wie dies auch in Dutzenden weiterer Kommunen geschah, nicht nur im Land Hessen. Geschichtsvereine schossen damals wie Pilze aus dem Boden. Der Ostheimer Geschichtsverein gab sich bei seiner Gründung das satzungsmäßige Ziel, ein Dorfmuseum als Kommunikationsort für dörfliche Geschichte und Heimatpflege mit regionalem Bezug aufzubauen.

So geschah es. Über 25 Jahre war das Museum provisorisch, doch mit beachtlichem Erfolg in den Stallgebäuden eines ehemaligen landwirtschaftlichen Anwesens in der Limesstraße 10/12 untergebracht. Im Jahr 2009 erwarb die Stadt Nidderau das Anwesen. Seit Frühjahr 2013 befindet es sich im Eigentum des „Trägervereins Bürgerhof Ostheim e.V.". Aus dem ehemaligen Bauernhof ist jetzt der „Bürgerhof Ostheim" geworden, ein mit Unterstützung des Landes Hessen, der Stadt Nidderau und weiterer Sponsoren errichtetes Haus der Begegnung für Ostheimer und Nidderauer Bürger und Vereine mit integriertem Dorfmuseum.

In diesem Dorfmuseum sollte ursprünglich die Ausstellung „Hessische Landgemeinden im Ersten Weltkrieg" in den neuen, sanierten Räumlichkeiten des Bürgerhofes gezeigt werden. Weil aber der Zeitpunkt des Endes der Umbauarbeiten nicht abzusehen war, musste ein anderer Ausstellungsort gefunden werden – und diesen Ort fanden wir im benachbarten Heldenbergen: die Bertha-von-Suttner-Schule. Einen passenderen Ort als die Schule, die den Namen der Friedenskämpferin und Nobelpreisträgerin trägt, kann es für die lokale Erinnerung an den Ersten Weltkrieg kaum geben. Wir danken herzlich der Leiterin der Suttner-Schule, Manuela Brademann, ihrem Kollegium, dem Schulelternbeirat, dem Förderverein und der Schülervertretung für die großzügige Mithilfe und Unterstützung im Verlaufe der Projektentwicklung.

Mögen Ausstellung, Begleitbuch und die im Rahmen der Ausstellung angebotenen Veranstaltungen Anlass und Anregung sein, den Stellenwert der örtlichen und regionalen Geschichte, eingebettet in den Gesamtzusammenhang, weiter zu festigen und zu sichern. Dies wünschen wir ganz besonders im Hinblick auf die junge Generation.

Heinrich Pieh
Vorsitzender des Heimat- und Geschichtsvereins Ostheim e.V.

Jürgen Müller

Der Erste Weltkrieg und die hessischen Landgemeinden

Die „Büchse der Pandora"

Über den Ersten Weltkrieg wird in diesem Jahr, in dem sich sein Ausbruch zum 100. Mal jährt, viel geschrieben und berichtet. Die Zahl der Neuerscheinungen auf dem Buchmarkt – seien es wissenschaftliche Studien oder populäre Darstellungen – ist kaum zu überblicken, und auch im Fernsehen werden unaufhörlich Dokumentationen und Spielfilme zu einem Ereignis ausgestrahlt, das die „Büchse der Pandora" öffnete, wie der Titel einer jüngst erschienenen großen Darstellung lautet, und so einen „Schwarm von Übeln" auf die Welt entließ.[1]

Wie rechtfertigt sich vor diesem Hintergrund ein Projekt zu den hessischen Landgemeinden im Ersten Weltkrieg? Werden wir nicht schon seit Monaten auf allen Kanälen und in allen Medien mit dem Thema konfrontiert? Was kann uns eine weitere Ausstellung, ein weiteres Buch noch zeigen, was wir nicht schon gehört und gesehen und gelesen haben?

Unendlich viel, lautet die Antwort auf diese Frage. Denn so ausführlich und intensiv wissenschaftliche Abhandlungen, Zeitungsartikel und Fernsehsendungen einerseits über die Ereignisse des Ersten Weltkriegs berichten, so wissen wir doch noch immer wenig oder gar nichts über die Auswirkungen dieses Krieges in unseren eigenen Gemeinden und auf das Leben unserer direkten persönlichen Vorfahren. Die lokalen Verhältnisse unmittelbar vor Ort, das heißt in den Städten und ganz besonders in den kleinen Dörfern, sind bislang nur sehr fragmentarisch untersucht worden.[2] Das liegt einesteils daran, dass sich die Forschung lange Zeit vornehmlich mit den großen politischen und militärischen Ereignissen auf der Ebene der kriegführenden Staaten und ihrer Regierungen beschäftigt hat.[3] Der Krieg wurde als nationales Ereignis betrachtet, die regionalen oder gar lokalen Entwicklungen wurden weniger beachtet. Zwar nimmt unter dem Eindruck kultur- und alltagsgeschichtlicher Fragestellungen die Forschung seit einiger Zeit die Regionen und auch bestimmte Städte stärker in den Blick. Mit Dörfern im Weltkrieg befassen sich professionelle Historikerinnen und Historiker aber nach wie vor kaum – und damit bleiben die ländlichen Kriegserfahrungen weitgehend unbeachtet.

Der Erste Weltkrieg und die hessischen Landgemeinden | 13

Mit dem Projekt „Hessische Landgemeinden im Ersten Weltkrieg" sollte der Versuch unternommen werden, die Ereignisse und Erfahrungen näher zu erforschen, denen die ländliche Gesellschaft im Main-Kinzig-Raum während der Zeit von 1914 bis 1918 ausgesetzt war. Es ging mithin darum, die vorhandenen, bislang noch kaum oder gar nicht beachteten Quellen zum Dorfleben im Krieg aufzuspüren, zu sichten und auszuwerten. Im Zuge der Nachforschungen zeigte sich dabei rasch, dass außerordentlich interessante und aussagekräftige Zeugnisse über die Ereignisse und Verhältnisse in den Dörfern existieren. Als besonders ergiebig haben sich die Archive der Pfarrgemeinden erwiesen. Hier fanden sich Quellen, die Einblicke eröffnen, welche weit über die normalen Verwaltungsakten hinausgehen – zum Beispiel die von den Pfarrern oder Lehrern geführten Chroniken, die mitunter über Dutzende oder gar Hunderte von Seiten hinweg das lokale Leben in Kriegszeiten minutiös festgehalten haben, bislang aber völlig unbekannt sind und seit Jahrzehnten in den Schränken kleiner Pfarrämter ruhen. Eine besonders aussagekräftige Quelle ist in dieser Hinsicht die Pfarreichronik von Eichen und Erbstadt, die vom damaligen Pfarrer Karl Wilhelm Castendyck geführt wurde und in der auf etwa 200 Seiten geschildert wird, was sich in den beiden Dörfern zugetragen hat, wie der Krieg die Menschen betraf, welche Veränderungen im wirtschaftlichen und gesellschaftlichen Leben er herbeiführte.

Ländliche Kriegserfahrungen

Eine andere wichtige, ebenfalls noch nicht systematisch ausgewertete Quelle sind die lokalen Presseerzeugnisse. Neben den regulären kleinen Lokalzeitungen – wie etwa die von Wilhelm Scheer von 1908 bis 1915 herausgegebene Windecker Zeitung – gehören dazu insbesondere auch die Kriegszeitungen, die von eigens gegründeten Komitees verfasst und in manchen Fällen über die gesamte Dauer des Krieges produziert und an die Soldaten im Feld gesandt wurden. Ein sehr beeindruckendes Beispiel dafür aus unserer Region ist „Die Heimat. Sonntagsgruß für Roßdorfs Krieger", ein von 1914 bis 1918 zunächst wöchentlich, später alle zwei Wochen erschienenes Blatt, das detaillierte Einblicke in das Denken und Handeln der Menschen in Roßdorf während des Weltkriegs gibt.

Lokalzeitungen

Weiteres Material wurde aus privaten Sammlungen und Nachlässen sowie aus den Beständen von Geschichtsvereinen zur Verfügung gestellt. Hier sind besonders die vielen Feldpostkarten und Briefe zu nennen, die es in manchen Fällen erlauben, exakt den Weg einzelner Soldaten in den vier Kriegsjahren zu verfolgen. In manchen Briefen tritt das persönliche Leiden ganz unvermittelt zutage, etwa in den Berichten über erlittene Verwundungen oder die Verhältnisse in der Kriegsgefangenschaft. Sehr oft sind auch Fotografien von Soldaten und ihren Familien erhalten, die uns ein Bild von den Menschen

Feldpostkarten

jener Zeit vermitteln, darunter private Aufnahmen von zerstörten Ortschaften und Schützengräben in den Frontgebieten, die ein ganz anderes Bild vom Krieg zeigen als die offiziellen Propagandapostkarten.

Dorfleben im Krieg

In der Ausstellung werden diese vielfältigen Materialien präsentiert, um die lokalen Verhältnisse und die individuellen Erfahrungen der Menschen in den Landgemeinden der Region Main-Kinzig anschaulich werden zu lassen. Die nachfolgenden Beiträge beleuchten auf der Grundlage der lokalen Quellen einige spezielle Aspekte des dörflichen Lebens in Kriegszeiten. Dabei treten die „kleinen Leute" ins Blickfeld, die als Soldaten, Angehörige und Hinterbliebene ganz elementar vom Krieg betroffen wurden. Wir lernen die lokalen Institutionen wie Gemeinderäte, Vereine, Hilfskomitees und Kriegsausschüsse kennen, die in den Landgemeinden die materiellen Kosten und humanitären Opfer des Krieges aufzufangen versuchten. Wir sehen die Ängste, Sorgen und Nöte von jungen Männern, die in den Krieg geschickt wurden, von Ehefrauen, Müttern, Vätern und Kindern, die um die Soldaten bangten und dabei gleichzeitig die eigene Existenz in der Heimat unter immer schwierigeren Bedingungen sichern mussten. Wir erfahren, dass in den Dörfern Dutzende von Fremden untergebracht wurden – Flüchtlinge aus dem Elsass und aus Schlesien, Kinder aus dem Ruhrgebiet, verwundete Soldaten, ausländische Kriegsgefangene und nach Kriegsende eine große Zahl von Soldaten, die auf dem Rückzug von der Front zeitweise einquartiert wurden. Wir nehmen teil an den Gedächtnisfeiern, die für jeden Gefallenen in den Kirchen abgehalten wurden und bei denen die Pfarrer zuweilen das Leben und Sterben der jungen Männer ausführlich Revue passieren ließen. Wir lesen Schilderungen von Verwundungen und Lazarettaufenthalten, aber auch von den immer wieder auftretenden Infektionskrankheiten, denen in den Dörfern viele Menschen erlagen. Wir können genau nachverfolgen, wie sich die Versorgungslage in den Dörfern kontinuierlich verschlechterte, die Preise für Lebensmittel stiegen, der Viehbestand deutlich zurückging, die Brennstoffe rar wurden, die Schulen und Kirchen im Winter wegen der Kälte zeitweise geschlossen werden mussten.

Insgesamt vermitteln die Quellen ein sehr plastisches Bild davon, wie der sogenannte „Große Krieg" die kleinen Landgemeinden in nahezu allen Lebensbereichen elementar betraf. Den furchtbaren Kämpfen, die auf den Schlachtfeldern im Westen, Osten und Süden Europas tobten, entsprach in der „Heimat" der alltägliche Kampf um das Überleben unter immer schwierigeren Umständen, ein Kampf, der zusätzlich durch die immerwährende Sorge um die an der Front eingesetzten Soldaten belastet wurde. Gleichzeitig lässt sich beobachten, wie die Dorfbewohner versuchten, eine gewisse Normalität aufrechtzuerhalten, indem man die kirchlichen und weltlichen Feste feierte oder versuchte, die Vereinsaktivitäten trotz der Abwesenheit vieler Mitglieder fortzuführen. Und dabei machten die Menschen die Erfahrung, dass die gewohnten gesellschaftlichen Rituale und Traditionen von der Realität des Krieges immer wieder beeinträchtigt wurden. Selbst kleine private Vergnügen konnten nun zu Handlungen werden, die gegen die obrigkeitlich verordnete Pflicht zum gesellschaftlichen Einsatz im Dienst des Krieges verstießen. So wurde in Erbstadt 1915 ein vierzehnjähriges Mädchen angeklagt, weil es für seine anstehende Konfirmation Kuchen gebacken und damit eine kurz zuvor erlassene Verordnung missachtet hatte, von deren Existenz es wahrscheinlich gar nichts wusste.

Neben die großen menschlichen Tragödien, von denen in den hessischen Landgemeinden wie überall Tausende von Familien getroffen wurden, traten die kleinen Verluste im gewohnten Lebensrhythmus. Das Brot wurde schlechter, das Fleisch kam seltener auf den Tisch, der Sonntagskuchen wurde verboten, Tanzvergnügen fielen aus, und selbst in der Dorfwirtschaft wurde man immer öfter beim abendlichen Apfelwein mit Vorträgen traktiert, in denen auswärtige Redner für den Kauf von Kriegsanleihen warben. Letzteres wurde im Jahr 1917 selbst dem Eicher Gastwirt Christoph Heinrich Merz zuviel, und er weigerte sich, seinen Saal für einen weiteren Werbevortrag zur Verfügung zu stellen.

Der Krieg löste vielfältige Reaktionen bei den Landbewohnern aus, die sich aber nur selten aus von ihnen selbst verfassten Dokumenten erschließen lassen. Die Bauern schrieben in der Regel keine längeren Briefe oder gar Tagebücher. Es sind die Chroniken, verfasst von den Pfarrern und Lehrern, in denen über das Handeln und zuweilen auch Denken der Dorfbewohner berichtet wird. Und es sind ferner die Zeitungen, welche zum Beispiel durch den Abdruck von Gerichtsentscheidungen darüber informieren, wie Landbewohner zu Delinquenten wurden, indem sie gegen eine der Verwaltungsverordnungen verstießen, die von den Behörden in immer größerer Zahl erlassen wurden, um die Versorgung mit Lebensmitteln und anderen Waren zu reglementieren.

Fokus Nidderau

Aus der Fülle der Wirkungen, die der Erste Weltkrieg auf das Leben in den hessischen Landgemeinden hatte, kann das vorliegende Buch (wie auch die Ausstellung) nur einen Ausschnitt zeigen. Um das Thema umfassend zu erschließen, wären weitere, umfangreichere und zeitaufwendigere wissenschaftliche Forschungen nötig. Die hier präsentierten Beiträge müssen sich darauf beschränken, einige Schlaglichter auf die Ereignisse in einigen wenigen Gemeinden im Altkreis Hanau mit dem speziellen Fokus auf die Ortsteile des heutigen Nidderau zu werfen.

Bertha von Suttner

Ergänzt werden die lokalhistorischen Studien durch den Vortrag über die internationale Frauenfriedensbewegung vor und zu Beginn des Ersten Weltkriegs, den Kristina Schulz von der Universität Bern im Juni 2014 auf der Gedenkveranstaltung zum 100. Todestag von Bertha von Suttner in der nach ihr benannten Schule in Nidderau gehalten hat. Es ist gewiss ein zufälliges Zusammentreffen, dass die große Kämpferin für den Frieden genau in jenem Jahr verstarb, als der Erste Weltkrieg begann und Europa und die übrige Welt mit Gewalt und Zerstörung überzog. Umso angemessener erscheint es, im Jahr 2014 auch an Bertha von Suttner und ihre Mitstreiterinnen zu erinnern, die sich der vermeintlichen Logik des Krieges widersetzten und für Frieden und Verständigung eintraten. Ein Wort Bertha von Suttners soll denn auch am Schluss dieser einleitenden Bemerkungen stehen: „Nicht unseren Vorvätern wollen wir trachten uns würdig zu zeigen – nein: unserer Enkelkinder!"

---

1 Jörn Leonhard: Die Büchse der Pandora. Geschichte des Ersten Weltkriegs. München 2014.
2 Eine der wenigen systematischen Studien dazu: Benjamin Ziemann: Front und Heimat. Ländliche Kriegserfahrungen im südlichen Bayern 1914–1923. Essen 1997, engl. Übersetzung 2007: Benjamin Ziemann: War Experiences in Rural Germany, 1914–1923. Oxford 2007. Ein regionales Projekt ist soeben für Westfalen-Lippe durchgeführt worden: „An der Heimatfront" – Der Erste Weltkrieg in Westfalen und Lippe, DVD mit Begleitheft. LWL-Medienzentrum. Münster 2014.
3 Das spiegelt sich zum Beispiel wider im Companion to World War I. Hg. von John Horne. Malden/Oxford 2010; die beste allgemeine Informationsquelle zum Ersten Weltkrieg ist die Enzyklopädie Erster Weltkrieg. Hg. von Gerhard Hirschfeld, Gerd Krumeich und Irina Renz. Paderborn u.a. 2003, 2., erweiterte Aufl. 2014.

Katja Alt

Kriegsalltag im Dorf
Die Pfarreichronik von Eichen und Erbstadt von Pfarrer Karl Wilhelm Castendyck 1914–1918

Ein neuer Pfarrer für Eichen und Erbstadt

Am 16. Mai 1914 erhielten die beiden Gemeinden Eichen und Erbstadt (heute Stadtteile von Nidderau in der Wetterau) einen neuen Pfarrer: Karl Wilhelm Castendyck, geboren am 27. Mai 1875 in Hanau als ältester Sohn eines Gymnasiallehrers, hatte in Marburg Theologie studiert und trat in den Gemeinden seine zweite Pfarrstelle an. Mit ihm zog seine Frau Minna (geb. am 16.11.1878) in das Pfarrhaus in Eichen ein.[1] Zu Beginn seiner Amtszeit wird er sich noch über die Vergnügungssucht seiner Pfarrkinder beschweren, doch bald kommen ganz andere Probleme auf ihn und die Gemeinden zu; im Sommer 1914 notiert er in der Pfarreichronik von Eichen und Erbstadt, die sich heute im Archiv des Pfarramts von Eichen befindet, folgende Worte: „Aber der Mensch denkt u. Gott lenkt. Wie ein Blitz aus heiterm Himmel schlug die Kunde in die Menschenherzen überall ein u. bewegte auch uns hier: der Erzherzog Franz Ferdinand von Österreich und seine Gemahlin in Sarajewo ermordet!"[2]

Für die Führung der Pfarreichronik wandte Pfarrer Castendyck in den folgenden Jahren besonders viel Zeit auf. Während der Kriegszeit 1914-1918 schildert er auf 85 Seiten in kleiner und akkurater Schrift die Geschehnisse in den Dörfern. Er berichtet über den Kriegsverlauf, die Gemeindearbeit, den landwirtschaftlichen Alltag und das Wetter sowie über die großen und kleinen Skandale in den Dörfern. Aus seinen Aufzeichnungen wird deutlich, dass der Erste Weltkrieg das Leben der ländlichen Bevölkerung tiefgreifend veränderte.

Der Tag der Mobilmachung

Mit Beginn des Krieges im August 1914 ging nicht nur eine Welle patriotischer Gefühle und eine Art nationales Einheitsempfinden durch das deutsche Volk, diese Zeit trug auch „Züge einer religiösen Erweckung".[3] Die Kirchen, deren Besuch in den Jahren zuvor immer weiter zurückgegangen war, waren plötzlich wieder gut gefüllt. Dieser Vorgang lässt sich auch in Eichen und Erbstadt beobachten. Zwar war die Bindung zwischen Kirche und ländlicher Bevölkerung traditionell enger als anderswo, allerdings bemängelte auch Karl Wilhelm Castendyck bei seiner Ankunft in den Dörfern den dortigen Gottesdienstbesuch. Viele, vor allem junge Leute, blieben den Zusammenkünften fern und vergnügten sich lieber.

Als der Krieg mit Bekanntgabe der Mobilmachung dann auch für die Dorfbevölkerung real wurde, füllte sich die Kirche mit zukünftigen

Soldaten und deren Angehörigen. Pfarrer Castendyck berichtet von diesem Tag: „Von Minute auf Minute warteten wir im Dorf auf die Mobilmachungsorder, u. die Meinungen gingen hin u. her, bis nach 6 Uhr man die Gewißheit bekam, daß, was man seit Jahren befürchtet hatte, nun Wirklichkeit geworden war: Krieg. Ich sehe noch den alten Leichner, unsern Ortsdiener, der erst kaum einen Sohn verloren hatte u. nun Sohn u. Schwiegersohn hergeben sollte, mit welch schwerem Herzen er an diesem Abend seines Amtes waltete u. mit thränenerstickter, zitternder Stimme ausschellte: ‚S. Majestät der Kaiser hat die Mobilmachung über das gesamte Heer u. die Flotte befohlen. Sonntag, 2. August ist der 1. Mobilmachungstag'. Mit Lehrer Seyb u. Bürgermeister Adam besprach ich sofort die Abhaltung eines Abendmahlsgottesdienstes noch am selben Abend um $^1/_2$ 10 Uhr, da am nächsten Morgen schon einer fortmußte. Es war eine erhebende Feier an diesem Samstag Abend, die keiner vergessen wird, der ihr beigewohnt hat. […] Die ganze Gemeinde war versammelt u. lauschte unter Schluchzen u. doch andächtig auf meine […] Ansprache. Bei der sich anschließenden Abendmahlsfeier […] gingen 82 Männer u. 40 Frauen zum Tisch des Herrn. Es war ein ergreifender Augenblick, wenn Mutter u. Sohn, Mann u. Frau, Bruder u. Schwester gemeinsam das Brot aßen u. den Kelch tranken. Noch lange saßen wir im Pfarrhause nach der Feier zusammen u. bewegten das Erlebte in unsern Herzen. In dieser Nacht fand so manches Auge keinen Schlaf."[4]

Wenig Kriegsbegeisterung

Dieser Abschnitt zeugt für den Abend des 1. August 1914 von einer tief religiösen und ernsten Stimmung, weniger von hochfliegendem Patriotismus oder nationalem Hochgefühl. Das sogenannte „Augusterlebnis", eine Art nationalpatriotisches, rauschhaftes Erlebnis, welches Ende Juli, Anfang August weite Teile der deutschen Bevölkerung erfasst haben soll, ist in der Forschung schon lange relativiert worden.[5] In der Kriegspropaganda wurde das „Augusterlebnis" oder auch der „Geist von 1914" zu einer Art „Mythos" stilisiert, um in späteren Kriegsjahren den Durchhaltewillen der Gemeinschaft aufrecht zu erhalten. Nicht nur in Eichen und Erbstadt, sondern auch in den anderen Landgemeinden in der Region Main-Kinzig war von einer Kriegsbegeisterung wenig zu spüren, die Stimmung der Dorfbewohner wird in den Chroniken und sonstigen Berichten vielmehr als gedrückt und sorgenvoll beschrieben. Aus Ostheim etwa berichtet der dortige Pfarrer Friedrich Fink in seiner Kriegschronik über den Gottesdienst, den er am 1. August 1914 anlässlich der Bekanntgabe der Mobilmachung hielt: „Es war eine bewegte und ergreifende Feier, die allen Dorfbewohnern unvergeßlich sein wird. Die Kirche war gedrängt voll Menschen, denen man die tiefe Bewegung in diesen schicksalsschweren Stunden anmerkte."[6]

Abb. 1: Die Pfarreichronik von Eichen und Erbstadt. Leihgabe: AEvKG Eichen-Erbstadt.

Gottesdienste und Kriegsbetstunden

In vielen Landgemeinden waren es die Pfarrer, die versuchten, die gedrückte Stimmung der Bevölkerung zu heben und eine optimistischere und vor allem opferfreudige Einstellung zu erzeugen. Das Mittel dazu waren insbesondere die Predigten in den sonntäglichen Gottesdiensten, die sofort bei Kriegsbeginn eingeführten Kriegsbetstunden und die bald auch einsetzenden Gedächtnisfeiern für gefallene Dorfbewohner.

Vor Kriegsbeginn wurden in den Dörfern wöchentlich mehrere Gottesdienste abgehalten. Neben den sonntäglichen, liturgischen Gottesdiensten gab es Kindergottesdienste, Lesegottesdienste, teilweise vom Lehrer gehalten, und die sogenannte „Christlehre". Im August 1914 wurden mit Beginn des Krieges die sogenannten „Kriegsbetstunden" eingeführt, welche oftmals anstelle einzelner Lesegottesdienste gehalten wurden. Diese wurden zunächst wöchentlich für zwei Stunden in Eichen um neun Uhr abends (vermutlich sonntags) und in Erbstadt um elf Uhr mittags (vermutlich mittwochs) gehalten.[7] Sie fanden, laut Castendyck, meist in Form einer liturgischen Feier und einer Ansprache statt und wurden von ungefähr 40 bis 60 Leuten, meist Frauen, besucht.

In den Kriegsbetstunden sprach der Pfarrer nach eigenen Angaben über biblische Texte (z.B. Röm. 8,31 „Was wollen wir nun hierzu sagen? Ist Gott für uns, wer mag wider uns sein?") oder las aus Propagandaschriften der Kirche vor. Generell nutzte der Pfarrer diese Andachten, um der Landbevölkerung ins Gewissen zu reden, und der Besuch dieser Kriegsbetstunden schien diesen oftmals sogar wichtiger zu sein als der Besuch der „normalen" Gottesdienste. Dieser hing in beiden Gemeinden stark von der jeweiligen Jahreszeit ab. Von Frühjahr bis Herbst, also zur Saat- und Erntezeit, hatten bei vielen Eichern und Erbstädtern die landwirtschaftlichen Pflichten Vorrang vor den religiösen Pflichten. Die sinkenden Gottesdienstbesucherzahlen lassen sich an den von Pfarrer Castendyck dokumentierten Teilnahmen am Abendmahl ablesen. Von 1914 auf 1915 sank die Jahresanzahl der Besucher von insgesamt 1543 auf 1278 Personen, der Gesamtrückgang von 1914 bis 1918 betrug etwa 30 Prozent, was natürlich auch an der vermehrten Einberufung der Männer lag. Doch auch bei den Frauen ging der Besuch des Abendmahls in den Jahren 1915 und 1917 um bis zu 30 Prozent zurück. 1918 stieg die Zahl wieder auf 83 Prozent des Niveaus von 1914 an, was wohl mit dem immer dramatischeren Kriegsverlauf und der damit verbundenen Sorge um die Soldaten zu tun gehabt haben dürfte.[8]

Der Erfolg der Mobilisierungsbemühungen der Pfarrer war allerdings begrenzt. Schon im zweiten Kriegsjahr berichtet Castendyck, dass er Mühe hatte, zu den Dorfbewohnern durchzudringen: Besonders die Jugend schien sich für seine „packenden Bibelworte" zum „vaterländischen Sinn" und seine Ausführungen über „deutsches

Christentum" weniger zu interessieren.⁹ Und ein Jahr später, 1916, stellt Castendyck bekümmert fest: „Es ist nicht leicht, ein großes Volk, […] bei einer so langen Kriegsdauer u. teilweise recht drückenden Verhältnissen opferfreudig u. hochgemut zu erhalten. Da giebts für uns Pfarrer viel Stoff zur Bearbeitung, u. immer wieder sind neben den persönlichen Beziehungen u. Aussprachen die Gottesdienste am Sonn- u. Wochentag die gebotenen Gelegenheiten, tröstend u. anfeuernd auf die Leute einzuwirken."¹⁰

Gedächtnisfeiern für gefallene Soldaten

Der Alltag der Familien in den Dörfern war geprägt von der Sorge um ihre Väter, Brüder und Söhne. Diese war nicht unberechtigt, denn schon in den ersten drei Kriegsmonaten war in Eichen und Erbstadt der Tod von sechs jungen Männern zu beklagen. Für gefallene Soldaten wurden in den Dörfern Gedächtnisfeiern, also Trauerfeiern anstelle einer Beerdigung, abgehalten, und insgesamt berichtet der Pfarrer von 35 Gedächtnisfeiern in Eichen und Erbstadt.

Ende 1915 schilderte Castendyck zum ersten Mal exemplarisch den Verlauf einer Gedächtnisfeier inklusive aller Lieder, Bibelstellen sowie den vollständigen Gebets- und Predigttexten auf fast zwei Chronikseiten.¹¹ Es handelt sich dabei um die Gedächtnisfeier für den Reservisten Philipp Heinrich Baumann vom 12. Dezember 1915 (3. Advent) in der Erbstädter Kirche. Baumann, der zum Zeitpunkt seines Todes 35 Jahre alt war, war einen Tag nach seinem dritten Hochzeitstag am 21. Oktober 1915 in Serbien von einer Kugel getroffen worden. Obwohl seine Briefe aus dem Lazarett in Weißkirchen (heute Hranice in Ungarn) noch Anlass zur Hoffnung gaben, starb er am 21. November (Totensonntag) an einer Blutvergiftung, verursacht durch Eiter in der Wunde.

Während der Predigt spricht Castendyck immer wieder von der „Heimat", nach welcher sich Philipp Baumann gesehnt habe, und der „Heimkehr", auf die er und seine Familie gehofft hätten, vom „Vaterland", dem „Land unserer Väter, deutscher Sprache, deutscher Sitte, deutscher Frauen, deutscher Kinder" und von dem Stolz, mit welchem er und die Gemeinde verkünden, „daß wir Deutsche sind u. Deutsche bleiben werden bis in die fernsten Zeiten u. Geschlechter". Die Erlebnisse des Kampfes stilisiert er für die Soldaten zu einer Art geistiger Erweckung, da diesen die Vergänglichkeit des irdischen Lebens und ihr „höheres Bürgerrecht" im Reich Gottes viel bewusster sei als den Menschen in der Heimat: „Und wenn die Kugeln flogen u. die Kanonen donnerten, da hat mancher die Hände falten gelernt angesichts der irdischen Vergänglichkeit u. zu Gott gerufen: Höre mein Gebet, Herr, vernimm mein Schreien; denn ich bin dein Pilgrim u. Bürger." Castendyck versucht auch, die Familie mit dem Gedanken an eine himmlische Vereinigung zu trösten: „In der Heimat, in der Heimat, da giebts ein Wiedersehen, so klangs aus seinen letzten

Worten, in welch anderem Sinn soll es wahr werden?" Er erinnert damit an das vergangene Weihnachten, welches die Familie noch gemeinsam verbracht hatte.

Castendycks Berichte über die Gedächtnisfeiern nehmen über die Zeit des Krieges hinweg eine sehr interessante Entwicklung. Zu Beginn des Krieges notiert er in kurzen Abschnitten Informationen über Name, Familie, Regiment, Todesdatum und Bibeltext zur Gedächtnisfeier. Ab etwa Ende 1916 werden die Berichte des Pfarrers über die Gefallenen immer länger und ausführlicher. Zum Tode des örtlichen Schusters Johannes Dietz schreibt er beinahe eine Seite lang von dessen Kindheit und Jugend, über seine Lehrzeit und Heirat, bis hin zu Dietz' Erlebnissen während des Krieges und den genauen Umständen seines Todes. Derart ausführliche Beschreibungen finden sich von diesem Zeitpunkt an bei fast jedem Bericht über Gedächtnisfeiern. Der Pfarrer gibt keine Auskunft darüber, warum er seine Berichte immer ausführlicher gestaltet, vielleicht war ihm dies aber auch nicht bewusst. Der Grund könnte sein, dass das Sterben der oftmals noch sehr jungen Soldaten und das dadurch verursachte Leid im Dorf Castendyck im Verlauf des Krieges auch selbst immer näher ging. Das „Opfer" der jungen Männer sah er jedoch als notwendig an, denn „das Vaterland" habe doch „mit das erste Anrecht auf seine Söhne […], zumal in solchen Zeiten".[12]

Seelsorge

Eine Hauptaufgabe während des Krieges bestand für den Pfarrer natürlich in der Seelsorge. So besuchte er regelmäßig die Familien der Gemeinde. Zu Beginn des Krieges, besonders in den Tagen der Mobilmachung, dürften die Angst und die Ungewissheit der zukünftigen Soldaten und ihrer Angehörigen eine große Rolle gespielt haben. In dem Wissen, dass sie vielleicht bald auf dem Schlachtfeld sterben könnten, wollten sich einige junge Männer noch kurz vor ihrer Abreise mit dem Pfarrer aussprechen. So habe der junge Karl Weisenstein am Abend vor der Mobilmachung dem Pfarrer noch einen „sexuellen Fehltritt" gebeichtet. Zwar nennt Castendyck diesen an der betreffenden Stelle der Chronik nicht namentlich, im weiteren Verlauf lassen sich aber der Name und auch der „Fehltritt" (eine voreheliche Schwangerschaft) rekonstruieren. Am weiteren Gang dieser Geschichte zeigt sich, wie tiefgreifend der Krieg das Leben vieler Menschen beeinflusste: Das junge Paar heiratete vor Karls Abzug noch standesamtlich, für die kirchliche Feier, so glaubten sie, sei „nach dem Krieg, der ja in aller Kürze vorüber wäre", noch genug Zeit. Am 13. März 1915 aber wurde Karl Weisenstein in Flandern von einem Granatsplitter am Kopf getroffen und starb, ohne sein Kind jemals gesehen zu haben. Seine Kompanie sammelte daraufhin Geld für das Neugeborene.[13]

Abb. 2: Karl Wilhelm Castendyck mit dem Eicher Konfirmandenjahrgang 1925. Aufnahmen von Castendyck aus der Zeit von 1914 bis 1918 sind nicht erhalten.
Foto: Ingrid Menzel, Eichen.

Mit einigen Soldaten im Feld stand Pfarrer Castendyck auch in seelsorgerischem Briefkontakt, und 1915 übertrug er sogar vier an ihn gerichtete Briefe in die Chronik. Natürlich sprechen diese Briefe wenig von Zweifeln oder Ängsten, sondern sie sind „Streiflichter […] religiöse[r] Gesinnung", die den tiefen und unerschütterlichen Glauben der Soldaten dokumentieren sollten.[14] Im Gespräch mit den Angehörigen der Soldaten war die Ungewissheit über das Leben und die Gesundheit der Männer an der Front ein immer wiederkehrendes Thema. Castendyck berichtet von Müttern, die „immerfort nur […] erzählen von ihrem Jungen".[15] Hinzu kam der Umgang mit Vermisstenmeldungen, bei welchen die Familien nicht wussten, ob ihr Sohn oder Vater in Gefangenschaft geraten, verwundet oder getötet worden war. War Ersteres der Fall, führte der Pfarrer oftmals die Korrespondenz mit den Gefangenenlagern, um sich zu erkundigen und einen Kontakt zwischen den Angehörigen herzustellen.

Ein wichtiger Bestandteil der Seelsorge war auch die Betreuung der Familien gefallener Soldaten. Über die Reaktionen berichtet Castendyck: Während bei jungen Soldaten die Väter in „stillem Weh ihren Schmerz trugen, blieben ihre Frauen fassungslos. Alles gütliche Zureden half nur kurze Augenblicke".[16] Die Mutter des Soldaten Heil habe die Nachricht vom Tod ihres Sohnes sogar so schlecht aufgenommen, dass sie wenige Monate später gestorben sei – zumindest führte Castendyck ihren Tod auf den Schock zurück.

Durch die Mobilmachungswellen kam es im Laufe des Krieges vermehrt zu sogenannten Kriegstrauungen. Da die Frauen von Soldaten Anspruch auf staatliche Unterstützung hatten, heirateten viele junge Paare kurz vor der Einberufung des Mannes. So kam es auch, dass während der Kriegszeit viele junge Frauen zu Witwen wurden und die Seelsorge für diese mit Sicherheit auch anders aussehen musste als gewöhnlich. Ein solcher Fall war z.B. Johanna Bär, deren Mann Wilhelm Christian Laubach am 9. Oktober 1918 im Lazarett in Sachsenhausen verstorben war. Das Paar war noch keine zwei Jahre verheiratet gewesen, und Castendyck schreibt über sie: „Seine [Wilhelms] körperlich u. seelisch zusammengebrochene junge Frau ließ es sich nicht nehmen, wiewohl wir alle ihr davon abgeraten hatten, mit auf den Friedhof zu gehen, um ihrem über alles geliebten, guten Mann das letzte Geleit zu geben. Nun liegt sie auch an Rippenfellentzündung erkrankt danieder. Gott gebe ihr wieder baldige Genesung."[17]

Wirtschaftliche Folgen des Krieges

Die hessischen Landgemeinden der Region rund um Hanau waren als Agrarproduzenten Teil eines Ökonomiekreislaufs. Sie belieferten mit den Erzeugnissen ihrer Landwirtschaft die größeren Städte der Region, waren aber im Gegenzug von Rohstofflieferungen (Leucht- und Heizmittel wie Petroleum oder Kohle) abhängig. Die von außen gelieferte Energie war wiederum nötig, um z. B. während der Ernte die mittlerweile in der Landwirtschaft eingeführten Maschinen zu betreiben, welche die über den dörflichen Eigenbedarf hinausgehende Massenproduktion von Lebensmitteln erlaubten. Durch den Krieg wurde dieser Kreislauf schwer erschüttert und brach schließlich beinahe ganz zusammen. Die englische Seeblockade und der Wegfall der Lebens- und Futtermittelimporte sowie die schon früh verfügten drastischen Rationierungen von Rohstoffen beeinflussten die Ökonomie der ländlichen Gebiete nachhaltig. Der Kriegsdienst vieler junger Männer und die Beschlagnahmung der Arbeits- und Zugpferde führten zu einem massiven Arbeitskräftemangel in der Landwirtschaft, die mit Arbeitsangeboten des ebenfalls angespannten städtischen und industriellen Arbeitsmarkts konkurrierte. Das alltägliche Leben der Dorfbewohner wurde durch die Rohstoffknappheit immer weiter eingeschränkt. In materieller Hinsicht ergaben sich starke Belastungen durch die zahllosen Sammlungen von Gold- und Sachspenden sowie die Kriegsanleihen, zu deren Zeichnung die Bauern von Behörden und Pfarrern gedrängt wurden. Der Alltag der Dorfgemeinschaft begann sich zu ändern, ebenso wie ihr soziales Gefüge.

Rationierung von Lebensmitteln

In den Jahren vor 1914 bezog das Deutsche Reich etwa 20 bis 30 Prozent seines Nahrungsmittelbedarfs aus dem Ausland.[18] Die Ernährungsgewohnheiten der Bevölkerung hatten sich zu Beginn des 20. Jahrhunderts verändert. Durch die Überseeimporte waren die Brot- und Mehlversorgung von saisonalen Witterungseinflüssen unabhängiger geworden, andererseits war dadurch eine Importabhängigkeit entstanden, die während des Krieges nicht mehr hinreichend durch die eigene Produktion kompensiert werden konnte. Ein Großteil der tierischen Fette und Futtermittel musste vor Kriegsbeginn ebenfalls eingeführt werden (1912/13 fast 8 Millionen Tonnen Futtergetreide und Kraftfuttermittel). Aber auch die Nahrungsmittelproduktion im Inland war durch ausländische Stickstofflieferungen, die für die Herstellung von Kunstdünger benötigt wurden, von Importen abhängig.[19]

Auch wenn im Kriegsfall nicht sofort alle Handelsbeziehungen durch Importausfälle oder Blockaden wegfielen – Dänemark zum Beispiel exportierte auch weiterhin Lebensmittel ins Deutsche Reich, wenn auch weniger –, so hätte man dennoch vor Kriegsbeginn ahnen können, dass dieser Umstand die Ernährungslage im Reich deutlich verschlechtern würde. Da die Reichsregierung jedoch die Kapazität der eigenen Wirtschaftsressourcen über- und die Kriegsdauer unterschätzte, war man auf die ökonomischen Auswirkungen des Krieges mangelhaft vorbereitet, sodass der deutschen Bevölkerung in der zweiten Kriegshälfte etwa ein Fünftel weniger Nahrungsmittel zur Verfügung standen als noch 1914, was natürlich zu massiven Preissteigerungen führte.[20]

Gerade zu Beginn des Krieges fehlte Produzenten wie Konsumenten – im Glauben an einen schnellen Sieg – auch die Einsicht in die Notwendigkeit einer sofortigen, umfassenden Verhaltensänderung. Vor allem die städtische Bevölkerung sah zu Beginn des Krieges keinen Anlass, ihre Konsumgewohnheiten zu ändern. Im August 1914 war es in den Städten neben einem Ansturm auf die Sparkassen auch zu einem Ansturm auf die örtlichen Lebensmittelgeschäfte gekommen, da die Bevölkerung eine Verknappung und damit eine Verteuerung der Lebensmittel befürchtete. Die Sorge, die sich aber vor allem auf den Erhalt des bisherigen Lebensstandards bezog, führte dann eben nicht zu der nötigen Sparsamkeit bei Lebensmitteln. In den ersten Wochen des Krieges wurden sogar mehr Weißbrot, Kuchen oder Alkohol konsumiert als in der Zeit davor, was wohl auch den anfänglich häufigen Siegesfeiern und der ständig „drohenden" Einberufung der Männer geschuldet sein dürfte.[21] Als am Abend vor der Mobilmachung am 2. August 1914 in Eichen eine Andacht mit Abendmahl gefeiert wurde, nutzte man, laut der Chronik, dafür „in der Eile einen von Bäcker Bär gebackenen Kuchen".[22] Auch wenn dies mit Sicherheit kein Beleg für Verschwendung ist, so zeigt es doch die „soziale" Extremsituation der Mobilmachungstage.

Ab November 1914 hatte die neu gegründete „Kriegsgetreidegesellschaft" das Recht, Getreide und Mehl zu Festpreisen aufzukaufen, welches ab Januar 1915 von der Reichsverteilungsstelle zugeteilt wurde.[23] Im Februar führte die Reichsregierung dann schließlich Lebensmittelmarken für Erzeugnisse aus Getreide und Mehl ein, die sogenannten Brotmarken. Durch diese Marken, die „jedem Bürger für die Woche 2 x 700 gr. Mehl in verbackenem oder unverbackenem Zustand" zubilligten, würden, so dachte zumindest Pfarrer Castendyck, „alle Pläne der Widersacher zunichte gemacht".[24] Im Oktober 1915 war er noch überzeugt davon, dass „an eine Aushungerung […] nicht mehr gedacht werden" könne. Für die selbstversorgenden Landwirte in Eichen galten zwar andere „Zuteilungswerte", jedoch war auch für sie der Verbrauch von Getreide und Mehl genau geregelt. Eine Bekanntmachung im Hanauer Anzeiger vom 12. April 1915 über die „Regelung des Brot und Mehlverbrauches für sich selbst versorgende Landwirte" legte den Verbrauch auf 9 Kilogramm Brotgetreide oder 7,2 Kilogramm Mehl pro Kopf und Monat fest.[25] Dies entsprach einer Wochenration von 1800 Gramm Mehl, also 400 Gramm mehr als die von Pfarrer Castendyck angegebene Brotmarkenration.[26] In den folgenden Kriegsjahren wurden die zugebilligten Mehlrationen jedoch immer weiter vermindert.

Verbotene Kuchen

Zwar ließ sich der Verbrauch durch die Einführung von Brotmarken und Backverordnungen etwas absenken, dies reichte aber nicht aus, um die Ernährungslage zu stabilisieren. Auf Grundlage der Bundesratsbekanntmachung vom 25. Januar 1915 wurde am 6. Februar 1915 im Landkreis Hanau „das Backen von Kuchen und ähnlichem Gebäck […] bis auf weiteres allgemein verboten".[27]

Auch in Eichen wirkte sich das Kuchenbackverbot aus: Pfarrer Castendyck berichtet, zur Konfirmation 1915 habe ein Polizist aus Hanau „mit außerordentlicher Strenge" die Häuser in Eichen und Erbstadt – und sogar die Betten – nach verstecktem Kuchen durchsucht und diesen schließlich auch bei zwei Familien gefunden, „sodaß auch diese ohne Kuchen den Konfirmationstag verleben mußten". Gegen die beiden Konfirmandinnen wurden Strafanträge gestellt. Diese sind in den Akten der Eicher Pfarrei erhalten, und aus ihnen ist zu entnehmen, dass es sich bei den beiden Mädchen um Emilie Mörschel (geb. 1900) und Margarete Möller (geb. 1897) gehandelt hatte.[28] Beide Mädchen waren zur „Tatzeit" noch nicht 18 Jahre alt, weshalb der Staatsanwalt den Pfarrer bat, zu deren Lebenswandel, ihren schulischen Leistungen und ihrem sozialen Umfeld Stellung zu beziehen, da die Strafe bei einer positiven Prognose auch zur Bewährung („Probezeit") von zwei Jahren ausgesetzt werden könne. Weil der Pfarrer beide für „sehr ordentliche u. brave Mädchen" hielt, kam er dem gerne nach.[29] In der Windecker Zeitung vom 24. April 1915 wird schließlich berichtet, dass Margarete Mörschel zu einer Geldstrafe von fünf Mark verurteilt wurde, über eine Verurteilung von Emilie Möller gibt es keine Angaben.[30]

Einführung der Höchstpreise

Außer solchen Zwangsverordnungen hatten die Kriegsversorgungsämter neben Rationierungen nur die Möglichkeit, den Markt über Höchstpreise zu regulieren. Doch auch das „Gesetz betreffend der Höchstpreise", das am 4. August 1914 von der Reichsregierung verabschiedet wurde und den freien Markt für die Dauer des Krieges außer Kraft setzte, konnte die mangelhafte Vorbereitung auf den Wegfall der Lebensmittelimporte und die Ernteausfälle nicht ausgleichen.[31]

Am 21. Oktober 1914 beschwerte sich ein Leser des Hanauer Anzeigers in einem Brief über den Höchstpreis von 8,50 Mark für einen Malter (Doppelzentner) Kartoffeln in Hanau, da man für diesen im Kreis Büdingen nur 5,50 Mark, in Frankfurt sogar nur 4,50 Mark zu bezahlen hätte.[32] Dies könnte natürlich ein Hinweis auf unüberlegte oder willkürliche Preisfestlegungen sein, es deutet aber auch in eine andere Richtung. Weiter schreibt der Leser nämlich, dass diese 8,50 Mark schon deshalb schwer nachzuvollziehen seien, weil sie die bereits sehr hohen Preise der Bauern, die in Ostheim ihre Kartoffeln an der Bahn für 6 bis 7 Mark verkauften, überstiegen. Es könnte sich bei der Festsetzung des Höchstpreises auf 8,50 Mark also um den Versuch gehandelt haben, die Bauern dazu zu bringen, ihre Kartoffeln wieder direkt in die Stadt zu liefern und sie nicht am Bahnhof zu verkaufen.

Die Kartoffel war neben den Hülsenfrüchten seit jeher ein wesentlicher Ernährungsbestandteil der einfachen Bevölkerung und wurde während des Krieges immer bedeutender, je schlechter die Versorgung mit Hülsenfrüchten wurde. Im Juli 1916 stieg der Schwarzmarktpreis für Kartoffeln sogar auf über 11 Mark für den Malter Kartoffeln.[33] Diese Preise dürften noch stärker angestiegen sein, nachdem die Kartoffelernte des Jahres 1916 besonders schlecht ausfiel. Pfarrer Castendyck berichtet, dass nach einem Wetterumschwung von sehr nassem auf extrem heißes und trockenes Wetter der Boden so fest geworden sei, „daß die Kartoffeln aus den Schollen heraus geschlagen werden mußten". Die mühsame Arbeit sei dann nicht einmal belohnt worden, da viele der Früchte durch die Nässe bereits im Boden verfaulten. Im Winter 1916/17, an den man sich später unter dem Namen „Steckrübenwinter" als große Hungerzeit erinnerte, herrschte dann so starker Frost, dass ein Großteil der sowieso schon geringen Ernte in den Kellern erfror.[34] Dies führte dazu, dass bereits Anfang Juli 1917 keine Kartoffeln mehr vorhanden waren und die Bauern sich gezwungen sahen, die neuen Kartoffeln viel zu früh zu ernten: „Unreife u. noch nicht ausgewachsene Früchte wanderten in den Kochtopf, um die hungrigen Mäuler satt zu machen"; Gleiches galt dann für den Juli 1918.[35]

Der „Schweinemord"

Der große Mangel an Getreide und Kartoffeln war schon bald nach Kriegsbeginn abzusehen und führte dazu, dass die Reichsregierung versuchte einen der größten „Konkurrenzkonsumenten" zu reduzieren – das Schwein.[36] Der sogenannte „Schweinemord" (eine spätere Benennung in Anlehnung an den biblischen Kindermord von Bethlehem) war eine der bis dahin größten Fehlplanungen in der Ernährungswirtschaft. Im Frühjahr 1915 wurden im Deutschen Reich 2 bis 2,5 Millionen Schweine beschlagnahmt und zwangsgeschlachtet.[37] Die Beschlagnahmung im Kreis Hanau wurde im Hanauer Anzeiger am 29. März 1915 bekanntgegeben. Eine weitere Bekanntmachung vom 24. April 1915 ordnete an, dass Schweine mit einem Lebendgewicht von 120 bis 200 Pfund zu festgelegten Preisen freiwillig abzugeben seien, oder ihre Besitzer würden enteignet.[38] Dies hatte natürlich zur Folge, dass es im Deutschen Reich für kurze Zeit zu einem enormen Mehrverbrauch an Fleischwaren kam, da sich diese nicht unbegrenzt haltbar machen ließen, wodurch sich der Fleisch- und Fettmangel später drastisch verstärkte. Dieser Mangel sorgte dann für enorm hohe Fleischpreise, während die Preise für Getreide und Kartoffeln künstlich niedrig gehalten wurden – ein Umstand, der dazu führte, dass es dann für Bauern theoretisch sogar „verlustreicher" war, ihre Kartoffeln zu den geltenden Höchstpreisen zu verkaufen, als sie an die wenigen verbleibenden Tiere zu verfüttern.

Interessanterweise erwähnt Pfarrer Castendyck den „Schweinemord" in seinen Aufzeichnungen von 1915 nicht, obwohl nicht davon auszugehen ist, dass Eichen und Erbstadt davon verschont geblieben waren. Dafür lassen sich mehrere denkbare Erklärungen finden. Erstens hatten die Zwangsschlachtungen erst langfristig gesehen einen negativen Effekt, unmittelbar verbesserten oder normalisierten sie die angespannte Lage der Fleischversorgung, weil das Deutsche Reich auch hier auf Importe angewiesen war. So gesehen musste dieses Ereignis aus der Sicht eines Konsumenten nicht unbedingt auffällig oder „berichtenswert" erscheinen. Den Grund für die hohen Fleischpreise und das mangelnde Angebot im Frühjahr 1916 („für die Schweine werden jetzt so hohe Preise gefordert, daß man kein Schweinefleisch mehr essen kann") sieht Karl Wilhelm Castendyck in dem großen Fehler des Staates, „daß nicht bei Zeiten den riesigen Hausschlachtungen Einhalt geboten ward".[39]

Nur einmal, im März 1918, nimmt der Pfarrer Bezug auf die Beschlagnahmung der Schweine und zeigt sein Mitgefühl mit den Bauern: „Es geht ihnen [den Landwirten] wahrlich nicht zum besten. Das Vieh wird ihnen fortgeholt, die Schweine sind weggeschlachtet, damit die Kartoffeln für die menschliche Ernährung zur Verfügung stehen."[40]

Als Grund für die schlechte Versorgungslage sieht er die Aktion jedoch nicht, was daran liegen könnte, dass sich diese im Verlauf des Krieges immer wieder veränderte. Im Februar 1915 waren in Erbstadt mehrere Höfe von der Schweinepest betroffen und wurden deshalb unter Quarantäne gestellt. Im August 1916 berichtet Karl Wilhelm Castendyck von einem weiteren Ausbruch und dessen Folgen für die Fleischversorgung.[41] Noch im Februar 1916 lag, laut der veröffentlichten Höchstpreistabelle, der Fleischpreis bei 2,00 bis 3,50 Mark für das Pfund, im August sei Schweinefleisch für den, der „nun keinen Widerwillen empfindet" für eine Mark pro Pfund zu haben, da viele Tiere aus Angst vor der Verbreitung der Seuche vorsorglich geschlachtet würden.[42] Im März 1918 scheinen die Fleischpreise wieder drastisch angestiegen zu sein, denn Pfarrer Castendyck spricht von 100 bis 150 Mark als Preis für ein Spanferkel.[43]

Mit dem Mangel an Fleisch ging der Mangel an Fetten einher. Im Februar 1916 schreibt Pfarrer Castendyck, die Metzger könnten „neuerdings keine fetten Schweine mehr auftreiben", weshalb Schweineschmalz so gut wie nicht mehr zu haben sei.[44] Besonders drastisch zeigte sich der Mangel an Fetten an der Butterversorgung. Durch gesteigerte Nachfrage kam es im Laufe der Zeit zu immer höheren Preisen und schließlich zu geradezu astronomisch hohen Summen im Schleichhandel (dem zeitgenössischen Wort für Schwarzmarkt). Für den März 1918 nennt der Pfarrer für Butter im Schleichhandel sogar den exorbitanten Preis von 12 bis 15 Mark pro Pfund.[45] Es scheint, als hätten den Bauern Butter und Eier als einzig denkbare „Tauschwährung" für dringend benötigte Waren aus der Stadt gedient.

Schleichhandel und Hamstern

Die Bemühungen der Reichsregierung über Appelle an das Konsumverhalten der Bevölkerung, Rationierungen oder Höchstpreise die Lebensmittelversorgung zu gewährleisten und zu steuern, hatten letztlich keinen Erfolg. Mit dem Krieg kam auch die Blütezeit des Schleichhandels und mit diesem das sogenannte „Hamstern".

Hatte sich der Austausch zwischen Stadt und Land bisher oftmals auf Warenlieferungen an und Marktstände in der Stadt beschränkt, so trafen beide nun unter ganz anderen Bedingungen aufeinander. Zu Beginn des Krieges, als die Lebensmittelauswahl zum ersten Mal eingeschränkt und rationiert wurde, war das Hamstern zunächst die Möglichkeit, die bisher gewohnten Essgewohnheiten nicht vollständig aufgeben zu müssen. Dies beinhaltete anfangs die bereits erwähnten Hamsterkäufe in der Stadt – das Sammeln und Horten von Nahrungsmitteln entwickelte sich aber zu einer regelrechten „Hamsterpsychose".[46] Möglich wurde der „Schleichhandel" dadurch, dass die ländliche Bevölkerung als Selbstversorger außerhalb des

Rationierungssystems stand und, wie oben bereits ausgeführt, höhere Eigenbedarfsquoten zugesprochen bekam. Auch war die Kontrolle der zum Eigenbedarf einbehaltenen Lebensmittel schwer zu gewährleisten. Da Obst und Gemüse erst spät unter die Rationierungen fielen, konnten die Landbewohner durch diese ihre täglichen Rationen ebenfalls strecken.[47]

Je schlechter die Versorgungslage wurde und je weniger Lebensmittel im „freien Handel" erhältlich waren – Lebensmittelkarten wiesen schließlich eine Höchst- und keine Mindestmenge zu – desto wichtiger wurden die Hamsterfahrten aufs Land für die Grundversorgung der städtischen Bevölkerung. Allerdings konnten sich nicht alle Bevölkerungsschichten die teils horrenden Schleichhandelspreise leisten. Schon 1915 bemängelt Pfarrer Castendyck, es herrschten „viele Klagen im Land über unberechtigte Teuerung. Es ist ein Skandal, daß es Menschenkinder giebt, die den Krieg zur eigenen Bereicherung ausnutzen".[48]

Ein generelles Hamsterverbot wurde von der Reichsregierung jedoch nicht erlassen, da auch dieser dessen Notwendigkeit für die Versorgung der Stadtbewohner bewusst geworden war.[49] Eine Verschärfung der Gesetze hätte auch nicht den gewünschten Effekt gehabt, sondern lediglich das „Risiko" und damit entsprechend den Preis der Waren erhöht – sie wäre also kontraproduktiv gewesen. Im Kohlrübenwinter 1917 fielen die täglichen Essensrationen auf unter 1150 Kilokalorien pro Person, was in etwa der Hälfte des Tagesbedarfs ohne schwere körperliche Arbeit entspricht – die Lebensmittelversorgung auf dem illegalen Weg wurde also überlebenswichtig.[50]

Die Berichte des Pfarrers Castendyck zeugen davon, wie verzweifelt manche Hamsterer in diesem Hungerjahr gewesen sein müssen, denn „die Städter kommen gar nicht mehr aus dem Dorf heraus"; seiner Ansicht nach waren diese im Juli und August 1917 „zu einer Landplage" geworden und „die ganze Sache artet aus".[51] Wie Bettler belagerten ganze Schwärme von Städtern die Bauersfrauen, bäten um Essen und gingen, wenn sie auf diesem Wege keines bekommen könnten, sogar selbst auf die Äcker und Felder, um sich zu nehmen, was sie bräuchten.[52] Wie bereits erwähnt, war das Jahr 1917 auch für die Bauern selbst kein einfaches Jahr. Die Ernte 1916 war schlecht gewesen, und in der Chronik ist zu lesen, dass durch einen harten Frost viele Lebensmittel in den Kellern erfroren und die Vorräte viel zu früh zur Neige gingen. Somit kann man verstehen, dass den Bauern die große Zahl der hamsternden Stadtbewohner nun langsam Probleme bereitete. In einem Eintrag von 1917 berichtet der Pfarrer, an den hessischen Bahnhöfen seien strengere Kontrollen eingeführt worden und am 4. August 1917 habe der „Gendarm von Windecken" den Eicher Bahnhof kontrolliert, „um den Leuten wenigstens einen Teil ihrer gehamsterten u. gestohlenen Schätze abzunehmen". Dabei kam es anscheinend beinahe zu einem Eklat, denn „der Wachtmeister hatte aber da in ein Wespennest gegriffen. Nicht nur, daß die ergriffenen Hamsterer keiften u. fluchten u. schimpften, selbst Soldaten zogen gegen den Wachtmeister blank. Und die mit dem Zug ankommenden Urlauber machten drohende Minen. Es gährt doch fürchterlich, u. wenn der Mensch eben hungern soll, dann wehrt er sich. Es werden auch an unsern Bahnhof militärische Wachmannschaften beordert werden."[53]

Die angespannte Lage war offensichtlich auch für die Ordnungsorgane keine einfache Situation, denn im Oktober 1917 schreibt Castendyck über den Wachtmeister, „dem Mann tat es selber leid, manche gehamsterten Produkte abnehmen zu müssen. Ein junges Mädchen, das nun sich über seine Zwetschen so gefreut hatte, mußte dem Verkäufer das Obst wieder zurückgeben u. bekam sein Geld zurück. Ob die Zwetschen später aber nicht doch noch nach Frankfurt gekommen sind? Man munkelts."[54]

Castendycks Mitleid mit den Städtern ist bei diesen Berichten deutlich zu spüren, auch wenn er deren manchmal dreistes Verhalten nicht gutheißt. Ähnlich berichtet er über die andere Seite dieser „Geschäftsbeziehung". Auch wenn er die Last der Bauern verstehen konnte („er [der Bauer] muß sich mit seinen Kindern zusammen schinden u. plagen von früh bis spät, u. wo der Mann fort ist, leistet die Frau mit ihrer ganzen Kraft Ersatz"), überkam ihn doch „ein Ekel an solcher vaterlandslosen, selbstsüchtigen Handlungsweise", wenn er an die von den Bauern verlangten Preise dachte.[55]

Die „patriotische Pflicht" der Landwirte

Schon 1916 erschienen im Hanauer Anzeiger Artikel, die angefüllt waren mit „Durchhalteparolen", der Aufforderung, Wucherern die Stirn zu bieten, und mit Aufrufen an die „patriotische Pflicht" der Landwirte.[56] Es wäre allerdings ein Fehler, die Landwirte allein für die Auswüchse des Schleichhandels verantwortlich zu machen, ein mangelhaftes Verteilungssystem und die unübersichtliche kommunale Struktur des Versorgungssystems trugen ebenfalls ihren Teil dazu bei. Auch wurde die Versorgungslast, welche die Landwirte zu tragen hatten, im Kriegsverlauf immer größer: Sie mussten die für sie arbeitenden Kriegsgefangenen verpflegen und nahmen darüber hinaus auch Flüchtlinge auf, die versorgt werden mussten. Die Reaktionen des Pfarrers und natürlich auch der städtischen Bevölkerung zeigen vor allem deren Unverständnis der bäuerlichen Lebensweise. Für Landwirte war es überlebenswichtig, dass ihr Vieh die Hungerzeiten überstand, und so hätten sie lieber selbst gehungert, um ihre Tiere zu erhalten. Dementsprechend schwierig dürfte es für die Bauern gewesen sein, mit den immer weniger werdenden Lebensmitteln sich selbst, ihre Arbeiter, die Tiere und dann auch noch Städter über den Schleichhandel zu versorgen.

Natürlich ist es heute schwer, eine Grenze zu ziehen zwischen bewusst überhöhten Wucherpreisen, die der Pfarrer den Bauern oftmals unterstellt, und Preisen, die durch gesteigerte Nachfrage und drastisch sinkendes Angebot hochgetrieben wurden. Einige Lebensmittel, wie z. B. Kartoffeln im Jahr 1917, waren sicherlich so knapp und „wertvoll" geworden, dass die Schleichhandelspreise wohl näher an die „ökonomische Realität" herankamen als die offiziellen Höchstpreise.[57] Dennoch steht außer Frage, dass die Bauern sich ihre Produkte während des Krieges ausgesprochen gut bezahlen ließen und vom System des Schleichhandels vor allem in der ersten Kriegshälfte durchaus profitierten. Ende 1915 bemerkt Pfarrer Castendyck in seiner Chronik, für die Bauern seien „in finanzieller Beziehung" nun „gute Zeiten", was man am „Auftreten der Bauerstöchter" oder den neuen Spielzeugen der Schulkinder („elektrische Taschenlaternen") merke.[58]

Eine Hanauer Mehlschieberbande

Generell sind Kriegsprofiteure ein großes Thema für Karl Wilhelm Castendyck, so widmet er einen langen Abschnitt seiner Chronik den Geschäften einer kriminellen „Mehlschieberbande" im Kreis Hanau. Deren Betrügereien waren im Februar 1918 an die Öffentlichkeit gekommen und lösten einen großen Skandal im Landkreis aus, da darin alle Ebenen der staatlichen Lebensmittelverteilung verwickelt waren. Als Hauptverdächtige wurden mehrere Müller, der Kreisbeamte Walther aus Hanau und der Großkaufmann Döring aus Hanau, dessen ehemalige Großhandelsfirma als Lebensmittelverteilungsstelle des Kreises Hanau gedient hatte, festgenommen.[59]

Die „Mehlschieberbande" hatte auf dem Weg von den Mühlen in die Lebensmittelverteilungsstelle Mehl abgezweigt und dieses dann, gedeckt vom für die Verteilung zuständigen Kreisbeamten, unter der Hand als angeblich „markenfreies, ausländisches Mehl" weiterverkauft. Da es in den letzten Kriegsjahren weder möglich gewesen wäre, große Mengen von Mehl zu importieren, noch es ohne die Bindung an Höchstpreise zu verkaufen, dürfte diese Erklärung schon den Zeitgenossen unglaubwürdig vorgekommen sein. Doch die Lebensmittelknappheit durch den erneut strengen Winter 1917/18 ließ die Bevölkerung bei der Möglichkeit, Lebensmittel außerhalb der zugeteilten Rationen zu kaufen, nicht lange nach der Herkunft der Ware fragen. Wahrscheinlich hätten die meisten Menschen 1918 auch bei vollem Wissen um die Illegalität verschobenes Mehl gekauft, da sie, was den Schleichhandel und das Umgehen von Lebensmittelbestimmungen anging, immer weniger Hemmungen oder Bedenken zu haben schienen.[60] So kamen die Schiebereien dann wohl auch nicht durch eine Anzeige von Kunden ans Licht. Karl Wilhelm Castendyck berichtet, bei der Revision der Mühle in Langenselbold habe der dort eingesetzte Kommissar eher durch Zufall vom Verkauf des markenfreien und teuren Mehls erfahren, woraufhin er begann nachzuforschen. Im Zuge der folgenden Ermittlungen musste sich sogar der Landrat dagegen wehren, von den Vorgängen im Kreis gewusst und diese gedeckt zu haben.

Die vielen Stellen und Personen, die bei der Sammlung und Verteilung von Lebensmitteln beteiligt waren, die ständig wechselnden Lebensmittelverordnungen und die oftmals undurchsichtigen Verzweigungen zwischen offiziellem Handel und Schleichhandel, all dies vereinfachte es vielen, von der Kriegskonjunktur zu profitieren, wobei das gesamte Ausmaß von Geschäften dieser Art, Schiebungen oder illegalen Weiterverkäufen, nur schwer abzuschätzen ist.[61] Je mehr solche Fälle von Kriegsgewinnlern bekannt wurden, desto mehr drohte auch die „Solidarität der Heimatfront" zu zerbrechen. Die Staatsanwaltschaft in Hanau bemühte sich deshalb 1918 auch um die Aufklärung des Falles, da dieser das ohnehin schon geringe Vertrauen der Bevölkerung in die staatlichen Fähigkeiten bei der Lebensmittelversorgung noch weiter erschütterte, denn die Menschen wollten vor allem, wie Castendyck sagt, „doch auch die Gewißheit haben, daß wir noch in einem geordneten Staatswesen leben".

Rohstoffknappheit

Doch nicht nur die Lebensmittel, auch die Rohstoffe für alltägliche Gebrauchsgegenstände wie Textilien, Papier oder andere Materialen wurden mit jedem Kriegsjahr knapper. In der Chronik liest man, Kleider und Schuhe würden länger getragen als üblich, aber anders als früher könnten verschlissene oder kaputte Dinge nicht mehr so einfach repariert werden, da das betreffende Material fehle. Auch neue Sachen, die wohl meist aus „recyceltem" Material bestanden, wären qualitativ nicht mit denen der Vorkriegsjahre zu vergleichen. 1918 resümiert der Pfarrer: „Alles wird jetzt knapp. Die Hausfrau hat kaum noch einen Putzlumpen. Was man kauft, hält nur einige Wochen oder Tage. Die Stuben können gar nicht mehr trocken aufgezogen werden, die Tücher lassen sich schlecht auswinden. Kein richtiger Schuster ist mehr im Dorf, […] Leder wird ihm auch nur in ganz beschränkter Menge zur Verfügung gestellt. Wo man hinsieht, da ist Not u. Mangel."[62]

Weit kritischer als die mangelnde Versorgung mit technischen oder textilen Rohstoffen sieht Karl Wilhelm Castendyck aber den Mangel an Brenn- und Heizmaterialien. Schon im Winter 1915 zeigten sich die ersten Folgen der Knappheit. Einige „bessere, wohlsituierte Leute im Dorf" hatten sich im Laufe des Jahres Spiritusbrenner zugelegt, und auch das teurere Carbid wurde nun als Leuchtmittel genutzt, da es bis Ende September 1915 in Eichen und Umgebung nur wenig Petroleum im Handel gegeben zu haben scheint.[63] Hier zeigt sich für Castendyck auch eines der größten Mankos des ländlichen Lebens, die fehlende Elektrifizierung: „Wie beneiden wir jetzt die Hessen darüber, die überall ihr elektrisches Licht haben! Hoffentlich wird es auch eine Frucht des Krieges sein, daß in allen Dörfern unseres Kreises elektrisches Licht eingeführt wird, wie es ja auch schon vorgesehen ist."[64]

Sommerzeit

Um Leuchtmittel zu sparen, wurde im Jahr 1916 von der Reichsregierung zum ersten Mal die Sommerzeit eingeführt. Dem Pfarrer, dem dadurch am Abend mehr Licht und Zeit zum Arbeiten blieb und der sich keine Sorgen mehr darum machen musste, wie er die abendlichen Kriegsbetstunden mit Licht versorgen sollte, leuchtete diese Maßnahme natürlich ein; der ländlichen Bevölkerung, deren Arbeitsabläufe sich ohnehin an den jahreszeitlichen Rhythmus anpassten, jedoch nicht. So mancher Bauer hätte, so Castendyck, „seine Uhr daheim weiter den alten Gang gehen lassen".[65]

Im Jahr 1917 trieb der „ländliche Widerstand" gegen die Sommerzeit eigenwillige Blüten. Als Pfarrer Castendyck an einem Sonntag wie gewöhnlich nach dem Gottesdienst in Eichen die vier Kilometer über den Hügel nach Erbstadt ging, um dort um 10 Uhr den Gottesdienst zu halten, sei ihm eine „merkwürdige Stille im Dorf" aufgefallen, das „wie verwunschen" ausgesehen habe. Er berichtet: „Ich kam zu meinem Stübchen, es war noch verschlossen. Ich warf einen Blick auf die Turmuhr u. rieb mir meine Augen, sah nochmals hinauf, zog meine Taschenuhr. Oben wars 10 Minuten vor 9 Uhr u. auf meiner Uhr 10 Minuten vor 10 Uhr. Jetzt ging mir ein Licht auf. Die Erbstädter hatten noch die alte Zeit." Der Lehrer, der sich gerade erst angezogen habe, als der Pfarrer zu ihm kam, erläuterte Karl Wilhelm Castendyck dann, der Bürgermeister hätte am 15. April im Dorf verkünden lassen, dass die Dorfuhr nicht vorgestellt würde und die Leute dies bei den Abfahrtszeiten des Zuges berücksichtigen sollten. Zwar hatten anscheinend die Arbeiter des Dorfes gegen „solche Rückständigkeit" protestiert, doch blieb es bei der Winterzeit. Der Pfarrer ärgerte sich sehr darüber, dass ihm weder Lehrer noch Bürgermeister von der Erbstädter Zeit erzählt hatten, dies war wahrscheinlich geschehen, um eine Intervention Castendycks zu verhindern. Er verkündete im Gottesdienst der Gemeinde, dass „in Zukunft die Gottesdienste dementsprechend um 9 Uhr stattfinden müßten". Am nächsten Tag, so der Pfarrer, sei die Uhr dann umgestellt worden.[66]

Die Leuchtmittelknappheit verschärfte sich im Jahr 1917 dramatisch, und im Herbst erfüllten den Pfarrer die Gedanken an die bevorstehenden „langen, langen Winterabende" mit „Grauen". Nachdem das Carbid immer rarer und teurer wurde (eine Mark pro Pfund), Spiritus nur noch an Bauern mit besonders großer Landwirtschaft und Petroleum selbst an Bürgermeister und Pfarrer nur noch stark rationiert ausgegeben wurde, sah die Beleuchtungssituation in den Dörfern wohl im wahrsten Sinne des Wortes „düster" aus. Man fand sich, laut Pfarrer Castendyck, kaum noch auf den Straßen zurecht.[67]

Im Jahr 1917 gingen auch die Brenn- und Heizmaterialien immer mehr zur Neige. Die versprochenen Kohlelieferungen trafen nicht ein, und die Preise für Holz stiegen massiv – 2 Meter Buchenholz kosteten, laut der Chronik, statt der üblichen 22-28 nun 58 Mark.[68] Später sorgte sich der Pfarrer sogar, dass das vorhandene Holz – auf das viele zum Kochen und Heizen umgestiegen wären – bald nicht einmal mehr zum Kochen reichen und der Mangel an Heizmaterialien „bei der fettlosen oder fettarmen Kost" bald drastische Konsequenzen haben könnte.[69]

Trotz der schwierigen Versorgungslage übte Pfarrer Castendyck fast nie Kritik am Verteilungssystem der Regierung, außer wenn es um die Versorgung mit Heizmaterial ging: „Für unsere Kirchen sollen wir keine Kohlen bewilligt bekommen, während Kinos u. Theater geheizt werden dürfen. Man versteht solche Verordnungen nicht, denn unser Volk beurteilt nach solchen Erlassen den Wert der Veranstaltungen. Gottesdienste werden eben geringer eingeschätzt als Vergnügungsgelegenheiten. Bei großer Kälte können wir denn unsere Kirchen zulassen."[70] Im Frühjahr 1918 entfielen anscheinend wirklich Gottesdienste aufgrund von Kälte und fehlendem Heizmaterial. Im Herbst 1918 besserte sich die Versorgung mit Brennmaterial wieder, und der Pfarrer hatte die Hoffnung, dass dadurch wenigstens die Schule wieder geheizt und somit auch genutzt werden könnte, denn seit dem Sommer habe „der Unterricht keine Art mehr".[71]

Sammlungen und Liebesgaben

Der von Karl Wilhelm Castendyck kritisierte Schulausfall und der mangelhafte Unterricht wurden auch dadurch herbeigeführt, dass die Schüler während des Krieges sehr häufig zu Sammeltätigkeiten herangezogen wurden. Neben Bucheckern und anderen Lebensmittelzusätzen (Kräuter, Brennnesseln, Eicheln, usw.) sammelten die Schüler in Eichen und Erbstadt vorrangig Geld und Sachspenden, die sogenannten Liebesgaben. Das Einsammeln von Sachspenden für die Feldsoldaten begann direkt nach Ausbruch des Krieges, und zu Weihnachten wurden aus den Dörfern jedes Jahr Weihnachtspäckchen mit warmer Kleidung und Zigaretten an die Front geschickt.

Auch wenn der Pfarrer sich Anfang 1915 beschwerte, dass er im Konfirmationsunterricht daran gescheitert sei, die „Burschen u. Mädchen für diese vaterländische Arbeit des Sammelns zu begeistern"[72], wurden die Konfirmanden von ihm über den gesamten Krieg hinweg für Sammlungen aller Art eingesetzt. Allerdings sind es meist die Konfirmandinnen, die er in dieser Hinsicht erwähnt; die Mädchen scheinen entweder motivierter oder schlichtweg erfolgreicher darin gewesen zu sein, Spenden im Dorf zu sammeln. Meistens gingen sie dafür „mit Sammellisten u. Büchsen" von Tür zu Tür und sammelten mal Geld für Kriegsgefangene und Hinterbliebene, das Rote Kreuz oder die Innere Mission, mal Eier für das Diakonissenwerk, oder sie machten Werbung für die Weihnachtspakete. Castendyck nennt ihre Tätigkeit 1916 „rege Propaganda".[73]

Die auf diese Weise eingesammelten Beträge waren manchmal enorm (z. B. 12 000 Mark für das Rote Kreuz im Herbst 1914), meistens bewegten sie sich aber um die 300 bis 400 Mark pro Sammlung.[74] Für den Pfarrer war es selbstverständlich, dass die Landbevölkerung, die durch den Lebensmittelverkauf zu einigem Geld gekommen war, die Verpflichtung habe „einen Teil dieser Einnahme nun wieder dem Vaterland zur Verfügung zu stellen durch Linderung der Kriegsnöte u. Zeichnung der Kriegsanleihen", denn „wo wäre das viele Geld besser untergebracht als dadurch, daß man es dem Vaterland, das einem die Möglichkeit zu reichlichem Verdienst gab, aber auf der andern Seite wieder viel Geld braucht, durch Ankauf von Kriegsanleihen zurückgiebt".[75]

Kriegsanleihen

Während des Krieges wurden ab September 1914 im Abstand von circa sechs Monaten neun deutsche Kriegsanleihen aufgelegt, die insgesamt eine Summe von 97 Milliarden Reichsmark einbrachten.[76] Diese Form der Kriegsfinanzierung, bei der die Bevölkerung vom Staat ausgegebene Wertpapiere zeichnete (also kaufte), wurde massiv beworben. In allen Zeitungen und Zeitschriften wurden Werbeanzeigen, Aufrufe und Artikel veröffentlicht, und ab 1916 nutzte das eigens eingerichtete Nachrichtenbüro für Kriegsanleihen auch den Film als Propagandainstrument.[77] Doch auch schon vorher gedrehte Filme, die Kriegsanleihen thematisierten, wie etwa der 1914/15 entstandene Film „Das Kriegssofa", in welchem eine junge Frau und ihr Verlobter heimlich vom Vater in einem Sofa verstecktes Bargeld in Kriegsanleihen investieren und es damit vor den anrückenden Feinden in Sicherheit bringen.[78]

Wie in anderen Dörfern fiel neben dem Lehrer und dem Bürgermeister auch in Eichen und Erbstadt dem Pfarrer die Aufgabe zu, intensiv für die Kriegsanleihen zu werben, z. B. mit „einem ebenso ernsten wie herzlichen Appell an die Herzen meiner Gemeindeglieder [...] doch ja nicht in [...] der Bereitstellung der Mittel für die siegreiche Weiterführung des Krieges nachzulassen".[79] Karl Wilhelm Castendyck kam dem mit Eifer und ohne Bedenken nach. Er glaubte wohl nicht nur an die unbedingte Notwendigkeit der Anleihen zur Finanzierung des Krieges, sondern auch an die Sicherheit und Rentabilität der Wertpapiere, die er noch im März 1918 für das bald „gesuchteste Papier auf dem Weltmarkt" hielt.[80] Seine Bemühungen führten dazu, dass im Laufe der vier Kriegsjahre neben den vielen privaten Einzahlungen der Dorfbewohner (bei fast jeder Kriegsanleihe sammelten die Schüler etwa um die 5000 Mark bei privaten Zeichnern ein) auch große Teile des Gemeinde- und des Schulvermögens in Kriegsanleihen investiert wurden.[81]

Bis 1916 zeichnete die Schule in Eichen 9000 Mark aus ihren Rücklagen in Kriegsanleihen, und aus dem Baufondskapital beider Schulen wurden je 1000 Mark in die 4. Kriegsanleihe gesteckt. Dies berichtet der Pfarrer im März 1916 voller Stolz, bedauert aber zugleich, dass es ihm bisher nicht möglich gewesen sei „vom kirchl. Vermögen etwas zu zeichnen".[82] Zur 6. Kriegsanleihe 1917 kann er aber voll Freude berichten, dass die Kirchen- und Pfarreikassen in Eichen und Erbstadt insgesamt 2000 Mark hätten zeichnen können, 1918 wurden zur 8. Kriegsanleihe insgesamt 4000 Mark von den Pfarrgemeinden gezeichnet.

Zur 6. und 7. Kriegsanleihe nennt Karl Wilhelm Castendyck ganz exorbitant hohe Summen von 20 000 respektive 30 000 Mark. Solche Summen konnten natürlich nur durch Kredite finanziert werden. Diese wurden über die Eicher Darlehenskasse oder auch über die Kreissparkassen finanziert. Diese warben gerade auf dem Land sehr aktiv durch Vorträge für die Kriegsanleihen; ein solcher Vortrag (über die 3. Kriegsanleihe) fand in Eichen 1915 allerdings vor nur 16 Zuhörern statt.[83] Denn obwohl die Zeichnungsbereitschaft der Dorfbevölkerung, auch angefeuert durch das ständige Werben des Pfarrers („unsere Landbevölkerung will animiert werden"), während des Krieges nicht deutlich nachließ, schien sie kein allzu großes inhaltliches Interesse an den Kriegsanleihen zu haben.[84]

Die Gesamtsumme, die während der vier Kriegsjahre in Kriegsanleihen angelegt wurde, ist schwer abzuschätzen. Dennoch steht außer Frage, dass ein Großteil des Vermögens der Dorfgemeinden, der Pfarreien und der Schulen in diese investiert und dann auch nach Kriegsende verloren wurde. Welche Auswirkungen dies auf das Gemeindeleben hatte, zeigt sich am deutlichsten am Beispiel der Schule in Eichen, die 1914 ein neues Schulgebäude hätte bekommen sollen. Der bereits beschlossene Bau wurde aber aufgrund des Krieges verschoben, und nach dem Krieg war für lange Zeit kein Geld für einen Neubau vorhanden, denn die neue Schule in Eichen wurde erst 1965 eingeweiht.[85] Diese dörfliche Bildungsinvestition wurde somit durch den Krieg für ein halbes Jahrhundert hinausgezögert.

Fremde im Dorf

Während des Krieges veränderten sich nicht nur die ökonomischen Gegebenheiten der Dörfer, sondern auch deren soziale Strukturen. Die ersten Anzeichen des Wandels waren die Fremden, die der Krieg in die Dörfer brachte.

1915 kamen etwa 20 bis 30 französische Kriegsgefangene nach Eichen, die in der Landwirtschaft arbeiten mussten.[86] Die Dorfbewohner begegneten den gefangenen Feinden zwar mit Neugier, aber auch mit Vorsicht. Doch auch deutsche Gäste wurden nicht ganz unvoreingenommen beobachtet, wie das Beispiel der 30 bis 40 Flüchtlinge aus dem Elsass zeigt, die im Februar 1916 aus der

Abb. 3: Hessische Dorfbewohner im Ersten Weltkrieg. Der junge Mann mit der Armbinde ist möglicherweise ein Kriegsgefangener. Foto: AEvKG Eichen-Erbstadt.

Gegend von Mülhausen in Eichen eintrafen und bei Bauern untergebracht wurden. Die Eingewöhnung in die ländlichen Lebensumstände schien den Elsässern, die bisher „meist in Fabriken gearbeitet u. ganz schön verdient" hatten, zunächst ein wenig schwerzufallen. Für die Aufnahme eines Flüchtlings erhielten die Bewohner des Dorfes vom Staat zwei Mark pro Erwachsenen, eine Mark pro Kind. Die zusätzlichen Arbeitskräfte waren auf dem Land sehr willkommen und schienen sich bald an die neue Arbeit und Umgebung zu gewöhnen. Obwohl die elsässischen Flüchtlinge katholisch waren, nahmen sie an den evangelischen Gottesdiensten teil, und ihre Kinder kamen zunächst in die örtliche Schule. Sie werden als „recht brav u. aufmerksam" beschrieben.[87] Gegen diese Form der „Integration" habe allerdings die katholische Kirche interveniert, die bemüht gewesen sei „ihre Schäflein vor dem verderbenbringenden Geist des ketzerischen Protestantismus" zu bewahren, und die Kinder in die katholische Schule nach Heldenbergen schicken ließ.

Für die protestantischen Dorfbewohner Eichens und Erbstadts schien der katholische Glaube der Flüchtlinge kein Problem darzustellen, die Nähe des Elsass zu Frankreich jedoch schon. Pfarrer Castendyck berichtet von einer Frau, die beim Bürgermeister untergekommen war und die behauptete, seit Kriegsbeginn nichts mehr von ihrem Mann gehört zu haben. Dieser sei wenige Tage vor der

Mobilmachung zu einem Freund gereist und seither nicht wiedergekommen. Die Frage „ob er nicht mit seinem Freund zu den Franzosen übergegangen sei", verneinte die Frau zwar, doch Castendyck schreibt weiter: „Ob sie wirklich nicht daran glaubt u. tatsächlich keine Ahnung von dem Aufenthalt ihres Mannes hat, wird von den Leuten hier bezweifelt. Wie verräterisch haben sich doch manche Elsässer zu Beginn des Krieges benommen."[88] Man begegnete den Flüchtlingen also durchaus misstrauisch, Pfarrer Castendyck schreibt sogar weiter, die „Kriegsleitung" habe vielleicht „tieferen Grund, diese Elemente von dem Schauplatz der zu erwartenden größeren Kämpfe fernzuhalten".

Die „Wittener Kinder"

Einer weiteren Gruppe von Fremden, die nach Eichen kam, den „Wittener Kindern", begegnete man allerdings sehr aufgeschlossen.[89] Organisiert von Pfarrer Heyde aus Roßdorf kamen im April 1917 fünfzig Kinder nach Eichen und Erbstadt, um während des Sommers auf dem Land zu bleiben und dort versorgt und „aufgepäppelt" zu werden.[90] Karl Wilhelm Castendyck lag das Wohlergehen dieser Kinder ganz besonders am Herzen, und er berichtet voller Freude, wie gut sich die im Pfarrhaus untergebrachte 10-jährige Grete Veldhoen einlebte: „Das Pfarrhaus war von Anfang an der Mittelpunkt. Unsere Grete aus Witten scharte immer eine ganze Reihe um sich, Pfarrhaus u. Laube sahen täglich von jetzt an liebe, frohe Kinder, die wußten, daß dort ein warmes Herz ihnen entgegenschlug u. alle ihre Wünsche u. kleinen Sorgen ein offenes Ohr fanden."

Er versuchte auch, den Kindern die Eingewöhnung in die unbekannte Umgebung zu erleichtern und die Sehnsucht der Kinder nach den Eltern zu mildern, was ihm im Fall der kleinen Emmi wohl auch gelungen ist: So habe er, nach einem Besuch in Erbstadt, „alles Heimweh" des Mädchens „mit nach Eichen genommen", wie diese ihm später berichtete. Allen Dorfbewohnern wuchsen die Kinder anscheinend sehr ans Herz. Diese seien an den Sommerabenden singend durch den Ort gezogen und hätten „frisches, fröhliches Leben" ins Dorf gebracht. Als die Kinder dann überstürzt im August wieder abreisen sollten, weigerten sich die Landwirte in Erbstadt, „ihre" Kinder herzugeben und erklärten kategorisch, „unsere Kinder kommen erst Weihnacht wieder heim. Und wie froh waren die Kinder, daß sie bleiben konnten." Auch in Eichen sollen einige Kinder geblieben und andere nach zwei Wochen wieder zurück ins Dorf gekommen sein.

Neue Ideen

Je mehr junge Leute aus den ländlichen Gebieten in den Städten und Fabriken des Umlands Arbeit fanden – auch hier hatte der Krieg zu einem massiven Arbeitskräftemangel geführt –, desto mehr Ideen aus dem Umfeld der Arbeiterschaft hielten auch in Eichen und Erbstadt Einzug. Anfang 1918 bemerkt der Pfarrer eine Veränderung im Dorf. Die Jugend des Dorfes werde mittlerweile für ihre Arbeit außerordentlich gut bezahlt und verfüge somit über eine größere Menge eigenen Geldes als früher. Laut Pfarrer Castendyck verdiente ein junges Mädchen aus einem der Dörfer in einer Munitionsfabrik in Heddernheim 10 Mark pro Tag, ihr vierzehnjähriger Bruder 4 bis 5 Mark.[91] Diese neue finanzielle Unabhängigkeit und auch der Kontakt mit anderen Arbeitern brachte das Gedankengut der städtischen Arbeiterbewegung aufs Land. So empört sich der Pfarrer: „Wer heutzutage in der Frühe oder Abends mit den Arbeitern oder Arbeiterinnen in der Bahn 3. Klasse fährt, kann Behauptungen hören, die einem als wahren Patrioten die Schamröte ins Gesicht treiben. Es ist eben das Geschwätz der urteilslosen Jugend oder Ungebildeten, die scheinbar sich einbilden, daß solch fabelhafte Löhne auch dann noch weitergezahlt würden, wenn Deutschland auf Gnade oder Ungnade sich seinen Feinden ausliefere, um nur Frieden zu haben."[92]

Auch wenn die Auswirkungen der Revolution von 1918 auf die ländlichen Gebiete natürlich nicht so ausgeprägt waren wie in den Städten, so zogen sie doch auch Kreise bis nach Eichen und Erbstadt. Etwas besorgt berichtet Pfarrer Castendyck über den November 1918, dass die „Tage der Revolution" in Eichen und Erbstadt zwar „verhältnismäßig ruhig" verlaufen wären, aber „ein paar flegelhafte Lümmel, halbwüchsige Schliengel" herumgelärmt hätten und dass „gar bald Wahlen des Bauern- u. Arbeiterrats auf dem Rathaus vorgenommen wurden".[93] Als dann schließlich die von der Front zurückkehrenden Truppen in Eichen und Erbstadt einquartiert wurden, seien, teils aus eigenem Antrieb, teils angestachelt durch „fremde Hetzer" Soldatenversammlungen abgehalten worden, und die Mannschaften legten ein „widerspenstige[s], Gehorsam verweigernde[s] Gebahren" an den Tag.[94]

Das Kriegsende

Das Kriegsende wird von Pfarrer Castendyck in seiner Chronik nicht ausführlich dargestellt. Im Mittelpunkt seiner Schilderungen steht im Oktober und November 1918 vielmehr die Grippeepidemie, die auch Eichen und Erbstadt erfasste. Da weite Teile der Bevölkerung auf dem Land durch die jahrelangen Entbehrungen schwach und anfällig geworden waren, forderte die Grippe viele zivile Todesopfer. Karl Wilhelm Castendyck schreibt: „Ja die Grippe ist ein böser Gast, der in der ganzen Welt eingekehrt ist u. auch in unserem Vaterland wegen seines gefährlichen Auftretens gefürchtet wird"; in Eichen und Erbstadt sei fast jedes Haus von der „heimtückischen Plage" betroffen.[95]

Von den dramatischen politischen Ereignissen der Revolution in Deutschland findet sich demgegenüber in der Chronik Castendycks keine Beschreibung. Er sinniert lediglich über die Frage nach den Gründen der Situation. Militärisch, so schreibt er, sei das Deutsche

Reich nie unterlegen gewesen, die Heimatfront habe die Soldatenfront im Stich gelassen und „bei einem anderen Geiste" hätte man „den Krieg auch gegen eine Welt von Feinden gewonnen".[96] Diese Formulierungen erinnern deutlich an die später weit verbreitete „Dolchstoßlegende", wobei das Interessante daran ist, dass Pfarrer Castendyck diese Gedanken noch vor der ersten (nachweisbaren) Erwähnung dieser Legende niederschrieb.

Die Eintragungen in der Pfarreichronik zu Silvester 1918/19 sind sehr nachdenklich. Bis in die frühen Morgenstunden hätten die in Eichen einquartierten deutschen Soldaten und die Dorfbewohner auf den Straßen so gelärmt, dass der Pfarrer „nur mit tiefer Wehmut an unser so sehr verblendetes Volk" denken könne, das „auf einem Vulkan" tanze. Auch wenn Karl Wilhelm Castendyck den ganzen Krieg über immer wieder für ein Ende der Kämpfe und den Frieden gebetet hatte, ein solches „Ende", ein so „schmählicher Waffenstillstand", scheint für ihn kaum zu ertragen gewesen sein, und er kann die Erleichterung der Dorfbevölkerung nicht nachvollziehen.[97] Er bittet Gott um dessen Beistand und wirft einen Blick in die Zukunft, der die verzweifelte Stimmung vieler Deutscher widerspiegelt und der zugleich einen Hinweis darauf gibt, warum wenige Jahre später ein radikaler Politiker mit seinen Verheißungen eine solch große Resonanz finden konnte: „Armes, deutsches Vaterland, was wird dir das kommende Jahr bringen; armes, irre geführtes Volk, wann wird dir ein Retter erstehen!"[98] Dieser Satz deutet zugleich an, dass Castendyck die Kriegsniederlage innerlich nicht akzeptierte und kein Verständnis dafür entwickelte, warum der Krieg für Deutschland dieses fürchterliche Ende genommen hatte.

Resümee

Der Erste Weltkrieg hatte gravierende Auswirkungen auf die Landgemeinden und die dörfliche Gesellschaft, die bis dahin von großen politischen Ereignissen nur mittelbar berührt worden waren. Der Krieg veränderte die Rahmenbedingungen der ländlichen Wirtschaft grundlegend, indem die Bauern als Lebensmittelproduzenten einer dichten Kontrolle unterworfen wurden. Sie mussten seit 1915 ständig mit der Beschlagnahmung von Agrarprodukten und Viehbeständen rechnen, sie wurden in das System der Rationierungen einbezogen, und sie wurden durch eine Flut von Anordnungen reglementiert. Zugleich wurden sie in die „patriotische Pflicht" genommen und unaufhörlich aufgefordert, aus den steigenden Erlösen für ihre Produkte Kriegsanleihen zu zeichnen, um den nationalen Kampf gegen die äußeren Feinde zu unterstützen. Gleichzeitig aber wurde die Bewirtschaftung der Höfe und Äcker durch die Einberufung der jungen Männer sehr erschwert, und zahlreiche auswärtige Arbeitskräfte mussten in den Dörfern eingesetzt werden.

Das soziale Gefüge in den Landgemeinden geriet infolge des Krieges in Bewegung. Viele Einheimische verließen als Soldaten die Dörfer und waren oft jahrelang abwesend oder kehrten gar überhaupt nicht mehr zurück. Zahlreiche junge Frauen suchten sich Arbeit in den Fabriken in Hanau oder Frankfurt, weil dort hohe Löhne gezahlt wurden. Auf der anderen Seite kamen viele Fremde in die Dörfer – Flüchtlinge aus den deutschen Grenzgebieten im Westen und Osten, wo gekämpft wurde, ausländische Kriegsgefangene, Kinder aus Industriestädten und schließlich die Bewohner der umliegenden Städte, die auf der Suche nach Lebensmitteln aufs Land fuhren.

Durch diesen demographischen Austausch fanden mit zunehmender Dauer des Krieges auch neue politische Ideen den Weg in die Landgemeinden, verstärkt ab 1917, als die Kriegslage immer aussichtsloser wurde. Nun mehrten sich auch auf dem Land die kritischen Äußerungen und die Stimmen, die im Gegensatz zu den offiziellen Durchhalteparolen für ein baldiges Ende des Krieges plädierten. Die örtlichen Chronisten – Pfarrer und Lehrer – vermerkten diese Äußerungen teilweise mit Verwunderung, teilweise mit Entrüstung und versuchten, auf die Landbevölkerung im Sinne weiterer patriotischer Anstrengungen einzuwirken, doch hatten sie damit keinen nachhaltigen Erfolg.

Aus den Kriegschroniken, insbesondere aus den detaillierten Aufzeichnungen des Eicher Pfarrers Castendyck, lässt sich deutlich erkennen, dass die Landbewohner, obwohl oder vielleicht gerade weil sie die amtliche Berichterstattung in den Zeitungen nicht so intensiv verfolgten wie die Pfarrer und Lehrer, im Grunde eine realistischere Einstellung gegenüber dem Krieg und seinem Verlauf einnahmen. Während sich etwa bei Pfarrer Castendyck seine nationalpatriotische Grundeinstellung und sein unerschütterlicher Glaube an die Notwendigkeit der Kriegsanstrengungen – einschließlich der immensen materiellen und menschlichen Opfer – wie ein roter Faden durch seine Aufzeichnungen zieht, ließ sich die Dorfbevölkerung keineswegs blindlings in die Kriegsmaschinerie einspannen und erhielt sich ihre Fähigkeit, die Ereignisse und Entwicklungen von einem weniger ideologischen Standpunkt aus zu beurteilen und dementsprechend zu handeln. Die Pfarreichronik von Karl Wilhelm Castendyck gibt auf diese Weise einen sehr tiefen Einblick in das innere Leben der Landgemeinden Eichen und Erbstadt, und sie offenbart dabei zugleich die große Differenz in der Wahrnehmung und Beurteilung des Krieges zwischen den Dorfbewohnern und dem Chronisten.

1 Pfarrer Castendyck hatte seine Stelle 25 Jahre lang inne, bis er am 31. Januar 1939 in den Ruhestand ging. Er zog anschließend nach Windecken, wo er am 18. Oktober 1947 verstarb. Sein Grab befindet sich an der Eicher Kirche.
2 Pfarreichronik von Eichen und Erbstadt 1914–1918, S. 105f.; AEvKG Eichen-Erbstadt.

3 Karl Hammer: Der deutsche Protestantismus und der Erste Weltkrieg, in: Francia 20/3, 1993, S. 399.
4 Pfarreichronik von Eichen und Erbstadt, S. 106f.
5 Vgl. dazu: Gerhard Hirschfeld/Gerd Krumeich/Irina Renz (Hg.): Enzyklopädie Erster Weltkrieg. Paderborn 2003, S. 357–360; siehe jetzt auch Jörn Leonhard: Die Büchse der Pandora. Geschichte des Ersten Weltkriegs. München 2014, S. 6 Kriegschronik der evangelischen Pfarrei Ostheim, S. 2; AEvKG Ostheim.
7 Pfarreichronik von Eichen und Erbstadt, S. 108 und 110. Im Verlauf des Krieges wurden die Kriegsbetstunden verschiedentlich verlegt, verkürzt oder im 14-tägigen Turnus gehalten oder in Gedächtnisfeiern für Gefallene umgewandelt, was hier jedoch nicht weiter ausgeführt werden soll.
8 Die ermittelten Prozentangaben beziehen sich auf die Jahresübersichten Castendycks von 1914–1918 auf den Seiten 113, 125f., 145, 165 und 189.
9 Pfarreichronik von Eichen und Erbstadt, S. 119.
10 Ebd., S. 133.
11 Ebd., S. 122–124.
12 Ebd., S. 170.
13 Ebd., S. 107.
14 Ebd., S. 128.
15 Ebd., S. 109.
16 Ebd., S. 110.
17 Ebd., S. 183.
18 Hirschfeld/Krumeich/Renz (Hg.): Enzyklopädie Erster Weltkrieg (wie Anm. 5), S. 461; Anne Roerkohl: Hungerblockade und Heimatfront. Die kommunale Lebensmittelversorgung in Westfalen während des Ersten Weltkrieges. Stuttgart 1991, S. 18.
19 Roerkohl, Hungerblockade und Heimatfront (wie Anm. 18), S. 18.
20 Ebd., S. 17.
21 Ebd., S. 179.
22 Pfarreichronik von Eichen und Erbstadt, S. 107.
23 Roger Chickering: Freiburg im Ersten Weltkrieg. Totaler Krieg und städtischer Alltag 1914–1918. Paderborn 2009, S. 159.
24 Pfarreichronik von Eichen und Erbstadt, S. 117.
25 Hanauer Anzeiger vom 12.4.1915, S. 2.
26 Hierzu muss allerdings angemerkt werden, dass die Angaben über die Rationen schwanken.
27 Hanauer Anzeiger vom 6.2.1915, S. 1.
28 Der Erste Staatsanwalt gegen Emilie Mörschel, AZ 2.J.420/15 1., Hanau, 17.4.1915; Der Erste Staatsanwalt gegen Margarete Möller, AZ 2.J.421/15 4., Hanau, 17.4.1915; Akte „Kriegsverordnungen und Kriegsliteratur", AEvKG Eichen-Erbstadt.
29 Pfarreichronik von Eichen und Erbstadt, S. 116.
30 Windecker Zeitung vom 24.4.1915, Bericht über die Schöffengerichtssitzung vom 22.04.1915.
31 Martin Rackwitz: Kriegszeiten in Kiel. Alltag und Politik an der Heimatfront 1914–1918. Kiel 1913, S. 157.
32 Hanauer Anzeiger vom 21.10.1914, S. 6.
33 Pfarreichronik von Eichen und Erbstadt, S. 136.
34 Ebd., S. 147.
35 Ebd., S. 154 und 178.
36 Vgl. dazu Roerkohl: Hungerblockade und Heimatfront (wie Anm. 18), S. 186.
37 Ebd., S. 33.
38 Hanauer Anzeiger vom 29.3.15, S. 1 und vom 24.4.1915, S. 1.
39 Pfarreichronik von Eichen und Erbstadt, S. 132.
40 Ebd., S. 168.
41 Hanauer Anzeiger vom 5.2.1915, S. 1.
42 Hanauer Anzeiger vom 28.2.1916, S. 10.
43 Pfarreichronik von Eichen und Erbstadt, S. 168.
44 Ebd., S. 120.
45 Ebd., S. 168.
46 Roerkohl: Hungerblockade und Heimatfront (wie Anm. 18), S. 263.
47 Ebd., S. 266.
48 Pfarreichronik von Eichen und Erbstadt, S. 117.
49 Roerkohl: Hungerblockade und Heimatfront (wie Anm. 18), S. 265.
50 Ebd., S. 321.
51 Pfarreichronik von Eichen und Erbstadt, S. 154 und 158.
52 Schon im August 1916 erging im Landkreis Hanau eine „Polizeiverordnung zum Ernteschutz", wonach sich auf den Feldern oder in den Scheunen nur deren Besitzer aufhalten durften. Das Problem der „Selbstbedienung" entstand also nicht erst 1917. Vgl. Hanauer Anzeiger vom 18.8.1916, S. 1.

53 Pfarreichronik von Eichen und Erbstadt, S. 154f.
54 Ebd., S. 158.
55 Ebd., S. 168.
56 Z.B. Hanauer Anzeiger vom 22.5.16, S. 5 und vom 25.5.16, S. 4.
57 Auch ist dabei zu berücksichtigen, dass die Gefahr einer Kriegsinflation durch die Höchstpreise kontrolliert werden sollte. Diese „Kontrolle" fehlte aber bei den Schleichhandelspreisen.
58 Pfarreichronik von Eichen und Erbstadt, S. 126.
59 Vgl. Hanauer Anzeiger vom 21.3.18 und 28.2.1918.
60 Roerkohl: Hungerblockade und Heimatfront (wie Anm. 18), S. 261.
61 Ebd., S. 262.
62 Pfarreichronik von Eichen und Erbstadt, S. 172.
63 Ebd., S. 120.
64 Ebd., S. 120.
65 Ebd., S. 159f.
66 Ebd., S. 160.
67 Ebd., S. 158.
68 Ebd., S. 146.
69 Ebd., S. 158f.
70 Ebd., S. 159.
71 Ebd., S. 184.
72 Ebd., S. 118.
73 Ebd., S. 134 und 124.
74 Da Castendyck nicht über alle Sammlungen buchführt, sondern immer wieder nur die Erfolge einzelner Sammlungen erwähnt, ist es schwer, eine genaue Aussage über die gesammelten Werte zu geben. Addiert man aber alle genannten Beträge (ausschließlich den sonntäglichen Kollekten und den 12 000 Mark Spende für das Rote Kreuz) so kommt man auf einen Betrag um die 8200 Mark.
75 Pfarreichronik von Eichen und Erbstadt, S. 134 und 160.
76 Hirschfeld/Krumeich/Renz (Hg.): Enzyklopädie Erster Weltkrieg (wie Anm. 5), S. 628.
77 Ebd.
78 Jette Kilian: Propaganda für die deutschen Kriegsanleihen im Ersten Weltkrieg, in: Jürgen Wilke (Hg.): Massenmedien und Spendenkampagnen. Vom 17. Jahrhundert bis in die Gegenwart. Köln 2008, S. 134.
79 Pfarreichronik von Eichen und Erbstadt, S. 134.
80 Ebd., S. 171.
81 Auch in diesem Punkt ist es schwer, genaue Zahlen zu erheben. Zwar nennt Castendyck immer wieder stolz die Erfolge der Sammlung, jedoch ist bei manchen sehr hohen Zahlen nicht klar, ob diese sich auf eine weitere Anleihenzeichnung beziehen oder aber eine Zusammenfassung bereits genannter Zahlen sind. Addiert man die genannten Summen, so kommt man auf den enormen Betrag von 144 000 Mark, der während des Krieges von den Gemeinden, den Schulen, der Kirche und Privatpersonen in Kriegsanleihen investiert worden sein soll. Teils basierten diese Käufe aber auch auf Krediten, die nach dem Krieg abgetragen werden mussten.
82 Pfarreichronik von Eichen und Erbstadt, S. 134.
83 Ebd., S. 118.
84 Ebd., S. 160.
85 950 Jahre Eichen. (Nidderauer Hefte, Nr. 2.) Nidderau 1986, S. 62.
86 Siehe dazu im Einzelnen den Beitrag von Jürgen Müller: „Im verlassenen Grab im Mauerwinkel".
87 Pfarreichronik von Eichen und Erbstadt, S. 134.
88 Ebd.
89 Zur „Kinderlandverschickung" in Eichen: Pfarreichronik von Eichen und Erbstadt, S. 149f und 155f.
90 Siehe dazu den Beitrag von Christian Lazic.
91 Pfarreichronik von Eichen und Erbstadt, S. 166.
92 Ebd., S. 166.
93 Ebd., S. 187.
94 Ebd., S. 188.
95 Ebd., S. 183.
96 Ebd., S. 186.
97 Ebd., S. 186.
98 Ebd., S. 188.

Christian Lazic

Pfarrer Karl Heyde und die Roßdorfer „Heimat"
Das Dorfleben im Spiegel einer Kriegszeitung

Pfarrer Karl Heyde

Zur Zeit des Ersten Weltkrieges war Karl Heyde Pfarrer in Roßdorf, das damals etwa 900 Einwohner zählte.[1] Heyde hatte eine exotische Herkunft: Er wurde am 1. September 1869 in Paramaribo in der niederländischen Kolonie Surinam als Sohn des Missionars der Herrnhuter Brüdergemeine Heinrich Bernhard Heyde (1839-1917) geboren.[2] Im Alter von sieben Jahren wurde er von seinen Eltern getrennt und kam nach Deutschland, wahrscheinlich zu Pflegeeltern. Er begegnete seinen leiblichen Eltern 1889 noch einmal, hatte danach aber nur noch brieflichen Kontakt zu ihnen. Seine Mutter starb im Alter von 74 Jahren am 18. Oktober 1914 in Paramaribo. Sein Vater, der in Paramaribo auch das Amt des deutschen Konsuls innehatte, starb dort im Alter von 78 Jahren am 25. Mai 1917.[3]

Am 31. Oktober 1895 wurde Karl Heyde nach Absolvierung seines Examens am Predigerseminar Hofgeismar ordiniert und übernahm bereits am 1. November die Gemeindepfarrstelle von Eichen und Erbstadt. Von dort wechselte er 1896 nach Neuhof bei Fulda. 1898 bis 1908 war er Gemeindepfarrer in Flörsbachtal/Lohrhaupten, anschließend in Schlüchtern/Gundhelm und seit dem 1. Oktober 1909 in Roßdorf, wo er noch im selben Jahr den Kirchenchor gründete, der ihm bis zu seinem Ruhestand im Jahr 1939 sehr am Herzen lag. Er heiratete 1896 im oberschlesischen Gnadenfeld, dem heutigen Pawłowiczki, und hatte einen Sohn namens Karlfried und eine Tochter namens Gerlinde. 1943 starb Karl Heyde im Alter von 74 Jahren in Gelnhausen/Meerholz bei seiner Tochter und ihrem Ehemann Johannes Adolf Schilling, der dort Pfarrer war.[4]

Kriegsausschuss

Am 16. August 1914, zwei Wochen nach Kriegsausbruch, berief Pfarrer Heyde eine Versammlung der Gemeinde in die Kirche ein. Er schlug vor, „einen Ausschuss für die leibliche und geistige Versorgung unserer Roßdorfer Krieger ins Leben zu rufen".[5] Dieser Ausschuss sollte die Soldaten an der Front mit „Liebesgaben" versorgen, wozu Päckchen mit Zigarren, Zigaretten und Schokolade zählten, aber auch die regelmäßige Zusendung des Hanauer Anzeigers sowie eines von Heyde verfassten Sonntagsgrußes, der die Verbindung zwischen Soldaten und Heimat erhalten sollte. Als Mitglieder des Ausschusses schlug Heyde Bürgermeister Goy, den Kirchenältesten Goy, die Lehrer Röder und Reuffurth, den ehemaligen Bürgermeister Schneider, Kaufmann Gauff, Schuhmacher Strempel, Diamantschleifer Henkel,

Pfarrer Karl Heyde und die Roßdorfer „Heimat" | 49

| Henkel. | Strempel. | Reuffurth. | Gauff. |
| Bechtel. | Goy. | Heyde. | Röder. | Schneider. |

Der Kriegsausschuß von Roßdorf 1914.

den Kriegervereinsvorsitzenden Bechtel und sich selbst vor.[6] Der Kriegsausschuss, von Heyde auch als „Generalstab" bezeichnet, tagte jeden Montag im Rathaus.[7] Hier wurde auch die finanzielle Unterstützung bedürftiger Familien organisiert, deren Väter in den Krieg gezogen waren. Diese bestand aus 6 Mark für jede Frau und 5 Mark für jedes Kind, was zusätzlich zur staatlich gewährten Hilfe zu gleichen Teilen aus Mitteln der Kirchenkasse sowie des Raiffeisenvereins finanziert wurde.[8]

Außerdem wurden im Ort große Mengen Lebensmittel gesammelt, welche zum Hanauer Ostbahnhof gebracht und dort an durchfahrende Soldaten verteilt wurden. Ebenso wurden Lebensmittel sowie Kleidung, Bettwäsche, Taschen- und Handtücher an Krankenhäuser der Umgebung und an das Rote Kreuz geliefert. An die Roßdorfer Soldaten an der Front wurden 14-tägig „Liebespakete" geschickt. Diese enthielten normalerweise 12 Zigarren, 30 Zigaretten, eine Tafel Schokolade, Schreibutensilien, Feuerzünder und ähnliches. Hinzu kamen Wollstrümpfe, Mützen usw., die vom Frauenverein,

Abb. 4: Die Mitglieder des Kriegsausschusses im Jahr 1914. Der Kirchenälteste Goy ist nicht abgebildet. Quelle: Die Heimat. Sonntagsgruß für Roßdorfs Krieger, 25. Oktober 1914.

Liebespakete für die Soldaten

den Kirchenchormädchen und den Schulmädchen gestrickt wurden.⁹ All dies wurde von den Kirchenchormädchen am „Packabend" im Schulhaus unter der Leitung von Pfarrer Heyde und Kaufmann Gauff verpackt. Anschließend wurden die Pakete zur Adressierung an Olga Malsch weitergegeben, die für diese Arbeit bis zu zwei Tage brauchte, und dann versandt.¹⁰ Der Hanauer Anzeiger wurde sogar täglich von den Schülerinnen und Schülern der Oberklasse an die Soldaten verschickt.¹¹

Die „Heimat"

Die erste Ausgabe der „Heimat", wie der von Heyde verfasste „Sonntagsgruß" genannt wurde, erschien am Sonntag, den 23. August, für 10 Pfennig und wurde im Ort verkauft. Die Auflage umfasste zunächst 200 Exemplare, von denen 70 für die Soldaten bestimmt waren, die noch am selben Tag von den Schülern der Oberklasse im Schulhaus adressiert und verschickt wurden.¹²

Bis Kriegsende erschien die „Heimat" regelmäßig, in den ersten anderthalb Kriegsjahren wöchentlich. Die Erstellung jeder Ausgabe kostete etwa 36 Mark, wovon die Hälfte durch den Verkauf im Ort und der Umgebung gedeckt wurde. Die andere Hälfte sollte durch freiwillige Spenden aufgebracht werden. Die für die „Heimat" eingeplanten Mittel von ca. 1600 Mark waren allerdings im Juli 1915 aufgebraucht, so dass sich der Kriegsausschuss fragen musste, wie es weitergehen sollte. Weitere private Spenden waren nach fast einem Jahr Krieg nicht mehr in der Höhe zu erwarten wie noch 1914. Es wurde in Betracht gezogen, die „Heimat" nur noch alle zwei Wochen oder noch seltener erscheinen zu lassen.¹³ Nachdem aber Soldaten auf Heimaturlaub erzählten, wie wichtig die „Heimat" für sie und ihre Kameraden sei, wurde beschlossen, sie unter allen Umständen zu erhalten. Die Finanzierung sollte weiterhin durch den Verkauf und private Spenden (da dies nicht ausreichte, später ergänzt durch Haus- und Kirchensammlungen) erfolgen, so dass die Zeitung, wenn möglich, auch weiterhin wöchentlich erscheinen sollte.¹⁴ Erst ab Februar 1916 erschien sie nur noch zweimal im Monat, da Heyde sich aufgrund von Überanstrengung nicht mehr in der Lage sah, wöchentlich zu schreiben.¹⁵

Die „Heimat" hatte eine feste Gliederung, die in fast allen Ausgaben beibehalten wurde. Am Beginn standen meist eine von Heyde verfasste religiöse Andacht oder allgemeine Gedanken zur Moral oder zum Krieg. Zu besonderen Gelegenheiten, wie beispielsweise anlässlich des Beginns der Ernte¹⁶ oder des Anbruchs des dritten Kriegsjahrs¹⁷, wurden auch Predigten sowie Auszüge aus Gedächtnisreden für Gefallene¹⁸ abgedruckt. Den Mittelteil bildete die Rubrik „Aus der Heimat", welche in einigen Ausgaben durch Briefe von Dorfbewohnern an die Soldaten, Anekdoten, Gedichte und eine 43-teilige Fortsetzungsgeschichte, die in der Ausgabe vom 7. November

Abb. 5: Das erste Titelblatt der „Heimat" in seiner endgültigen Form mit dem Bild der Roßdorfer Kirche, Ausgabe vom 25. Oktober 1914. Leihgabe: AEvKG Roßdorf.

Die Heimat

Roßdorfs Kirche

Erscheint wöchentlich einmal während des Krieges und wird als handschriftliche Mitteilung gedruckt von d. Waisenhaus-Buchdruckerei in Hanau.

Herausgeber ist der Roßdorfer Kriegsausschuß. Gründer und Leiter ist der Ortspfarrer Karl Heyde, beide wohnhaft in Roßdorf, Kr. Hanau.

1. Jahrgang Nummer 10.   Roßdorf, 25. Oktober 1914.

Sonntagsgruß für Roßdorfs Krieger

Heimat.

„Ziehe wieder in deiner Väter Land und zu deiner Freundschaft. Ich will mit Dir sein."
1. Mos. 13, 3.

Wenn Ihr dieses Wort lest oder hört, dann wird es warm im Herzen und vielleicht auch feucht im Auge, namentlich jetzt, wo Ihr fern von der Stätte Eurer Geburt und Jugend mitten in den furchtbaren Greueln des Krieges oder der schweren Einsamkeit der Schützengräben ausharren müßt. Es treten lebendig vors Auge die gesegneten Fluren Eures Dorfs mit der frisch und fröhlich wachsenden Saat des Herbstes. Da seht Ihr wie die Pflugschar den glänzenden, schweren Boden zu seiner Winterruhe umwirft, und wie die fruchtbeladenen Wagen in die nahe Stadt fahren, und frohgemut die Heimkehr mit dem reichen Erlös angetreten wird. Ihr seht im Geiste Eure hübschen Wohnstätten, das ehrwürdige Rathaus und die sauberen Straßen und versetzt Euch in die schwätzenden Gruppen, die da und dort in der Dämmerung des Abends oder dem Dunkel der Nacht umherstehen. Da denkt Ihr an den stillen häuslichen Kreis, an Weib und Kind, an Freunde und Nachbarn, mit denen Ihr den Feierabend genossen habt. Und dann klingen so feierlich übers Dorf und Flur die Glocken unserer Kirche. Ja die Kirche! Ist sie nicht das Allerbeste Eurer schönen Heimat? Sie ist bescheiden, schmucklos, und doch, wie alles göttliche von unermeßlichem Werte auch für die Heimat. Hat nicht sie die erhebendsten Feierstunden Eures Lebens Euch geschenkt und in schwersten Zeiten Euch Trost, Vergebung und Licht gespendet? Trotz aller Mühseligkeit des Lebens, woher die Kraft, immer wieder durchzuhalten? Abseits vom Getriebe und Lärm der Gasse hält sie so still und feierlich die Wacht auf dem heiligen Boden, in dem die kostbarsten Schätze unserer Vergangenheit in stillem, ewigem Frieden ruhen! Und sie ziehen an Euch vorüber, die Männer und Frauen unserer jahrtausend alten Geschichte, die mit ihrem frommen, ernsten Sinn und ihrer unermüdlichen Arbeitsfreudigkeit trotz der grausigen Schrecken vergangener Kriege, die gerade unser Dorf an der Heerstraße so mitgenommen haben, die große Gegenwart mit haben bauen helfen.

Die wunderbare Mannigfaltigkeit von Einzelzügen des Heimatbildes schließt sich doch zusammen zu einem großen Gesamteindruck: Heimat ist Kraft, ist Gottessegen. Darum hat alles, was an der Heimat verehrungswürdig, heilig, traut ist, sein erhabenes Sinnbild in der Heimatkirche. Darum schmückt sie mit Recht auch unser Blatt. Unsere Kirche war der gute Geist unseres Dorfes, ist sie noch heute, und wird sie für die Zukunft sein. Dazu wollen auch wir in Ehrfurcht und Dankbarkeit durch Opfer an Leib und Leben und fromme Gottesfurcht beitragen.

Geistliche Wehr und Waffen.

Sonntag: Herr, ich habe lieb den Ort deines Hauses, und die Stätte, da deine Ehre wohnet. Ps. 26, 8.
Montag: Gott ist Geist, und die ihn anbeten, die müssen ihn im Geist und der Wahrheit anbeten. Joh. 4, 24.
Dienstag: Wo der Herr nicht das Haus bauet, so arbeiten umsonst, die daran bauen. Ps. 127, 1.
Mittwoch: Wohl dem, der den Herrn fürchtet und auf seinen Wegen geht! Du wirst dich nähren von deiner Hände Arbeit; wohl dir, du hast es gut. Ps. 128, 1. 2.
Donnerstag: Hoffe auf den Herrn und tue Gutes; bleibe im Lande und nähre dich redlich. Ps. 37, 3.
Freitag: Und als Jesus hinzukam, sah er die Stadt an und weinete über sie und sprach: „Wenn doch auch du erkenntest zu dieser deiner Zeit, was zu deinem Frieden dienet.
Luc. 19, 41. 42.
Sonnabend: Wir wandeln im Glauben und nicht im Schauen. Wir sind aber getrost und haben Lust, daheim zu sein bei dem Herrn. 2. Cor. 5, 7. 8.

Das Trostkirchlein. (Jes. 66, 13).

(Melodie: „Was Gott tut, das ist wohlgetan.")

Ein Glöcklein hoch im Turme hängt,
Es rufet traut und linde
Im Auftrag dessen, der verschenkt
Viel Gnade seinem Kinde,
Daß es vertraut und aufwärts schaut,
Sich holet Kraft und Frieden
Zum Lebenskampf hienieden.

Wenn Kummer unsre Seele drückt,
Die Sorge uns berückt,
Die Arbeitslast uns niederbückt,
Der Geist sich nicht recht schicket
In alle Not, die du, o Gott
In unsern Lebenstagen
Zum Heil uns schickst zu tragen,

1915 begann und in der vom 13. Mai 1917 endete, ergänzt wurde. Den Abschluss bildeten Feldpostbriefe, in denen meist Roßdorfer Soldaten ihren Alltag an der Front und ihre Erlebnisse bei Gefechten schilderten oder sich für die Zusendung der „Heimat" und von Liebespaketen bedankten. Diese Briefe von der Front wurden aber nicht nur in der „Heimat" abgedruckt, sondern auch während der Gottesdienste verlesen. Heyde beschreibt die Momente der Verlesung als sehr feierlich und betont, wie wichtig die Briefe als Band zwischen Heimat und Soldaten sind. Deshalb fordert er die Soldaten auch auf, möglichst oft und ungezwungen zu schreiben.[19]

Im ersten Kriegsjahr wurden außerdem in fast jeder Ausgabe die Feldpostadressen aller Roßdorfer Soldaten aufgeführt. Hier wurde für jeden Soldaten die genaue Einheit genannt, bei der er gegenwärtig war, aufgeschlüsselt nach Feld, Etappe, Lazarett, Gefangenschaft und Garnison. Die als Invaliden entlassenen Soldaten und die Gefallenen wurden ebenso aufgelistet. Im Laufe des zweiten Kriegsjahrs wurde diese Liste seltener abgedruckt, bis sie schließlich ganz verschwand. Wahrscheinlich wurde sie nicht mehr veröffentlicht, weil die Nennung von Einheiten und Kriegsschauplätzen dem Feind wichtige Informationen liefern konnte, sollte die „Heimat" feindlichen Soldaten in die Hände fallen.[20]

Kriegsausbruch

Im Folgenden wird die Rubrik „Aus der Heimat" eingehend behandelt, denn darin wird der Alltag im Dorf, mit allen Veränderungen und Schwierigkeiten, die der Krieg mit sich brachte, ausführlich geschildert.[21]

Da die „Heimat" erstmals am 23. August 1914 erschien, also gut drei Wochen nach Kriegsbeginn, tauchten die Ereignisse der Zeit davor nicht in der Rubrik „Aus der Heimat" auf. Heyde hat sie aber in einer Dorfchronik, die vom 29. Juli bis 18. August 1914 reicht, niedergeschrieben, und diese Dorfchronik wurde in den Ausgaben der „Heimat" vom 1. August bis 24. Oktober 1915 abgedruckt. Darin schreibt Heyde, dass die Nachricht von der deutschen Mobilmachung Roßdorf am Samstag, den 1. August, gegen 7 Uhr abends erreichte, worauf sofort die Glocken geläutet wurden. Schon am darauffolgenden Tag mussten die ersten jungen Männer in Hanau einrücken, so dass der Gottesdienst auf 9 Uhr früh vorverlegt wurde.[22]

Während der Julikrise, die der Ermordung des österreichischen Thronfolgers Erzherzog Franz Ferdinand und seiner Frau Sophie am 28. Juni folgte, herrschte eine aufgeregte Stimmung im Ort. Es wurde vielerorts die außenpolitische Lage diskutiert, und man war sich durchaus der Gefahr eines Weltkriegs bewusst, wie aus dem Eintrag der Roßdorfer Dorfchronik vom 29. Juli hervorgeht.[23] Besonders während der letzten Julitage und am 1. August herrschte größte Anspannung, da Nachrichten über die russische Mobilmachung bekannt wurden. Es kursierten zudem Meldungen über eine deutsche Mobilmachung, auch wenn sie sich später als falsch herausstellten.[24] Besonders bei einigen Verheirateten soll die Stimmung sehr gedrückt gewesen sein.[25] Vereinzelt soll es auch Stimmen gegen den Krieg gegeben haben oder solche, die die Schuld für die gegenwärtige Entwicklung nicht bei Russland, sondern bei Deutschland sahen. Dies seien laut Heyde aber „Träumer" oder „Phantasten" gewesen.[26] Als die Mobilmachung schließlich tatsächlich verkündet wurde, herrschten befreiende Klarheit und Kampfesstimmung, schreibt Heyde. In die Begeisterung mischte sich aber auch die Angst mancher Frau um den Sohn und Ehemann.[27]

Auswirkungen des Krieges

In den darauffolgenden Wochen verabschiedeten sich nach und nach die ersten jungen Männer, die zum Militär einrückten. Am 2. August wurde in der Wirtschaft der Schneiders („Zum Schwanen") eine große Abschiedsfeier gegeben. Die Stimmung war zuversichtlich, aber auch ernst. Es wurden vaterländische und soldatische Lieder sowie Kirchenlieder gesungen, wie zum Beispiel die erste Strophe des Deutschlandlieds, „Morgenrot, Morgenrot" und „Eine feste Burg ist unser Gott".[28]

Es machte sich schnell bemerkbar, dass viele Einwohner des Dorfes fort waren. So schreibt Heyde, dass das Dorf immer stiller und leerer wurde. Die Eingezogenen fehlten nicht nur bei der Arbeit, zum Beispiel beim Melken oder beim pünktlichen Glockenläuten, sondern auch beim gemeinsamen Musizieren. Manch einer wurde schlicht wegen seiner trockenen Witze vermisst.[29] In einem Brief an die Soldaten schreibt der Nachtwächter Demuth, dass es im Ort nachts ruhig und leer sei. Es sei kein Singen und Pfeifen zu hören wie sonst. Die Wirtshäuser seien leer.[30] Konrad Schnitzer II. beschreibt in einem Brief, wie die Stimmung im Dorf allgemein ernster geworden sei. Sonntags würden keine Volkslieder mehr gesungen wie früher, nur der Kirchenchor sei bei seinen Proben aus dem Saal der Schneider'schen Wirtschaft zu hören.[31]

Zu Beginn des Krieges wurden die fehlenden Arbeitskräfte noch durch Freiwillige ersetzt, die ihre Hilfe anboten. Da bei Kriegsbeginn viele Fabriken stillstanden, waren dies einerseits Industriearbeiter, andererseits aber auch Männer, die sich zum Militärdienst verpflichtet hatten, aber noch nicht eingezogen werden konnten, da das Heer wegen der anfänglichen Kriegsbegeisterung überfüllt war. So bestand in der Landwirtschaft zumindest am Anfang kein Mangel an Arbeitskräften – nur Pferde fehlten, da sie vom Militär benötigt wurden.[32]

Im darauffolgenden Frühjahr kam die Arbeit bei der Aussaat gut voran. Frauen und Kinder arbeiteten ebenfalls mit, und Heyde war der Auffassung, dass die Roßdorfer auch fleißiger seien als sonst.

Jedenfalls gingen sie früher schlafen, was aber am Petroleummangel lag, so dass man zu Bett ging, sobald es dunkel wurde. Heyde folgerte daraus, dass die Menschen wohl auch früher aufstehen würden.[33] Außerdem stellte er voller Genugtuung fest, dass kein hessischer Bauer sonntags arbeiten würde, auch wenn dies nun von der Regierung gestattet wurde. In anderen Gegenden Deutschlands sei dies anders, und mit Schaudern beschrieb er, wie dort sonntags alle arbeiteten und die Kirchen leer blieben.[34]

Mangel an Arbeitskräften

Der Mangel an arbeitsfähigen Männern machte sich besonders schmerzlich im Handwerk bemerkbar. Vor allem bei den Schustern fehlten Meister, was besonders problematisch war, da der Bedarf an Stiefeln vor allem im Winter groß war. Das Leder wurde knapp, und die Preise stiegen, aber wie Heyde feststellte, war die Hauptsache, dass die Soldaten gute Stiefel hatten, auch wenn die Menschen in der Heimat mit Löchern in den Schuhen herumlaufen mussten.[35] Als der Roßdorfer Bäcker sich nach Hanau aufmachte, um sich freiwillig zum Kriegsdienst zu melden, lobte Heyde zwar seinen Patriotismus, war dann aber doch froh, als dieser für dienstuntauglich erklärt wurde und die Roßdorfer weiterhin ihr Brot gebacken bekamen.[36] Im Sommer 1915 musste der Roßdorfer Schmied seine Werkstatt schließen, da sein Sohn in Flandern war und er selbst wegen seines Alters und seines Gesundheitszustands die Arbeit nicht mehr bewältigte. Wie Heyde anhand der Aufzeichnungen in den Kirchenbüchern feststellte, war dies das erste Mal seit 300 Jahren, dass die Schmiede, die immer im Familienbesitz war, geschlossen werden musste.[37] Es herrschte auch ein Mangel an Ärzten. So war der einzige Arzt im Umkreis für lange Zeit in Heldenbergen zu finden, welcher deshalb überlastet war und nicht alle Patienten behandeln konnte. Erst im Winter 1917/18 besserte sich die Lage wieder, als der Arzt in Windecken vom Militärdienst dauerhaft zurückkehrte.[38]

Die Rolle der Frauen

Im späteren Verlauf des Krieges verließen auch einige Frauen Roßdorf. 1917 kündigte ein großer Teil der Mägde im Ort, um in Munitionsfabriken zu arbeiten, wo außerordentlich hohe Löhne gezahlt wurden. Heyde sah hierin ein großes Problem der Kriegsdienstgesetzgebung, da so die Lebensmittelproduktion vernachlässigt wurde, die aber ebenso wichtig sei wie die Herstellung von Waffen und Munition.[39]

Wenn es in der Erntezeit besonders viel Arbeit gab, kamen zwar vermehrt Männer von der Front zum Urlaub in die Heimat, so dass sie mithelfen konnten.[40] Trotzdem wurde die Belastung der Frauen immer größer, da sie sowohl die Arbeitskraft der Männer ersetzen als auch die Leitung der Betriebe übernehmen mussten. So stellte Heyde gegen Ende des Krieges fest, dass die Frauen immer mehr an Bedeutung gewinnen würden. Sie verließen sich nicht mehr auf die Männer und nähmen vieles selbst in die Hand. So hielten sie Versammlungen ab, um wichtige Probleme, beispielsweise den Brennstoffmangel, zu erörtern. Wo sie die Männer ersetzten, glaubte Heyde, würden sie sich nicht wieder zurückdrängen lassen und in Zukunft in Politik und Gesellschaft verstärkt mitbestimmen.[41]

Als Beispiel sei hier die Nachtwächterin Marie Weißenstein genannt. Da die männlichen Nachtwächter krank oder anderweitig beschäftigt waren, musste sie diese Arbeit übernehmen – zusätzlich zu ihren anderen Aufgaben. Sie patrouillierte nachts in den Gassen Roßdorfs, bearbeitete vormittags Heydes Garten, hütete nachmittags Schweine und trug abends die Zeitung aus, so dass Heyde sich wunderte, ob sie jemals schlafe.[42]

Militärische Ausbildung der Jugend

Für die männliche Jugend, die nicht mehr zur Schule ging, begann schon wenige Wochen nach Kriegsbeginn eine militärische Ausbildung im Ort. Dies geschah zunächst unter der Leitung dreier Mitglieder des Roßdorfer Kriegervereins. Es wurden militärische Kommandos erlernt, Exerzierübungen abgehalten, das Verbinden von Verwundeten geübt sowie Biwaks und Gefechte gegen Jugendliche aus den Nachbardörfern veranstaltet.[43]

Im Herbst 1914 wurde begonnen, die Ausbildung dieser Jungwehren straffer zu organisieren. Zunächst wurden jeden Sonntagnachmittag um 3 Uhr Exerzierübungen unter Aufsicht eines Unteroffiziers aus Hanau abgehalten. Bald darauf übernahm im Auftrag des Landrats ein Hauptmann die Leitung der Übungen, die in fast jeder Gemeinde auf den Sonntagnachmittag zwischen 1 und 3 Uhr festgesetzt wurden. In Roßdorf umfasste die Jungwehr zu dieser Zeit etwa 45 Mitglieder, und wer ihr angehörte, konnte sich später die Truppengattung aussuchen, sobald er eingezogen wurde.[44]

Im Verlauf des Krieges kam es vermehrt vor, dass Diebstähle begangen wurden. Meist wurden Lebensmittel gestohlen, beispielsweise Fleisch, das im Rauchfang des Metzgers hing, oder Obst und Gemüse aus Gärten und Feldern. Als Reaktion darauf wurde von der Militärverwaltung für unter 17-jährige eine Ausgangssperre ab 8 Uhr abends verhängt. Außerdem wurden ihnen der Besuch von Wirtshäusern und Kinos sowie das Rauchen in der Öffentlichkeit verboten. Da freundliche Ermahnungen und landrätliche Verfügungen nicht halfen, war Heyde zufrieden, dass die Jugend auf diese Weise merkte, dass Krieg herrschte und die Lage ernst war.[45]

Schlesische Flüchtlinge

Schon im November 1914 brachte der Krieg die ersten Neuankömmlinge nach Roßdorf. Es waren 20 junge Männer aus Schlesien, die vorläufig im Ort untergebracht werden sollten. Im gesamten Kreis Hanau wurden etwa tausend Personen, meist Deutsche, untergebracht. Sie stammten aus den Kreisen Kreuzburg und Rosenberg, die wegen der Gefahr eines Einfalls russischer Truppen geräumt wurden. Sie waren drei Tage im Zug unterwegs und erzählten von Gerüchten, die Russen würden die jungen Männer fangen und als Kanonenfutter vor ihre Front bringen. Heyde war über derartige Berichte besonders erschüttert, da seine Ehefrau aus Oberschlesien stammte.[46]

Während ihres Aufenthalts halfen die Oberschlesier den Roßdorfer Bauern bei ihrer Arbeit. Allerdings war nicht jeder von ihnen dafür geeignet. So war unter ihnen auch ein Rennreiter, der wegen seines Berufs höchstens 80 Pfund wiegen durfte. Die Roßdorfer quartierten ihn ausgerechnet bei der Familie Horst mit den kräftigsten Männern des Ortes ein. Hier erhielt er die üppigsten Mahlzeiten, die er aber wegen seines Gewichts nicht essen durfte, und er musste außerdem schwere Getreidesäcke tragen, bis man sah, dass er dies nicht schaffte und ihm die leichteren Spreusäcke überließ. Nachdem er seinen Beruf erklärt hatte, durfte er sich um die Pferde eines Nachbarn kümmern und konnte so sein Heimweh lindern.[47] Nach der Schlacht um Lódz im November 1914 war die Ostgrenze in Schlesien nicht mehr in Gefahr, und die Schlesier konnten im Dezember wieder in ihre Heimat zurückkehren.[48]

Französische Kriegsgefangene

Am 1. Juni 1915 trafen die ersten französischen Kriegsgefangenen in Roßdorf ein. Es waren zunächst 15 Mann, und zwar Zivilgefangene, die wahrscheinlich aus der Gegend um Lille stammten. Einige Wochen später trafen acht weitere Gefangene ein, diesmal Soldaten. Untergebracht wurden sie zusammen mit den Gefangenen, die nach Nieder- und Oberissigheim kamen, in der Blochmühle zwischen Roßdorf und Niederissigheim. Es waren insgesamt 44 Mann, die meisten davon Fabrikarbeiter. Diejenigen, die sich für landwirtschaftliche Arbeit nicht eigneten, wurden wieder in das Gefangenenlager bei Darmstadt zurückgeschickt, aus dem sie stammten. Die übrigen wurden auf die Bauern im Dorf verteilt, für die sie arbeiten sollten. Da sie nicht zurück in das Kriegsgefangenenlager wollten, waren alle arbeitswillig, und die Bauern waren zunächst zufrieden mit ihnen.

Jeder der einen Gefangenen beschäftigte, musste für dessen Unterkunft in der Blochmühle einen Strohsack und eine Decke liefern und die Mahlzeiten zur Verfügung stellen. Pro Tag und Mann zahlten die Bauern 40 Pfennig Lohn an die Lagerverwaltung, wobei Haushalte, deren Männer beim Militär waren, nichts bezahlen mussten. Die Gefangenen begaben sich jeden Morgen um 6 Uhr unter Aufsicht eines Landsturmmannes zum Bürgermeister, wo sie von ihren jeweiligen „Herren", wie Heyde sie nennt, abgeholt wurden. Abends um 7.45 Uhr wurden sie wieder zurückgebracht. Sie wurden bei ihrer Arbeit nicht besonders streng bewacht, denn eine Flucht war unwahrscheinlich, da sie kein Geld besaßen und somit nicht weit kommen konnten.

Viele der Gefangenen waren verheiratet und litten darunter, dass sie keinen Kontakt zu ihren Familien hatten und nicht wussten, wie es ihnen ging. Dennoch seien sie oft fröhlich gewesen und hätten viel gelacht, berichtet Heyde. Wegen der anfänglichen Sprachprobleme hätten die Mädchen im Dorf den Franzosen Deutschunterricht erteilt – oder eher Roßdorfer Dialekt, wie Heyde feststellen musste.[49] Zu Weihnachten, das die Gefangenen gemeinsam feierten, erhielten sie von ihren „Herren" Geschenke, wie Hemden, Kappen, Zigarren und Tabak. Einige von ihnen gaben schließlich zu, dass die Deutschen gar keine Barbaren seien, sondern gute Menschen. Am Ersten Weihnachtstag konnten sie nach Butterstadt in die katholische Kirche gehen.[50]

Heydes Misstrauen gegenüber den Kriegsgefangenen

Heyde selbst erhielt ebenfalls einen Gefangenen, einen 42-jährigen Bauern aus Hazebrouck in Nordfrankreich, der bei Verdun in Gefangenschaft geraten war. Dieser sprach Flämisch, so dass Heyde sich gut mit ihm verständigen konnte.[51] Auch wenn er zugab, dass es einige „Anständige" unter ihnen gab und die Bauern weitgehend zufrieden mit ihnen waren, misstraute er den Franzosen dennoch. Ihm missfiel, dass Feinde zu Erntearbeitern gemacht werden mussten, und er mahnte zur Wachsamkeit. Besonders die Scheunen müssten bewacht werden, da die Franzosen sie mit brennenden Zigaretten betreten würden, wie schon mehrfach beobachtet worden sei. Allgemein seien die Roßdorfer zu gutmütig zu den Franzosen gewesen. So durften sie von ihrem Lohn Bier, Wein und Schnaps kaufen. Sie jagten Hasen mit Drahtschlingen und konnten jeden Sonntag Feldkaninchen braten. Heyde verdächtigte deshalb auch einen Gefangenen, in seinen Lattenzaun ein Loch gebrochen zu haben, um dort eine Drahtschlinge auszulegen. Es seien schließlich doch nur fanatische Franzosen, da sie sich weigerten, Kleidung oder Strohhüte der Deutschen zu tragen und sogar gefordert hätten, den französischen Nationalfeiertag am 14. Juli als Ruhetag begehen zu dürfen.[52] Außerdem beklagte Heyde, dass sich die Gefangenen häufig darüber beschwerten, dass ihre Arbeit zu hart sei und sie zu einem anderen „Patron" wollten, was ihnen häufig auch bewilligt würde, bis sie wieder genug hätten und sich krank stellen oder ausreißen würden.[53]

Die Vertrauensseligkeit der Deutschen zeigte sich laut Heyde auch daran, dass sich die Gefangenen frei bewegen durften. So beschreibt er, wie ihm an Pfingsten 1917 drei Franzosen auf dem Weg von Mittelbuchen nach Roßdorf begegneten, die alleine einen Sonntagsspaziergang machten. Schlechte Behandlung könne jedenfalls nicht der Grund gewesen sein, dass im Juni 1917 in einer Nacht sieben französische Gefangene geflohen waren. Wegen der fehlenden Bewachung fiel ihnen die Flucht leicht und wurde erst spät entdeckt. Trotzdem wurden sie bald wieder gefasst und mit hartem Arbeitsdienst bestraft.[54] Mehrere Gefangene mussten wegen Aufsässigkeit zurück nach Darmstadt in das Gefangenenlager geschickt werden. Vereinzelt kam es auch vor, dass einer im Rathaus bei Wasser und Brot unter Arrest gestellt wurde. 1917 muss die Bewachung der Gefangenen zwischenzeitlich durch Wachmänner verstärkt worden sein. Ein Gefangener hatte sich gegen einen solchen aufgelehnt und wurde dafür eingesperrt.[55]

Die Arbeitskraft der Gefangenen wurde dringend benötigt, und deshalb war es für die örtlichen Betriebe ein schwerer Schlag, als die eingearbeiteten Franzosen im Januar 1917 ohne weitere Erklärungen abgezogen und durch andere ersetzt wurden, die von landwirtschaftlicher Arbeit wenig Ahnung hatten – darunter ein Großkaufmann, ein Zuckerbäcker, ein Schauspieler und ein zukünftiger Priester.[56] Im darauffolgenden Herbst sollten 45 Prozent der Gefangenen abgezogen werden, um Brennholz zu schlagen.[57] Im Februar danach wurden die Franzosen aus 16 Roßdorfer Betrieben durch Russen ersetzt. Zwar sollten Kriegerfrauen ihre Gefangenen behalten und ein Wechsel nur dort stattfinden, wo noch ein Mann war, der die Russen anlernen konnte. Dennoch sorgte dies im Ort für Aufregung, denn für die Aufrechterhaltung der Betriebe war ihre Arbeitskraft sehr wichtig. Und wie Heyde mehrfach schreibt, waren die meisten Franzosen willige und gewissenhafte Arbeiter.[58]

Knappheit an Heizmaterial und Lebensmitteln

Der Krieg verursachte schon sehr bald Versorgungsengpässe, die beim Heizmaterial und bei den Lebensmitteln besonders schlimm waren. Seit dem Winter 1916/17 wurde Kohle knapp, da vorrangig die Industrie beliefert wurde. Hinzu kam, dass Kohlenfrachter bei Mainz im Rhein festfroren. Dies hatte zur Folge, dass wochenlang mit allem geheizt werden musste, was zu finden war. Die Kirche war in dieser Zeit unbeheizt, was sich negativ auf den Besuch der Gottesdienste auswirkte. Die Schule in Roßdorf sowie das Lyzeum und die Oberrealschule in Hanau waren wegen der Kälte geschlossen.[59]

Im darauffolgenden Winter 1917/18 war die Situation ähnlich. Schon im Sommer übten die Roßdorfer Frauen im Kreishaus Druck aus, damit sie für die kalte Jahreszeit genug Kohle erhielten. So wurde von der Verteilungsstelle im Dorf für jeden Haushalt wöchentlich ein Zentner Kohle ausgegeben. Da hierbei aber nicht berücksichtigt wurde, wie viele Personen in einem Haushalt lebten, wurde dies als sehr ungerecht empfunden. Da es dennoch nicht genug Kohle gab, sagte man scherzhaft, man werde wohl mit den Kohlenkarten heizen müssen.[60]

Um Abhilfe zu schaffen, wurden in der Schneider'schen Wirtschaft durch die Forstbehörde mehrere Holzverkäufe veranstaltet, bei denen Kiefern- oder Eichenholz zu festgesetzten Höchstpreisen pro Raummeter erworben werden konnte. Hierzu erschienen aus Roßdorf, Nieder- und Oberissigheim mehrere Hundert Menschen, von denen viele mit leeren Händen nach Hause gehen mussten, da nicht genug Holz angeboten wurde. Da das Holz frisch geschlagen war, hatte es nur eine geringe Brennkraft, so dass es schwierig war, damit zu kochen und zu heizen. Gefroren wurde daher trotzdem überall.[61] Wegen des Kohlemangels herrschte in Roßdorf große Verbitterung, da die Lage in den Nachbargemeinden besser zu sein schien. Dies lag entweder daran, dass dort Kohlenhändler ansässig waren, oder dass diese Gemeinden im Gegensatz zu Roßdorf Wald besaßen, aus dem sich die Einwohner mit Brennholz versorgen konnten. Erst nachdem sich die Roßdorfer Frauen auf einer Versammlung dafür eingesetzt hatten, traf im März 1918 nach Monaten wieder eine Lieferung Kohle in Roßdorf ein.[62] Im Herbst 1918 war Kohle weiterhin knapp, aber es gab zumindest ausreichende Holzvorräte.[63] Ähnlich wie mit der Kohle verhielt es sich auch mit Leuchtmitteln wie Petroleum und Spiritus, die ebenfalls nur noch schwer erhältlich waren, so dass es Heyde nicht mehr möglich war, abends und nachts zu schreiben.[64]

Lebensmittelversorgung

Eines der wichtigsten Themen, das Heyde beschäftigte, war die Lebensmittelversorgung. Im Sommer 1914 war die Ernte von Kartoffeln, Hafer und Weizen gut, so dass große Mengen davon nach Hanau und für die Versorgung des Heeres an das dortige Proviantamt geliefert werden konnten.[65] Dennoch machte sich bald ein Mangel an Lebensmitteln bemerkbar. Seit dem 1. Februar 1915 wurden von der Regierung die gesamten Brot- und Hafergetreidevorräte beschlagnahmt, um die Lebensmittel gerechter zu verteilen. Der Staat zahlte einen festgesetzten Preis für das beschlagnahmte Getreide. Den Bauern, die bis dahin Brot im Überfluss besaßen, sollte nur noch eine festgesetzte Menge an Getreide bleiben. So beschreibt Heyde, dass jedem schon morgens seine erlaubte Menge von 250 Gramm Brot für den ganzen Tag abgeschnitten wurde. Reichte dies nicht aus, mussten Kartoffeln gegessen werden, von denen noch genug vorhanden waren. In manchen Haushalten seien schon beim Frühstück zum Kaffee Kartoffeln gegessen worden. Es wurde außerdem verboten, Brotgetreide an Vieh zu verfüttern. Ebenso wurde die tägliche Menge Hafer, die an Pferde verfüttert werden durfte, auf maximal zweieinhalb Pfund festgesetzt. Heyde empfand es gleichwohl als befriedigend, dass man nun auch in der Heimat zu spüren bekam, dass Krieg herrschte und man selber Opfer bringen musste.[66]

Teuerung und Rationierung

Bei den Metzgern wurden Speck und Fett knapp. Dennoch durfte Getreide nicht zum Füttern verwendet werden. Deshalb musste das Vieh geschlachtet werden.[67] Große Mengen des Fleischs verdarben, weil sie nicht konserviert werden konnten.[68]

Insgesamt wurden Lebensmittel viel teurer, was die Lage besonders für diejenigen erschwerte, die nur Geldeinkommen besaßen, da dieses gleich blieb, während die Preise stiegen. Den Bauern ging es dagegen vergleichsweise gut, weil sie für Fleisch und Getreide gute Preise erzielten.[69]

Im März 1915 wurden Brotmarken eingeführt. Diese wurden alle 14 Tage an jeden Haushalt entsprechend der darin lebenden Anzahl an Personen verteilt. Der Verbrauch pro Kopf und Woche wurde auf ein Vierpfundbrot oder 800 Gramm Mehl festgelegt. Beim Bäcker musste man die Marken abgeben und in bar bezahlen. Der Bäcker wiederum musste die Zahl der erhaltenen Brotmarken bei der Polizei zur Kontrolle vorlegen. Wurden Brotmarken nicht verbraucht, mussten sie wieder zurückgegeben werden und sie verloren ihre Gültigkeit. Die nächsten herausgegebenen Marken hatten dann eine andere Farbe. Die Weitergabe der Marken an andere war verboten.

Bauern, die selbst Brotgetreide anbauten, erhielten keine Brotmarken. Stattdessen durften sie für jede Person im Haushalt bis zur nächsten Ernte einen Zentner Korn behalten. Den Rest mussten sie an den Staat verkaufen.[70] Allerdings durften diese Selbstversorger ihr Korn nur in den Kreismühlen mahlen lassen, die aber häufig unzureichende Kapazitäten besaßen und daher völlig überlastet waren. Somit hatten die Bauern kein Mehl zum Brotbacken, was zu großer Unruhe unter ihnen führte.[71]

Die Ernte des Jahres 1915 fiel reich aus, und die Preise für Lebensmittel sanken wieder. Dennoch musste der Verbrauch weiter eingeschränkt bleiben, weshalb in diesem Jahr auch Fleisch- und Fettmarken eingeführt wurden.[72] 1916 war die Ernte schlechter als in den Jahren davor. Das Wetter war sehr regnerisch, was besonders für Kartoffeln und Grummet (Heu) ungünstig war.[73] Bei den Kartoffeln sank die Ernte in der Region um 25 bis 30 Prozent.[74] Viele Kartoffeln waren faulig. Dessen ungeachtet musste die vorgeschriebene Menge an den Staat abgeliefert werden, wenn nötig auch vom Saatgut für das nächste Jahr.[75] Zwar seien die Roßdorfer sehr vernünftig gewesen und hätten im Umkreis die meisten Kartoffeln abgeliefert, wie Heyde bemerkt. Trotzdem versteckten einige Bauern Kartoffeln und andere Lebensmittel aus Sorge um das eigene Überleben oder das Vieh. Daher kamen vermehrt Kontrolleure in Militärfahrzeugen, die die Gehöfte durchsuchten und die Kartoffeln zwangsweise abholten.[76]

Im Dezember 1916 trat eine neue Milchverordnung in Kraft, wonach jedem Selbstversorger dreiviertel Liter Milch pro Tag und die eigene Buttererzeugung zustanden. Allerdings wurde dies zu Beginn des nächsten Jahres wieder geändert. Nun stand jedem Selbsterzeuger nur noch ein Viertel Liter Milch zu, und die eigene Buttererzeugung wurde verboten. Dies galt aber nur für Roßdorf, Mittelbuchen, Wachenbuchen und Bruchköbel. Für alle anderen Gemeinden blieb die alte Verordnung gültig. Die Änderung an sich verursachte wenig Verbitterung, da ihre Notwendigkeit anerkannt wurde. Aber die Ungleichbehandlung empfanden die Roßdorfer als äußerst ungerecht.

Die Buttererzeugung wurde von der örtlichen Molkerei übernommen, welche täglich einen Zentner Butter auslieferte. Die Bauern erhielten davon wöchentlich 120 Gramm pro Kopf. Der Rest wurde in die Stadt geliefert. Etwa 80 Familien, die kein Milchvieh besaßen, erhielten auch keine Butter. Erst nach Protesten beschloss der Landrat, dass auch diese Familien wöchentlich 60 Gramm pro Kopf erhalten sollten. Trotzdem kam es vor, dass sie nichts erhielten, und häufig war die Butter von schlechter Qualität. Auch hier wurden bei den Selbstversorgern von den Behörden Kontrollen durchgeführt, um sicherzustellen, dass die Milch bis auf den erlaubten persönlichen Bedarf bei der Molkerei abgeliefert wurde.[77]

Heyde hatte zwar Verständnis für die Rationierung, aber er beklagte in diesem Zusammenhang auch das Fehlen „einer gewissen Nachsichtigkeit oder Gerechtigkeit".[78] So musste jemand, der schlachtete, das Fett für 2,75 Mark abliefern und es dann für 6 Mark von der Fabrik zurückkaufen. Oder es wurde Saatgut beschlagnahmt, das im Jahr darauf teurer zurückgekauft werden musste. Und bei allen Bestimmungen seien schließlich die Nichtbauern auf dem Land kaum beachtet worden, so dass es ihnen teilweise schlechter ging als den Stadtbewohnern.[79]

Die Ernte fiel 1917 wieder besser aus,[80] weshalb Stadtbewohner scharenweise in die Dörfer fuhren, um sich mit Obst und Gemüse zu versorgen. Auch hier wurde kontrolliert, ob jemand zu viel kaufte und damit in den Verdacht des Hamsterns geriet. Daher nahmen die Städter große Umwege in Kauf, um solchen Kontrollstationen aus dem Weg zu gehen, selbst wenn sie zu Fuß und mit zentnerschwerer Last auf dem Rücken unterwegs waren. Da die Gesetze aber massenhaft missachtet wurden, standen die Behörden dem weitgehend machtlos gegenüber.[81]

Wenn auch die schwierigste Zeit überstanden war, hatte sich die Ernährungslage 1918 noch bei weitem nicht normalisiert. Auch der Waffenstillstand vom 11. November 1918 brachte keine deutliche Verbesserung, da die Seeblockade der Alliierten bis zur Unterzeichnung des Versailler Vertrags im Juli 1919 aufrechterhalten wurde.[82]

Kinderlandverschickung

Im Zusammenhang mit der schlechten Ernährungslage stand auch die Kinderlandverschickung. Im Februar 1917 erhielt Heyde aus Bochum die dringende Bitte, Kinder aus Arbeiterfamilien im Kreis Hanau aufzunehmen. Die Verschickung von Kindern war bereits von vielen Großstädten eingeleitet worden, um die geschwächten Kinder durch bessere Ernährung, mehr Bewegungsfreiheit und frische Luft auf dem Land wieder zu Kräften kommen zu lassen. Trotz der eigenen schwierigen Lage wollten die Gemeinden im Landkreis Hanau dem nicht entgegenstehen. Schon bald erklärten sich Familien aus mehreren Gemeinden freiwillig bereit, Stadtkinder bei sich aufzunehmen.[83]

Anfang März 1917 traf der Professor und Pfarrer Ehringhaus, der Sohn des früheren Windecker Pfarrers Ehringhaus, aus Bochum im Kreis Hanau ein, um für die Aufnahme der Kinder zu werben. In Roßdorf sprach er am 3. März über die Lage in Bochum. Die Dorfbewohner waren erschüttert darüber, welch schwere Arbeit dort geleistet wurde und wie groß die Not der dortigen Bevölkerung war. Ehringhaus rief dazu auf, nur soviel Lebensmittel zu verbrauchen wie unbedingt notwendig, damit soviel wie möglich den Industriearbeitern in der Rüstungsindustrie zugute käme. Dies sei auch im Sinne der eigenen Söhne und Männer an der Front, die auf den Nachschub angewiesen waren. Aus dem gesamten Kreis erhielt Heyde darauf 235 Anmeldungen für die Aufnahme von Kindern, davon 12 aus Roßdorf.[84] Sein Amtskollege Friedrich Fink aus Ostheim notierte in der Kriegschronik, dass sich innerhalb von acht Tagen aus dem Kirchenkreis Hanau 400 aufnahmewillige Familien meldeten und insgesamt 394 Kinder im Landkreis Hanau aufgenommen werden konnten.[85]

Am 13. April trafen die ersten 200 Kinder ein. Es waren ausnahmslos Kinder aus Bergmannsfamilien. Mehrere Pfarrer fuhren ihnen im Zug bis Friedberg entgegen. Die für Roßdorf bestimmten Kinder stammten aus Werne im Münsterland und kamen am Bahnhof von Bruchköbel an, wo sie der Bürgermeister abholte. Als sie schließlich in Roßdorf eintrafen, war es bereits dunkel. Trotzdem wurden sie von einer wachsenden Schar einheimischer Kinder schweigend empfangen. Ein Teil der Neuankömmlinge wurde bereits im Hof des Bürgermeisters von den Gastfamilien begrüßt, die übrigen im Pfarrhof. Die Kinder wurden überall gut aufgenommen und untergebracht und gewöhnten sich schnell ein. Auch die Dorfjugend habe sie gut aufgenommen, und Heyde erhoffte sich, dass die Einheimischen von den norddeutschen Kindern das Tischgebet und Disziplin lernen würden, soweit noch nicht vorhanden.[86]

Rückreise der Kinder

Am 4. August erhielt Pfarrer Heyde selbst seinen Gestellungsbefehl. Er sollte am 15. August 1917 um 9 Uhr seine Ausbildung zum Krankenträger in Hanau oder Offenbach beginnen.[87] Zuvor wollte er noch die Rückreise Kinder aus Bochum veranlassen, da er befürchtete, dass dies sonst niemand bewerkstelligen könnte. Außerdem hätten einige Gemeinden darauf gedrängt, die Kinder zurückzuschicken. So bestimmte Heyde den 14. August als Rückreisetag und bestellte bei der Eisenbahndirektion alles hierfür Nötige. Allerdings sei diese nicht bereit gewesen, alle 400 Kinder am selben Tag zu befördern. Stattdessen sollte der Transport auf drei aufeinanderfolgende Tage, beginnend mit dem 15. August, verteilt werden. Des Weiteren wurde die Reiseroute geändert. Statt wie geplant über Friedberg und Gießen sollte die Fahrt über Frankfurt und Köln erfolgen.

Heyde, der zwischenzeitlich erfuhr, dass er doch nicht zum Militär musste und am 13. August zu Verhandlungen bei der Eisenbahndirektion in Frankfurt war, musste nun 20 Gemeinden per Telegramm informieren, dass die Rückreise doch nicht am 14., sondern erst ab dem 15. August erfolgen sollte. Die Kommunikation funktionierte aber nicht, denn die elfköpfige Begleitung der Kinder brach schon am Montag, den 13. August, aus Werne, Witten und Lütgendortmund nach Hanau auf, um sie am ursprünglich festgelegten Termin, dem 14. August, in Empfang zu nehmen und nach Hause zu begleiten. Heyde konnte die Begleitpersonen nicht mehr rechtzeitig über die Änderungen informieren, so dass einige von ihnen bis zum letzten Abreisetag am 17. in Hanau warten mussten. Weiterhin erhielten die Niederrodenbacher ihr Telegramm erst, als die dortigen Kinder bereits auf dem Weg zum Bahnhof waren. Sie fuhren ohne Geld und Fahrscheine bis nach Werne.

An den festgelegten Reisetagen standen trotz Zusicherung keine Sonderwaggons zur Verfügung. Vergeblich versuchte Heyde tagelang, die verantwortlichen Stellen in Hanau zu erreichen. Hinzu kamen falsch berechnete Fahrausweise sowie der Verlust von Gepäckstücken beim Bahnsteigwechsel mit den Kindern. Zuletzt fehlte auch eine Begleitperson. Deshalb musste Heyde von Hanau bis Köln selbst mitreisen. Beim Abschied seien die Kinder sehr traurig gewesen und viele hätten gesagt, dass sie wiederkommen wollten. Heyde stellte zum Abschluss befriedigt fest, wie gut genährt und erholt sie nun aussahen.[88]

Hass auf England

Die seit 1916 verstärkt auftretenden Schwierigkeiten bei der Lebensmittelversorgung waren, wie bereits beschrieben, wesentlich auf den Mangel an Arbeitskräften und das schlechte Wetter zurückzuführen. Hinzu kam, dass Deutschland auf den Import von Lebensmitteln angewiesen war: Vor Ausbruch des Krieges wurde etwa ein Drittel der benötigten Lebensmittel aus dem Ausland bezogen. Durch die englische Seeblockade wurde Deutschland im Krieg nahezu vollständig vom Welthandel abgeschnitten.[89] Heyde empfand dies wie viele andere als einen hinterhältigen Versuch Englands, das deutsche Volk durch Aushungern zu vernichten, da es nicht dazu in der Lage war, Deutschland im offenen Kampf zu besiegen.[90] So brachte er auch seine Genugtuung zum Ausdruck, wenn die Ernte „zum Ärger der Herren Engländer" gut war.[91]

Zwar schrieb Heyde während des gesamten Zeitraums des Krieges über die meisten feindlichen Nationen in negativer Weise, allerdings bei weitem nicht so häufig wie im Falle Englands. Aufgrund der Beschreibung des Leids der Zivilbevölkerung in den besetzten Gebieten, die er per Feldpost erhielt, zeigte er sogar Mitgefühl für Belgier und Franzosen. Als er erfuhr, dass dort ganze Ortschaften niedergebrannt und die Einwohner vertrieben wurden, war er dankbar, dass der Krieg nicht auf deutschem Boden stattfand und die von den Soldaten beschriebenen Schrecken der Heimat erspart blieben.[92] Auch zeigte er in diesem Zusammenhang Verständnis für die Sorgen der französischen Gefangenen, die aus umkämpften Gebieten stammten.[93]

Anders verhielt es sich mit England. Dies mag daran liegen, dass man beispielsweise im Falle des alten Erbfeindes Frankreich ohnehin Feindschaft erwartete.[94] England hingegen wurde es als Verrat ausgelegt, dass es sich als „ein germanisches Brudervolk bloß aus Neides Willen" auf die Seite Russlands und Frankreichs gestellt habe.[95] Dies kam unerwartet, da man in Deutschland davon ausging, dass sich England wie in den hundert Jahren zuvor aus kontinentaleuropäischen Konflikten heraushalten würde. Die völkerrechtswidrige Verletzung der belgischen Neutralität durch Deutschland und die Furcht vor einer deutschen Hegemonie in Europa bewogen England aber zum Eintritt in den Krieg.[96]

Kampf auf Leben und Tod

Als große Weltmacht wurde England als der Hauptfeind Deutschlands angesehen. An einem der „Kriegsabende", die seit Beginn des Jahres 1915 abwechselnd in den Gasthäusern „Zum Schwanen" und „Zum Löwen" abgehalten wurden,[97] hielt Heyde einen Vortrag über die Entstehung und die Politik des englischen Weltreichs. Hier führte er aus, dass seit dem 16. Jahrhundert die Erringung der Weltherrschaft und die Vernichtung jeder Konkurrenz Leitgedanken der englischen Politik gewesen seien. England habe dabei nie Rücksicht auf Anstand und Moral genommen, und so müsse es jedem klar sein, dass dies ein Kampf auf Leben und Tod sei.[98] Immer wieder nannte Heyde die Engländer ein Krämervolk, das hinterlistig, gierig und gewissenlos sei.[99] Es führte den Krieg nicht nur auf dem Schlachtfeld, sondern auch mit Hilfe seiner Finanzkraft und auf unaufrichtige und unehrenhafte Art und Weise, wie Heyde und viele andere in Deutschland glaubten. Bis zum Ende des Krieges blieb „die satanische Macht Englands"[100] der Hauptfeind, gegen den sich Heydes Zorn richtete.[101] Noch kurz vor dem Waffenstillstand glaubte er, dass der Krieg zu gewinnen sei, wenn man noch ein wenig durchhielt,[102] woran deutlich wird, wie plötzlich und unerwartet die Niederlage für viele gekommen sein muss. Bis hierhin war auch in der „Heimat" fast ausschließlich von Siegen zu lesen. Erst jetzt trafen Nachrichten vom Zurückweichen der Westfront, dem Zusammenbruch des verbündeten Bulgariens und der innenpolitischen Krise ein.[103]

Vom politischen Umsturz in Deutschland wurde Roßdorf zunächst kaum berührt. Im November und Dezember 1918 wurden zurückkommende Truppen einquartiert. Es waren insgesamt 800 Mann und 450 Pferde, so dass es im Dorf sehr voll war. Außerdem kehrten Eisenbahntruppen zurück, die aber nicht alle in Hanau einfahren konnten und deshalb längere Zeit nahe Roßdorf Halt machen mussten. Sie brachten viele Güter mit. An den Gleisen und am Viadukt entwickelte sich daraufhin ein lebhafter Handel zwischen den Soldaten und den Dorfbewohnern. Für die eigenen Rückkehrer, die erst nach und nach eintrafen, wurden die Häuser mit Fahnen und Kränzen geschmückt und an den Straßen drei Ehrenpforten errichtet.[104]

Bedeutung der „Heimat"

Bei der Bewertung dessen, was Pfarrer Heyde in der „Heimat" schreibt, muss man natürlich berücksichtigen, dass er einen bestimmten Blickwinkel auf die großen Ereignisse seiner Zeit hatte. Ihm waren nicht alle Details bekannt, und er hatte eine nationalistische und militaristische Sichtweise, die zu seiner Zeit im Kaiserreich nicht ungewöhnlich war. Dennoch muss man die Leistung, die er mit der Herausgabe der „Heimat" erbracht hat, würdigen. In einem Dorf mit wenigen hundert Einwohnern über einen Zeitraum von über vier Jahren und unter den Bedingungen des Krieges regelmäßig ein solches Werk herauszugeben, erforderte ein hohes Maß an persönlichem Engagement, an Koordination sowie materiellem und finanziellem Aufwand. Die Mithilfe der Gemeinde darf aber auch nicht unterschätzt werden. Mit ihren regelmäßigen Schilderungen des Lebens in Roßdorf entspricht die „Heimat" einer umfangreichen Dorfchronik des gesamten Zeitraums des Krieges. Sie zeigt damit die Ereignisse, die sich abseits des Kriegsschauplatzes, der Weltpolitik oder des besser erforschten Stadtlebens während des Krieges in einer kleinen Gemeinde vollzogen.

---

1 Ingrid Dallmeyer: Chronik der Stadt Bruchköbel und seiner Stadtteile Roßdorf, Niederissigheim, Oberissigheim und Butterstadt. Bruchköbel 1989, S. 264.
2 Heinrich Bernhard Heyde stammte aus Neusalz an der Oder und war 1867 von der Brüdergemeine als Missionar nach Surinam geschickt worden. Nach einem Konflikt mit der Gemeine wurde er 1880 entlassen und gründete eine Verlagsdruckerei, die bald sehr erfolgreich wurde. Heyde druckte Tageszeitungen, theologische Traktate, Karten, Gesangbücher und Sachbücher, zum

Beispiel über den Goldabbau, die Landwirtschaft und die Geschichte von Surinam. Das Unternehmen besteht noch heute. Siehe dazu Michiel van Kempen: Een geschiedenis van de Surinaamse literatuur. Deel 3. Paramaribo 2002, S. 293f. – Die ersten Herrnhuter Missionare waren 1735 nach Surinam gekommen. Die Kolonie entwickelte sich zu einem der wichtigsten Standorte der Herrnhuter. Noch heute ist die Brüdergemeine in Surinam die größte protestantische Kirche und zugleich „auch eine der wichtigsten gesellschaftlichen Kräfte". Vgl. http://www.herrnhuter-missionshilfe.de/laender/surinam; ferner: Felix Staehelin: Die Mission der Brüdergemeine in Suriname und Berbice im achtzehnten Jahrhundert: eine Missionsgeschichte hauptsächlich in Briefen und Originalberichten. Teil 1–4. Gnadau 1913; Gisela Mettele: Weltbürgertum oder Gottesreich. Die Herrnhuter Brüdergemeine als globale Gemeinschaft 1727–1857. Göttingen 2009; Dietrich Meyer: Zinzendorf und die Herrnhuter Brüdergemeine. 1700–2000. Göttingen 2009.
3   Die Heimat. Sonntagsgruß für Roßdorfs Krieger [künftig: Die Heimat], 6. Dezember 1914, 12. August 1917 (benutzt wurde das vollständige Exemplar der „Heimat" aus dem AEvKG Roßdorf).
4   Werdegang des Pfarrers Karl Heyde vom 19. Juli 1929, AEvKG Roßdorf; Gesuch des Pfarrers Karl Heyde, ihn in den Ruhestand zu entlassen vom 1. März 1939, AEvKG Roßdorf; siehe auch die Pfarreichronik von Eichen und Erbstadt, AEvKG Eichen-Erbstadt, S. 21. Rainer Haas: Rossdorfer Pfarrer, in: Von minor Chevela bis Bruchköbel, Ausgabe 2004, S. 12.
5   Die Heimat, 10. Oktober 1915, S. 4.
6   Die Heimat, 25. Oktober 1914, 10. Oktober 1915.
7   Die Heimat, 11. Oktober 1914.
8   Die Heimat, 23. August 1914.
9   Die Heimat, „Aus dem Hanauer Anzeiger vom 10. Oktober 1914".
10 Die Heimat, 25. Oktober 1914.
11 Die Heimat, „Aus dem Hanauer Anzeiger vom 10. Oktober 1914".
12 Die Heimat, 24. Oktober 1915.
13 Die Heimat, 18. Juli 1915.
14 Die Heimat, 25. Juli 1915, 3. Dezember 1916, 13. Mai 1917.
15 Die Heimat, 6. Februar 1916.
16 Die Heimat, 11. Juli 1915.
17 Die Heimat, 13. August 1916.
18 Die Heimat, 1. November 1914, 7. Februar 1915, 13. Juni 1915, 16. Januar 1916, 16. Juni 1918.
19 Die Heimat, 20. September 1914, 18. Oktober 1914, 13. Dezember 1914.
20 Kirchliches Amtsblatt. Gesetz- und Verordnungsblatt für den Amtsbezirk des Königlichen Konsistoriums zu Kassel, Nr. 18, Kassel 19. Oktober 1917, AEvKG Roßdorf.
21 Über die „Heimat" schrieb auch Ursula Zierlinger zwei Beiträge, die in den Heften des Geschichtsvereins Bruchköbel erschienen sind, wobei sie sich auf die Feldpostbriefe konzentrieren: Ursula Zierlinger: Der 1. Weltkrieg im Spiegel der Feldpostbriefe, die Roßdorfer Soldaten nach Hause schrieben, in: Von minor Chevela bis Bruchköbel, Ausgabe 1996/97, S. 3–14; Ausgabe 1998/99, S. 3–14.
22 Die Heimat, 15. August 1915.
23 Die Heimat, 1. August 1915.
24 Die Heimat, 8. August 1915.
25 Die Heimat, 1. August 1915.
26 Die Heimat, 8. August 1915.
27 Ebd.
28 Die Heimat, 22. August 1915.
29 Die Heimat, 17. Januar 1915.
30 Die Heimat, 4. Oktober 1914.
31 Die Heimat, 13. September 1914.
32 Die Heimat, 23. August 1914.
33 Die Heimat, 25. April 1915, 2. Mai 1915.
34 Die Heimat, 23. Mai 1915.
35 Die Heimat, 24. Januar 1915.
36 Die Heimat, 7. März 1915.
37 Die Heimat, 6. Juni 1915.
38 Die Heimat, 6. Januar 1918.
39 Die Heimat, 25. November 1917.
40 Die Heimat, 8. August 1915.
41 Die Heimat, 17. März 1918.
42 Die Heimat, 2. April 1916.
43 Die Heimat, 6. September 1914, 13. September 1914, 27. September 1914.
44 Die Heimat, 6. Dezember 1914, 17. Januar 1915.
45 Die Heimat, 5. März 1916, 2. April 1916, 8. Juli 1917.

46 Die Heimat, 22. November 1914.
47 Die Heimat, 29. November 1914.
48 Die Heimat, 13. Dezember 1914.
49 Die Heimat, 6. Juni 1915, 20. Juni 1915.
50 Die Heimat, 2. Januar 1916.
51 Die Heimat, 23. April 1916.
52 Die Heimat, 11. Juli 1915, 25. Juli 1915, 23. April 1916.
53 Die Heimat, 24. Juni 1917.
54 Die Heimat, 24. Juni 1917, 8. Juli 1917.
55 Die Heimat, 11. Juli 1915, 4. März 1917.
56 Die Heimat, 4. Februar 1917.
57 Die Heimat, 25. November 1917.
58 Die Heimat, 17. Februar 1918.
59 Die Heimat, 24. Dezember 1916, 4. Februar 1917, 18. Februar 1917.
60 Die Heimat, 26. August 1917, 9. September 1917, 16. Oktober 1917.
61 Die Heimat, 28. Oktober 1917, 23. Dezember 1917, 17. Februar 1918.
62 Die Heimat, 17. März 1918.
63 Die Heimat, 8. September 1918.
64 Die Heimat, 16. Oktober 1917, 6. Januar 1918, 8. September 1918.
65 Die Heimat, 20. September 1914, 27. September 1914, 25. Oktober 1914, 24. Januar 1915.
66 Die Heimat, 7. Februar 1915, 14. Februar 1915, 14. März 1915.
67 Die Heimat, 21. Februar 1915.
68 Gerhard Hirschfeld/Gerd Krumeich: Deutschland im Ersten Weltkrieg. Frankfurt am Main 2013, S. 122.
69 Die Heimat, 21. Februar 1915.
70 Die Heimat, 4. April 1915.
71 Die Heimat, 22. August 1915.
72 Die Heimat, 31. Oktober 1915, 14. November 1915.
73 Die Heimat, 10. September 1916, 24. September 1916.
74 Die Heimat, 22. Oktober 1916.
75 Die Heimat, 24. Dezember 1916, 29. April 1917.
76 Die Heimat, 19. November 1916, 3. Dezember 1916.
77 Die Heimat, 18. März 1917, 27. Mai 1917.
78 Die Heimat, 10. Juni 1917, S. 3.
79 Die Heimat, 29. April 1917, 10. Juni 1917.
80 Die Heimat, 29. Juli 1917, 16. Oktober 1917.
81 Die Heimat, 26. August 1917, 23. September 1917.
82 Sönke Neitzel: Weltkrieg und Revolution. 1914–1918/19, Berlin 2011, S. 136.
83 Die Heimat, 4. März 1917.
84 Die Heimat, 18. März 1917.
85 Kriegschronik der evangelischen Gemeinde Ostheim, S. 35f., AEvKG Ostheim. – Nach den Angaben Finks meldeten sich in Ostheim 18 Familien, in Roßdorf 14, in Bruchköbel 43, in Marköbel 54, in Langenselbold 24, in Hüttengesäß 30, in Oberissigheim 5, in Niederissigheim 6, in Eichen 26, in Erbstadt 23, in Windecken 12, in Gronau 10, in Rüdigheim 4, in Hochstadt 31, in Niederdorfelden 18, in Mittelbuchen 7.
86 Die Heimat, 29. April 1917.
87 Die Heimat, 12. August 1917.
88 Die Heimat, 26. August 1917.
89 Neitzel: Weltkrieg und Revolution (wie Anm. 82), S. 120, 131.
90 Die Heimat, 14. Februar 1915, 16. Mai 1915.
91 Die Heimat, 20. September 1914.
92 Die Heimat, 30. August 1914, 11. Oktober 1914.
93 Die Heimat, 1. April 1917.
94 Walter Seib: 1914–1918. Feind-Bilder. Frankfurt am Main 1989, S. 24.
95 Die Heimat, 12. September 1915.
96 Brigitte Hamann: Der Erste Weltkrieg. Wahrheit und Lüge in Bildern und Texten. München 2008, S. 33.
97 Die Heimat, 24. Januar 1915.
98 Die Heimat, 28. Februar 1915.
99 Die Heimat, 6. September 1914, 4. Oktober 1914, 18. Oktober 1914, 22. November 1914, 6. Februar 1916.
100 Die Heimat, 14. Juli 1918.
101 Ebd.
102 Die Heimat, 6. Oktober 1918.
103 Die Heimat, 20. Oktober 1918.
104 Die Heimat, 8. Dezember 1918.

Jürgen Müller

Gefallen, vermisst, verwundet, gefangen
Das Schicksal junger Männer aus Ostheim als Soldaten im Ersten Weltkrieg

Militärische Verluste im Ersten Weltkrieg

Im Ersten Weltkrieg wurden etwa 9 bis 10 Millionen Soldaten getötet und weitere 20 Millionen verwundet. Die Verlustraten waren im Vergleich zu den vorhergegangenen Kriegen extrem hoch, was im Wesentlichen eine Folge der modernen Waffentechnik war, die sich in den Jahrzehnten zuvor stark weiterentwickelt hatte. Im Deutschen Reich wurden in den vier Kriegsjahren über 13 Millionen Soldaten eingesetzt, von denen 2 Millionen getötet wurden, das entspricht einer Quote von 15 Prozent. Ähnlich hoch waren die Raten in Russland (15 Prozent), Frankreich (16 Prozent), Italien (14 Prozent) und Großbritannien (12 Prozent). Von den im österreichisch-ungarischen Heer eingesetzten Soldaten fielen 16 bis 19 Prozent, im Osmanischen Reich waren es 20 Prozent, in Rumänien zwischen 28 und 33 Prozent.[1] Die Zahl der Kriegsgefangenen betrug zwischen 6,6 und 8 Millionen,[2] von denen zwischen 5 und 10 Prozent in der Gefangenschaft starben.[3]

In keinem Krieg zuvor waren so viele Soldaten mobilisiert worden, was natürlich auch zur Folge hatte, dass aus jeder Gemeinde, selbst den kleinsten Dörfern, eine große Zahl junger Männer eingezogen und an die Fronten im Westen wie im Osten Europas geschickt wurde. Auch die Landgemeinden in der Region Main-Kinzig stellten jeweils Dutzende beziehungsweise Hunderte von Soldaten, von denen viele nicht zurückkehrten. Selbst in kleinen Dörfern mit nur einigen hundert Einwohnern wie etwa Eichen, Erbstadt oder Ostheim sind auf den Kriegerdenkmälern mehrere Dutzend gefallene Soldaten aufgelistet. Das bedeutet, dass kaum eine Familie von Opfern verschont blieb, denn neben den Gefallenen sind auch die vielen Verwundeten zu berücksichtigen, von denen etliche schwere und dauerhafte körperliche Schäden davontrugen und nie mehr ihre volle Gesundheit wiedererlangten.

Im Folgenden sollen die Verluste näher betrachtet werden, die Ostheim im Kreis Hanau während des Ersten Weltkrieges zu beklagen hatte. Dabei werden nicht nur die in den Kämpfen getöteten Soldaten berücksichtigt, sondern es wird auch das Schicksal jener beleuchtet, die vermisst wurden, die in Gefangenschaft gerieten und die verwundet wurden. Wegen des Mangels an Quellen, die nur fragmentarisch noch vorhanden sind, kann kein vollständiges Bild gezeichnet werden, aber die verfügbaren Materialien erlauben doch einen facettenreichen Einblick in das Schicksal der Ostheimer Soldaten, der über die in Ehrenbüchern und auf Ehrenmalen gegebenen bloßen Auflistungen hinausgeht.[4]

Aus Ostheim, das etwa 1300 bis 1400 Einwohner zählte, rückten bis Oktober 1914 insgesamt 107 junge Männer als Soldaten „ins Feld". Ein Jahr später waren es schon 183, und im April 1916 waren 200 Ostheimer eingezogen worden.[5] Dreißig von ihnen kehrten nicht zurück: Sie wurden in den Kämpfen an den verschiedenen Fronten im Westen und Osten Europas getötet. Die jüngsten von ihnen waren Wilhelm Heldmann und Otto Rachhals, die mit 19 Jahren kurz hintereinander im September und Oktober 1918 fielen.[6] Beide gehörten dem Jahrgang 1899 an und waren 1917 zum Militär eingezogen worden. Wilhelm Heldmann wurde im März 1918 als Kanonier eines Feldartillerieregiments an die Westfront nach Frankreich geschickt und dort bei der letzten großen deutschen Offensive eingesetzt. Am 3. September erlitt er durch einen Granatsplitter eine schwere Bauchwunde und starb am folgenden Tag auf dem Hauptverbandsplatz in Villers au Pluich, zwölf Kilometer westlich von Cambrai gelegen. Otto Rachhals diente als Musketier bei der Infanterie und fiel ebenfalls bei den Kämpfen an der Westfront, und zwar am 23. Oktober 1918, knapp drei Wochen vor dem Waffenstillstand.

Aber auch die meisten anderen Ostheimer Gefallenen waren noch junge Männer. Wilhelm Bohländer, geboren 1882 in Ostheim, fiel am 5. August 1916 bei den Kämpfen vor Verdun im Alter von 34 Jahren. Nur einer war älter als er: Heinrich Brodt XV., geboren 1874, fiel 1916 in Nowy-Dor in Russland im Alter von 41 Jahren. Brodt war im Oktober 1914 einberufen worden und kam bereits im November an die Front nach Russland. Im März 1915 wurde er verwundet und ins Lazarett eingeliefert. Nach seiner Genesung kam er im September 1915 zum Landsturm-Infanterieersatzbataillon nach Rödelheim, musste aber wenig später wieder an die Ostfront.

Im Durchschnitt waren die gefallenen Ostheimer Soldaten 25 Jahre alt. Die Orte, wo sie starben und begraben wurden, waren über ganz Europa verstreut: Die meisten fielen in Frankreich und Belgien, aber auch in Russland, Galizien, den Karpathen und in Serbien ließen Ostheimer Soldaten ihr Leben. Manche von ihnen blieben sogar ohne Grabstätte, denn sie wurden als vermisst gemeldet; so der Gefreite Karl Becht, vermisst seit dem 9. September 1914 nach der Schlacht bei Vassingcourt; der Dragoner Ernst Kohl, der in Südostgalizien im Einsatz war und seit dem 14. November 1916 nach einer Patrouille vermisst wurde; der Dragoner Friedrich Schernick, der am 5. Oktober 1914 von einem Erkundungsritt in der Region von Lille nicht mehr zurückkehrte; und der Reservist Karl Stein, der seit dem 17. März 1915 in der Champagne vermisst wurde. Diese vier Soldaten wurden

30 gefallene Soldaten aus Ostheim

Abb. 6: Wilhelm Heldmann 20.4.1899–4.9.1918.
Foto: Archiv FC Sportfreunde Ostheim, Frank Wagner.

Vermisste Soldaten

niemals gefunden und gehörten zu den vielen Tausenden, die getötet wurden und deren Leichname häufig in den Granattrichtern des sogenannten Niemandslandes zwischen den Schützengräben oder sonst auf den Schlachtfeldern einfach liegenblieben und verwesten.

Von manchen Soldaten wissen wir durch Briefe und Karten, die sie mit ihren Angehörigen in der Heimat wechselten sowie durch Briefe ihrer Kameraden oder von Offizieren an die Hinterbliebenen Näheres über die Todesumstände. Besonders gut dokumentiert sind die letzten Wochen von Heinrich Peter Bickes, der am 4. November 1915 im Feldlazarett von Rembercourt in Lothringen[7] an einer Kopfverletzung starb. Von Heinrich Bickes sind 28 Feldpostkarten und Briefe an seine Eltern aus dem Zeitraum vom 9. Juli 1915 bis zum 31. Oktober 1915 erhalten; ferner ein Brief von seinen Eltern an ihn, mehrere Briefe und Karten von Kameraden an die Eltern sowie Schreiben von Offizieren und dem Lazarettarzt, der Bickes nach seiner Verwundung behandelte.[8]

Heinrich Peter Bickes

Bickes, der am 12. September 1895 in Ostheim als Sohn des Bauern Johannes Bickes II und seiner Frau Maria Philippine, geborene Löffler, zur Welt gekommen war, wurde im Mai 1915 eingezogen und war Musketier im Infanterieregiment Nr. 365. Anfang Juli wurde er mit einem Truppentransport an die Front nach Frankreich geschickt. Im ersten Brief aus Frankreich, datiert auf den 9. Juli, schildert er seinen Eltern die Reise durch die schönen Landschaften, die Ankunft in Frankreich und die angenehmen Verhältnisse im Unterstand: „der ist im Wald hier ists aber sehr schön wir haben hier auch einen Hund hier sind die reinsten Blumengärten angelegt". Vom Krieg hat Heinrich Bickes bis dahin noch kaum etwas gesehen, und er versucht seine Eltern zu beruhigen: „Viele Gedanken braucht ihr euch nicht zu machen denn das ist alles nicht zu schlimm wie man sich das vorstellt."

Bald jedoch sollte Bickes die Realität des Krieges kennenlernen, denn schon der zweite erhaltene Brief an seine Eltern vom 11. September, dem Vorabend seines 20. Geburtstags, ist in einem ganz anderen Ton gehalten. In diesem Schreiben aus dem Schützengraben bedankt sich Heinrich zunächst für die Pakete mit Kuchen und Trauben, die ihm seine Eltern geschickt haben und schildert dann die Lage an der Front. In der Stellung im Priesterwald (wenige Kilometer vor Verdun), in der er seit Wochen liegt, haben die Soldaten „furchtbar unter Artilleriefeuer zu leiden, die schicken uns als in 1 Stunde über 300 Granaten zu uns". Nur wenige Stunden, nachdem er diesen Brief geschrieben hatte, wurde Heinrich Bickes verwundet. Er erlitt, wie Unteroffizier Kall aus dem Feldlazarett in Rembercourt am 15. September an die Eltern schrieb, „vor 3 oder 4 Tagen" eine Kopfwunde, wurde ins Lazarett eingeliefert und war angeblich „auf dem

Wege der Besserung". Aus dem Eintrag im Totenbuch der evangelischen Kirchengemeinde Ostheim geht hervor, dass Bickes am Tag seines 20. Geburtstags verwundet wurde.[9]

Heinrich selbst schrieb seinen Eltern erstmals wieder am 26. September, also etwa zwei Wochen nach seiner Verwundung. Er hoffte, bald nach Deutschland transportiert zu werden, musste aber vorerst noch im Feldlazarett bleiben, wahrscheinlich weil er „ein paar mal gebrochen" hat. Drei Tage später, im nächsten Brief, schrieb er, er wisse nicht, ob er mit dem nächsten Lazarettzug mitkomme, aber es gehe ihm „sehr gut". Am 3. Oktober versicherte Heinrich seinen Eltern abermals, es gehe ihm „ganz gut" und er werde mit dem nächsten Transport fortkommen.

Mit dem erhofften Rücktransport in die Heimat sollte es indessen nichts werden. Den ganzen Oktober über tauschten Heinrich und seine Eltern beinahe täglich Briefe und Karten aus, Heinrich erhielt zahlreiche Pakete mit Lebensmitteln von seinen Eltern zugesandt. Über die Art seiner Verwundung schrieb Heinrich nichts Näheres, er war sich offenbar selbst über den Ernst seiner Lage nicht im Klaren. Am 8. Oktober schrieb er seinen Eltern, er habe gar keine Schmerzen und spüre beim Verbinden auch nichts. Und immer wieder beteuerte er, es gehe ihm gut.

Die letzten Tage

Erst in einem Brief vom 18. Oktober, also fünf Wochen nach der Verwundung, beschrieb Heinrich den Eltern die Verletzung. Es sei ein Kopfschuss über dem rechten Auge, ziemlich hoch: „beim Verbinden wird immer noch ein röhrchen [sic] hineingesteckt, und wie ich heute morgen beim Verbinden gesehen habe, ist es 7 Zentimeter lang. Da kann es so gar keine gleine [?] Wunde sein, denn hier liegen lauter schwer verwundete [sic]." Gleichwohl versicherte Heinrich seinen Eltern in den folgenden Tagen immer wieder, es gehe ihm gut oder gar „sehr gut", so am 23. Oktober. Dass er am 20. Oktober operiert wurde, teilte er seinen Eltern erst am 27. Oktober mit, und wieder versuchte er seine Eltern mit der Beteuerung zu beruhigen, er habe gar keine Schmerzen und es gehe ihm sehr gut. Es folgte noch eine Feldpostkarte vom 31. Oktober, in der sich Heinrich für Briefe und Pakete seiner Eltern bedankt und auf ein baldiges Wiedersehen hofft.

Damit endet die Korrespondenz zwischen Heinrich und seinen Eltern. Über seine letzten Tage informieren ein Brief eines Bettnachbarn im Lazarett vom 20. November und ein Brief des behandelnden Arztes vom 19. November. In dem Brief vom 20. November schildert der Soldat Wilhelm Bässler, der im Lazarett in Rembercourt neben Heinrich lag, dessen letzte Lebenstage. Heinrich, so schrieb Bässler, habe ihm erzählt, dass er seit seiner Operation mehr Schmerzen gehabt habe als zuvor. Er wäre auch mit einem der nächsten

Lazarettzüge nach Deutschland transportiert worden, wenn er nicht einen Rückschlag erlitten hätte:

„In den letzten 5-6 Tagen klagte er immer mehr über Kopfschmerzen u. hat auch fast gar nichts mehr gegessen, nur immer Kaffee u. Wasser gewollt […] In den letzten 4 Tagen mußte er dann alles brechen was er zu sich nahm. Von da ab hatte er auch gar kein Interesse mehr an seinen Briefen u. Paketen […] Nachts war er immer ruhig, auch bei Tag schlief er als ein wenig. Am letzten Tag nur war er nicht mehr bei sich selber. Er jammerte immer, kannte aber niemand mehr, wenn man ihn etwas fragte, sah er ein[en] an gab aber keine Antwort mehr u. schloß gleich wieder die Augen. Von 7 Uhr abends an schlief er dann stark bis er um $1/2$ 12 Uhr nachts den letzten Atemzug holte. Ganz sanft u. ruhig ging er in die ewige Ruhe ein."

Heinrich Bickes starb am 4. November 1915. Wie schwer seine Verwundung gewesen war, erfuhren die Eltern durch einen Brief des Lazarettarztes Dr. Lintner vom 19. November. In dem an die Mutter gerichteten Brief schrieb Dr. Lintner, dass Ihr Sohn „einen Schädelschuss mit Splitterung des Schädels und Eindringen von Knochensplittern ins Gehirn" erlitten hatte. Es habe sich ein Abszess gebildet, der operativ entfernt worden sei, doch habe die Wunde weiter stark geeitert. Bei einer folgenden Operation sei aber kein weiterer Abszess gefunden worden, erst nach dem Tod habe man noch sechs Knochensplitter zwölf Zentimeter tief im Gehirn gefunden, die zuvor auf zwei Röntgenaufnahmen nicht zu sehen gewesen seien. Der Patient sei leider nicht zu retten gewesen.

Der Leichnam von Heinrich Bickes war bereits am 11. November 1915 per Eisenbahn nach Ostheim überführt worden, wo er von seinem Vater in Empfang genommen und auf dem dortigen Friedhof bestattet wurde.[10] Ein solcher Rücktransport gefallener Soldaten war im Einzelfall auf Antrag der Angehörigen möglich, fand aber in der Praxis wegen der damit verbundenen Kosten und Umstände nur selten statt. Heinrich Bickes war einer der wenigen gefallenen deutschen Soldaten, die in Anwesenheit ihrer Angehörigen in der Heimatgemeinde begraben werden konnten.

Auf ähnliche Weise starben auch etliche andere Ostheimer Soldaten. Friedrich Hunold, Heinrich Östreich, Johannes Beck, Konrad Köppel, Heinrich Baumann, Johannes Fink und Nikolaus Östreich erlitten ebenfalls Kopfschüsse und starben entweder sofort oder wenig später im Lazarett. Andere wurden bei Sprengungen oder durch Granatsplitter tödlich verwundet. Karl Mehrling etwa wurde am 1. August 1916 durch Granatsplitter am rechten Unterschenkel verletzt, im Lazarett musste das Bein wenige Tage später amputiert werden, doch starb Mehrling, der eine Frau und einen zehnjährigen Sohn hinterließ, schon einen Tag nach der Amputation am 11. August. Gotthold Fink, der Sohn des Ostheimer Pfarrers Friedrich Karl Fink, wurde mit seinem Flugzeug in Russland am 2. März 1918 abgeschossen und nach der Gefangennahme ermordet. Der ältere Bruder Johannes Fink (geboren 1893) war bereits sieben Monate zuvor, am 31. Juli 1917, bei Zonnebeke in Flandern gefallen. Sein Leichnam konnte erst zwei Tage später geborgen werden und wurde in einem Trichterfeld bestattet.[11]

Manche Familien traf es noch härter. Die Familie Östreich hatte vier tote Brüder zu beklagen: Heinrich Östreich (28 Jahre) starb am 20. September 1914 in einem Feldlazarett in den Ardennen an den Folgen eines Kopfschusses; sein Bruder Friedrich Wilhelm (27 Jahre) fiel am 27. Oktober 1914 im Schützengraben bei St. Baussant; ein weiterer Bruder, Georg (24 Jahre), erlag am 9. Februar 1915 im Feldlazarett in Charleroi in Belgien seinen schweren Verletzungen, die er bei einem Sturmangriff erlitten hatte; und auch der jüngste Bruder, Johann Heinrich Östreich (geboren 1898), der von November 1916 bis Juni 1917 Soldat gewesen war und danach wegen des Todes seiner drei Brüder entlassen und als Bahnarbeiter in Hanau eingesetzt wurde, blieb nicht verschont: Er wurde nach Kriegsende am 23. November 1918 in Hanau erschossen.[12]

Vier gefallene Brüder

Mehrere Söhne verloren neben der bereits erwähnten Pfarrersfamilie Fink auch die Familien Baumann. Der Kriegsveteran Konrad Baumann, der am deutsch-französischen Krieg 1870/71 teilgenommen hatte, und seine Ehefrau Margarete, geborene Stelz, verloren im Sommer und Herbst 1916 ihre beiden Söhne Friedrich Wilhelm und Heinrich Wilhelm, der eine 28 und der andere 33 Jahre alt. Der ältere, Heinrich Wilhelm, war schon seit 1914 im Krieg, kämpfte in den Argonnen und vor Verdun und wurde am 27. November an der Somme durch Granatsplitter tödlich verwundet. Heinrich Wilhelm wurde zunächst auf einem Soldatenfriedhof an der Somme beigesetzt, im Januar 1917 wurde sein Leichnam wie der von Heinrich Bickes 1915 nach Ostheim überführt und dort auf dem Friedhof bestattet. Das Grabmal ist erhalten und steht am Haupteingang. Der jüngere Bruder Friedrich Wilhelm starb im Mai 1918 in einem Feldlazarett an seinen schweren Verwundungen.

Zwei weitere Baumanns verloren ebenfalls ihr Leben. Am 3. Februar 1915 kam Heinrich Baumann, Sohn des Schreiners Heinrich Baumann und seiner Frau Maria, bei einer Sprengung in den Argonnen zu Tode. Sein Namensvetter Heinrich Baumann, Sohn des Landwirts Heinrich Baumann und seiner Frau Anna Elise, fiel im Juni 1916 mit 19 Jahren in Russland, nur zehn Tage, nachdem er an die Front geschickt worden war.

Welch große Lücken der Krieg gerade in die Generation der 20- bis 30-jährigen jungen Männer in Ostheim riss, zeigt ein Blick auf die Ostheimer Fußballmannschaften, von denen Mannschaftsfotos

Abb. 7: Der 1. Ostheimer Fußballclub „Germania" von 1911. Erster von rechts: Siegfried Katz (1894–1915).
Foto: Archiv FC Sportfreunde Ostheim, Frank Wagner.

aus den Jahren 1911 und 1916 erhalten sind. Der 1. Ostheimer Fußballclub „Germania" von 1911 verlor im Krieg den Mitbegründer, Tormann und Schiedsrichter Siegfried Katz. Er war der Sohn des jüdischen Metzgers Anselm Katz und seiner Frau Lina Sara. Siegfried, der auch dem Ostheimer Gesangverein „Edelweiß" angehörte, fiel im Alter von 21 Jahren am 25. September 1915 an der Westfront.[13] Auch vom Fußballclub „Viktoria", von dem ein Foto aus dem Jahr 1916 erhalten ist, blieben zwei junge Spieler im Krieg: Nikolaus Östreich und Wilhelm Heldmann, die beide 1918 kurz vor Kriegsende fielen.[14]

Die Verluste betrafen alle Schichten der Dorfgesellschaft. Unter den gefallenen jungen Männern waren Knechte und Tagelöhner, Arbeiter, Bauern und Handwerker sowie ein Abiturient und ein Student.

Verwundete und Versehrte

Neben den Gefallenen gehörten auch die Verwundeten und Versehrten zu den Opfern des Krieges. Über diese jungen Männer, deren Zahl noch weit höher war als die der Getöteten, sind wir nicht so gut informiert, weil sie nicht in den Verlustlisten und später auf den Kriegerdenkmälern auftauchten. Nur in Einzelfällen kann ihr Schicksal rekonstruiert werden. Dazu zählt Heinrich Wilhelm Carl, geboren am 14. Januar 1890 in Ostheim und von Beruf Landwirt.[15] Carl wurde im Oktober 1911 zum Wehrdienst eingezogen und beendete diesen am 19. September 1913 mit der Entlassung in die Reserve. Unmittelbar zu Kriegsbeginn wurde er am 3. August 1914 wieder eingezogen und nahm am Frankreichfeldzug teil. Während eines Gefechts wurde er am 6. Oktober durch einen Bauchschuss verwundet und nach seiner Genesung im Mai 1915 zum Landsturm nach Wetzlar versetzt. 1916 diente er beim Eisenbahnregiment in Hanau und in der Straßenbaukompanie, doch wurde er im September wieder an die Front geschickt. Er wurde in der Schlacht an der Somme eingesetzt, musste aber am 25. Oktober 1916 wegen Krankheit ins Lazarett eingeliefert werden. Von dort kehrte er wieder zum Eisenbahnregiment in Hanau zurück. Die Entlassung aus dem Heeresdienst erfolgte am 29. November 1918 infolge der Demobilmachung. Carl, der offenkundig wegen seiner 1914 erlittenen Verwundung schon im Ersten Weltkrieg nicht mehr voll kriegsverwendungsfähig war, wurde 1943, im Alter von 53 Jahren, erneut als Wehrpflichtiger gemustert und zunächst als garnisonsverwendungsfähig eingestuft; 1944 wurde er sogar als bedingt kriegsverwendungsfähig gemustert und dem Landsturm zugeteilt.[16]

Zu den Verwundeten zählte Philipp Pieh.[17] Er war 1884 in Melbach (heute ein Ortsteil von Wölfersheim in der Wetterau) geboren und kam 1898 als Lehrling nach Ostheim zu Schreinermeister Heinrich Schuffert, dessen Tochter Katharina Maria er 1911 heiratete. Philipp Pieh trat 1904 in die Armee ein und wurde Berufssoldat. Er diente zunächst beim Infanterieregiment 115, seit 1913 war er Vizefeldwebel einer Maschinengewehrkompanie. Kurz nach Kriegsbeginn wurde er am 28. August 1914 zum Offizier-Stellvertreter befördert. Philipp Pieh nahm an den Feldzügen in Belgien und Frankreich 1914/15 teil und erhielt schon im Oktober 1914 das Eiserne Kreuz II. Klasse, im April 1915 folgte die Hessische Tapferkeitsmedaille. Nach elf Monaten an der Front wurde er am 8. Juli 1915 nach einem Stellungskampf westlich von Roye (Departement Somme) „infolge Nervenzerrüttung" an das 1. Ersatzbataillon des Infanterieregiments Nr. 87 in Mainz überwiesen. Nähere Angaben zur Erkrankung gibt es nicht, aber offenbar litt Pieh unter einer Kriegsneurose, ausgelöst durch die traumatischen Erlebnisse an der Front. Diese im Englischen als „shell shock", im Französischen als „hystérie de guerre" bezeichnete psychische Erkrankung trat allein in Deutschland bei mindestens 200 000 Soldaten auf. In schweren Fällen wurden die sogenannten „Kriegszitterer" oder „Schüttler" (wegen der unkontrollierbaren Körperzuckungen) unheilbar krank und verbrachten den Rest ihres Lebens in der Psychiatrie.[18]

Philipp Pieh

Philipp Pieh hatte Glück, seine Erkrankung war weniger gravierend. Im Februar 1916 wurde er vom Ersatzbataillon in Mainz als Lehroffizier zum Maschinengewehr-Ausbildungskommando Beverloo in Belgien versetzt. Von Oktober 1916 bis zum Ende des Krieges diente er bei der Maschinengewehrkompanie des 2. Nassauischen Infanterieregiments Nr. 88. Dies bedeutete die Rückkehr an die Front im Westen. Von Herbst 1916 an war Pieh an zahlreichen Gefechten und Stellungskämpfen beteiligt: 1916 in der Champagne, an der Somme und in der sogenannten Siegfriedstellung; 1917 im Artois und in den Argonnen sowie ab August 1917 bis März 1918 bei Verdun; von April bis November 1918 schließlich in Flandern. Bei diesen Kämpfen zeichnete sich Philipp Pieh erneut durch große Tapferkeit aus, denn er erhielt am 15. Mai 1918 das Eiserne Kreuz I. Klasse und im Juli 1918 das Verwundetenabzeichen in schwarz, das für ein- und zweimalige Verwundung verliehen wurde.[19]

Nach dem Waffenstillstand erfolgten die Räumung der besetzten Gebiete und der Rückmarsch der Truppen nach Deutschland. Pieh wurde anschließend im Januar 1919 zur Minenwerferkompanie des Infanterieregiments Nr. 88 versetzt, danach kam er zur sogenannten „Rumpfformation" des Infanterieregiments Nr. 88. Infolge der durch den Versailler Vertrag herbeigeführten Verkleinerung des deutschen Heeres auf maximal 100 000 Soldaten wurde Philipp Pieh am 31. Oktober 1919 entlassen. Nach 15 Jahren Dienstzeit und fast ununterbrochenem Fronteinsatz im Krieg erhielt er 50 Mark Entlassungsgeld sowie einen „Civilanzug", Mantel, Rock, Hose, Weste, Unterhose, ein Paar Strümpfe, Schnürschuhe und Mütze. Er hatte natürlich Versorgungsansprüche, die mit einer Abfindung abgegolten wurden. Zudem erhielt er eine Dienstprämie von 2100 Mark. Im Jahr 1921 wurde Pieh in den Postdienst übernommen, zunächst in Hanau, später als Postinspektor in Frankfurt-Bornheim. Er starb im Jahr 1963.

Kriegsgefangenschaft

Zahlreiche Ostheimer Soldaten gerieten in Kriegsgefangenschaft, aus der sie teilweise erst 1920 zurückkehrten.[20] Über die Erlebnisse in der Gefangenschaft sind für mehrere Ostheimer konkrete Angaben überliefert. Kaspar Draudt geriet am 3. Juli 1915 in russische Gefangenschaft. Er wurde zunächst nach Kiew gebracht und arbeitete anschließend dreieinhalb Monate auf einem Großbauernhof in Pensa. Von dort kam er Ende 1915 ins Kriegsgefangenenlager nach Kasan. In der Folge wurde er immer wieder in andere Lager verlegt, zu denen die Gefangenen teilweise in tagelangen Fußmärschen gebracht wurden. Im Lager Wjatka musste Draudt sieben Wochen lang im Lazarett verbringen, nachdem er sich eine lebensgefährliche Lungen- und Rippenfellentzündung zugezogen hatte. Er berichtete, dass viele Gefangene an der Cholera starben und ihre Leichen unbeerdigt blieben und „im Freien übereinandergeschichtet" wurden.²¹ In manchen Lagern wurden die Gefangenen vom Wachpersonal misshandelt und geschlagen. In den Lagern in Sibirien und im Ural mussten die Gefangenen hart arbeiten, teilweise in Bergwerken, wobei die Versorgung mit Lebensmitteln unzureichend war. Der Kontakt mit den Angehörigen in der Heimat war nur sporadisch möglich, was unter anderem auf die häufige Verlegung von einem Lager ins andere zurückzuführen war. In den drei Jahren seiner Gefangenschaft erhielt die Familie von Draudt insgesamt nur acht Briefe.²² Draudt kehrte schließlich am 23. August 1918 nach Ostheim zurück, gut fünf Monate nach dem Frieden von Brest-Litowsk, mit dem der Krieg zwischen dem Deutschen Reich und Russland, in dem inzwischen die Bolschewisten die Macht übernommen hatten, beendet worden war.

Noch länger musste Johann Georg Wörner in der Kriegsgefangenschaft ausharren. Wörner, der ebenfalls Mitglied des Fußballclubs „Germania" von 1911 gewesen war (Abb. 7, 3. von rechts, stehend), wurde 1914 eingezogen und an der Westfront in Belgien und Frankreich eingesetzt. Im August 1916 wurde er bei der Schlacht vor Verdun verschüttet, konnte sich aber wieder freigraben.²³ Wörner geriet Ende September 1918 in französische Gefangenschaft und wurde erst nach dem Inkrafttreten des Versailler Friedensvertrags Anfang 1920 wieder entlassen. In zwei Karten und einem Brief aus dem Jahr 1919 an seine Familie berichtete Wörner über sein Schicksal.²⁴ Am 27. Februar 1919 teilte er seiner Frau Katharina und den Kindern Charlotte („Lottchen") und Georg („Schorschgen") mit, dass er noch am Leben war. Das nächste Lebenszeichen kam am 30. Juni. Er schrieb, dass er den Brief seiner Frau vom 25. April erhalten hatte und selbst noch gesund sei, aber immer noch „im Drahtverhau" sitze.

Am 25. Dezember 1919 schickte Wörner einen vierseitigen Brief an seine Frau und Kinder. Er bedankte sich für die kurz zuvor erhaltene Geburtstagskarte und merkte an, dass dies bereits der vierte Geburtstag war, den er im Krieg verbrachte: 1916 in Russland, 1917 in Lothringen, 1918 und 1919 in Gefangenschaft. Er hoffte aber, dass es das letzte Weihnachtsfest in Gefangenschaft sein würde. Er schilderte die Weihnachtsfeier, doch sei diese nur eine kurze Zerstreuung gewesen, denn jeder wolle nur noch nach Hause, es gebe im Gefangenenlager nichts, was einen freuen könne. Es sei auch besser, dass die Angehörigen zu Hause nicht wüssten, wie es im Lager aussehe. „Voriges Jahr um dieße Zeit war ich schwer krank da hätte ich doch nicht gedacht daß ich das wüßte Leben noch ein ganzes Jahr mitmachen könnte. Jetzt bin ich ganz Reumatisch von Kopf bis Fuß. Wenn wir nach Deutschland kommen muß ich erst ins Lazarett gehen denn so kann ich nicht Arbeiten gehen."

Ein Bericht von der Front

Abb. 8: Dr. Heinrich Peter Brodt (1887-1963).
Foto: Altherrenverband der Marburger Burschenschaft Rheinfranken e.V.
© http://www.mitglieder.rheinfranken.de.

Viele Soldaten, die mit dem Leben davonkamen, wurden gleichwohl durch den Krieg körperlich versehrt und trugen lange an den Folgen. Viele wurden auch durch die Erfahrungen an der Front oder im Lazarett oder in der Gefangenschaft psychisch belastet, nicht selten auch schwer traumatisiert. Selbst jene, die weder körperliche noch seelische Verwundungen erlitten, wurden von den Erlebnissen auf den Schlachtfeldern stark geprägt. Manche berichteten darüber in längeren Briefen an Angehörige und Freunde in der Heimat und fanden darin ein Ventil für den starken psychischen Druck, dem sie in den Kämpfen ausgesetzt waren. Ein solcher Frontbericht ist von einem Ostheimer Soldaten erhalten, und zwar von Heinrich Peter Brodt, der im Juli 1918 einen ausführlichen Brief über die große Schlacht in Nordfrankreich an den Eicher Pfarrer Karl Wilhelm Castendyck schrieb. Der Brief selbst ist nicht erhalten, aber Castendyck gab ihn wörtlich wieder in seiner sehr detaillierten Pfarreichronik von Eichen und Erbstadt.[25]

Heinrich Peter Brodt war 1887 in Ostheim geboren. Er besuchte die Hanauer Oberrealschule und legte dort 1907 sein Abitur ab. Anschließend studierte er Deutsch, Englisch und Französisch in Marburg und München. Im Jahr 1911 absolvierte er das Staatsexamen und wurde im gleichen Jahr an der Philosophischen Fakultät der Universität Marburg promoviert. Brodt kehrte danach nach Hanau zurück und wurde dort Studienrat an seiner ehemaligen Schule. Im Frühjahr 1917 heiratete er die Tochter des Eicher Bürgermeisters und Kirchenvorstehers Heinrich Adam, Elise.[26] Nach dem Krieg machte Brodt Karriere im Schulwesen und wurde schließlich Oberschulrat. In Hanau engagierte er sich sehr aktiv bei der Erforschung der lokalen Geschichte. Brodt starb 1963 im Alter von 76 Jhren.[27]

In seinem Brief an Castendyck schilderte Brodt seine dramatischen Erlebnisse in Nordfrankreich bei den schweren Kämpfen Mitte Juli 1918. Als Feldartillerie-Nachrichtenoffizier war er ständig zu Pferd zwischen den verschiedenen Einheiten unterwegs und damit beschäftigt, die Telefonleitungen aufrecht zu erhalten oder instand zu setzen. Brodt berichtet von heftigem Trommelfeuer, von Angriffen der Franzosen und Amerikaner mit Tanks, die bei der deutschen Infanterie Panik auslösten, von Explosionen und dem Krachen der Geschosse, vom Rattern der Maschinengewehre, von verheerendem Feuer auf Straßen, Dörfer und Wälder, vom chaotischen Hin- und Herwogen der Schlacht. Er sah brennend herabstürzende Flugzeuge und Fesselballons, die „höllische Beschießung" von Dörfern, die in Schutt und Asche stürzten, „ein fürchterliches Bild grauenhafter Zerstörung". Der „ganze Schrecken" hatte für Brodt zwar eine gewisse Faszination, er sprach von einem „erhabenen Bild", das sich dem Zuschauer bot. Am Ende des Briefes aber überwog doch die Erleichterung und Dankbarkeit dafür, dass er aus den tagelangen fürchterlichen Kämpfen unversehrt herausgekommen war: „Ich danke Gott, daß er mich so glücklich durch diese schlimmen Tage geführt hat. Einmal bin ich wie durch ein Wunder verschont geblieben. 4 m von mir schlug eine Granate ein, ich schmiß mich sofort hin, als ich sie kommen hörte u. bekam nur durch ein Sprengstück einen Ritzer an der Nase, der gar nicht mehr jetzt zu sehen ist."

Die verschwiegene Realität des „Heldentods"

Brodt war dem Tod knapp entronnen, wie viele andere, die teilweise über Monate oder gar Jahre hinweg an den Fronten im Feuer lagen. Aber nur wenige Soldaten berichteten über das tägliche Grauen, dem sie ausgesetzt waren, in den Briefen nach Hause Genaueres. Dies lag zum einen an der Militärzensur, die allzu realistische Schilderungen von der Front untersagte, um die öffentliche Moral in der Heimat nicht zu untergraben und um die Geheimhaltung militärischer Operationen nicht zu gefährden. Aber auch die Soldaten selbst wollten ihren Eltern, Frauen und Kindern die alltägliche Lebensgefahr, in der sie schwebten, und die Möglichkeit schlimmer Verwundungen und Verstümmelungen in ihren Briefen und Karten nicht vor Augen führen. In der Regel versicherten sie ihren Angehörigen, dass es ihnen gut gehe und sie sich auf das Wiedersehen in der Heimat freuten. Erst wenn Soldaten verwundet wurden, fielen oder in Gefangenschaft gerieten, kam die bittere Realität an die Oberfläche und fand dann auch Ausdruck in den Briefen und Karten, die zwischen den jungen Männern an der Front und ihren Angehörigen in der Heimat gewechselt wurden.

Die dargestellten Fälle aus Ostheim sind insofern ganz typisch für die Art und Weise, wie die Menschen in den Kriegsjahren 1914 bis 1918 miteinander kommunizierten. Jeder hoffte darauf, heil aus dem Krieg herauszukommen, und doch war jedem bewusst, dass es viele Opfer geben würde. Das führten den Menschen in den Dörfern schon die regelmäßigen Gedächtnisfeiern für die gefallenen Soldaten vor Augen, die in den Kirchen abgehalten wurden und in denen das massenhafte Sterben der Soldaten häufig als Heldentod für das Vaterland stilisiert wurde.

In diesen Feiern, wie überhaupt im öffentlichen Gedenken während des Krieges und danach, als in jedem Ort Ehrenmale für die Gefallenen errichtet wurden, wurde das individuelle, konkrete Leiden und Sterben der Soldaten in der Regel nicht thematisiert. Stattdessen wurde ihr Tod als Opfer für die Gemeinschaft und als ein Übergang in eine bessere, jenseitige Existenz dargestellt: „Niemand hat größere Liebe als die, dass er sein Leben lässt für seine Freunde" (Joh 15, 13) lautete der Text, den der Ostheimer Pfarrer Friedrich Fink seiner Predigt bei der Gedächtnisfeier für den gefallenen Sohn Gotthold Friedrich Fink zugrunde legte. Ein mehrfach bei derartigen Feiern gesungenes Lied war: „Unter Lilien jener Freuden /

sollst du weuden, / Seele schwinge dich empor! / Als ein Adler fleug behände, / Jesu Hände öffnen schon das Perlentor."[28]

In den kirchlichen Feiern wurde auf diese Weise das Leiden der jungen Männer theologisch mit Sinn erfüllt. Das nach dem Krieg intensiv betriebene öffentliche Gedenken bei der Gestaltung und Einweihung von Kriegerdenkmälern und am 1926 eingeführten Volkstrauertag betonte das kollektive Opfer, das die Gefallenen für die Nation gebracht hätten. Was den jungen Soldaten konkret widerfahren war, wie sie in den letzten Monaten und Wochen ihres Lebens gelitten hatten, unter welchen Umständen sie jeweils individuell ihr Leben gelassen hatten – all das wurde ausgeblendet und verschwand rasch aus der gesellschaftlichen Wahrnehmung und kollektiven Erinnerung.

Dem Leid der einzelnen Menschen und ihrer Angehörigen gerecht zu werden und den „Opfern" eine persönliche Stimme zu geben, ist eine Aufgabe, die sich der Geschichtsschreibung gerade im Jahr 2014 stellt. Die authentischen Aussagen der Feldpostbriefe und Karten können, wie das Ostheimer Beispiel zeigt, dazu beitragen, aus den „für das Vaterland gefallenen Helden" wieder konkrete junge Menschen aus unseren Dörfern werden zu lassen, deren Leben viel zu früh und unter fürchterlichen Umständen endete.

---

1   Gerhard Hirschfeld/Gerd Krumeich/Irina Renz (Hg.): Enzyklopädie Erster Weltkrieg. Paderborn 2003, S. 663–665; John Horne (Ed.): A Companion to World War I. Oxford 2010, S. 250–262; Spencer Tucker (Ed.): The Encyclopedia of World War I. A Political, Social and Military History. Santa Barbara 2005, S. 273.
2   Hirschfeld/Krumeich/Renz (Hg.): Enzyklopädie Erster Weltkrieg (wie Anm. 1), S. 641.
3   Ebd., S. 663.
4   Die Angaben beruhen neben der in Anm. 6 genannten Schrift auf Unterlagen, die mir Heinrich Pieh und Frank Wagner, beide Ostheim, dankenswerterweise aus Vereinsarchiven und privaten Sammlungen zur Verfügung gestellt haben.
5   Kriegschronik der evangelischen Pfarrei Ostheim, S. 3 und 11; AEvKG Ostheim.
6   Die Angaben zu den gefallenen Soldaten sind der Zusammenstellung von Heinrich Quillmann: Zur Erinnerung an die 1914–1918 Gefallenen aus Ostheim. Nidderau 2008, entnommen.
7   Rembercourt-sur-Mad ist ein kleines Dorf wenige Kilometer südöstlich von Verdun im Priesterwald (Bois-des-prêtres) gelegen. Hier befand sich das deutsche Feldlazarett 138.
8   Leihgabe der Familie Fritz Kohl, Ostheim / Dorfmuseum Ostheim. Daraus auch die nachfolgenden Zitate.
9   Totenbuch für die Gemeinde Ostheim 1891–1949, S. 112; AEvKG Ostheim.
10 Bei Quillmann: Zur Erinnerung (wie Anm. 6) ist der Ablauf etwas missverständlich wiedergegeben. Bickes wurde am 14. November in Ostheim bestattet, nachdem die Leiche am 11. November dorthin überführt worden war.
11 Zum Schicksal der Brüder Fink siehe Totenbuch für die Gemeinde Ostheim 1891–1949, S. 125 u. 130 sowie ausführlich die von ihrem Vater verfasste Kriegschronik der evangelischen Pfarrei Ostheim, S. 47f, 69f; AEvKG Ostheim.
12 Alle Angaben nach Quillmann: Zur Erinnerung (wie Anm. 6). Die Grabplatte von Johann Heinrich befindet sich heute noch auf dem Ostheimer Friedhof. Darauf wird auch an seine drei gefallenen Brüder erinnert. – Zu den Todesumständen von Johann Heinrich Östreich gibt es unterschiedliche Angaben. Nach Quillmann: Zur Erinnerung, der sich auf einen Zeitungsarti-

kel des Hanauer Anzeigers bezieht, wurde er bei einer Schießerei zwischen rivalisierenden Schieberbanden getötet. Johann Heinrichs Östreichs Sohn Hans (1919–2004) schreibt in seinen Erinnerungen. Ostheim 1986/87, S. 1: „Als Heizer auf einer Lokomotive der Deutschen Reichsbahn wurde er von einem mit einem Karabiner hantierenden Schreinerlehrling in der Nähe des Hanauer Nordbahnhofes von einer Kugel tödlich in das Herz getroffen."
13 Näheres zu Siegfried Katz in: Monica Kingreen: Jüdisches Landleben in Windecken, Ostheim und Heldenbergen. Hanau 1994, S. 280–283.
14 Die Clubs „Germania" und „Viktoria" sind Vorgänger des 1924 gegründeten, noch heute bestehenden Vereins „FC Sportfreunde 1924 Ostheim". Ausführlich zur Geschichte des Fußballs in Ostheim: Frank Wagner: SPORT FREUNDE. Die Geschichte des Fußball-Club „Sportfreunde" 1924 Ostheim anlässlich des 90. Vereinsjubiläums. Ostheim 2014.
15 Die folgenden Angaben beruhen auf dem Militärpass von Carl, ausgestellt 1911; Leihgabe Dr. Wilfried Carl, Ostheim.
16 Wehrpass von Carl; Leihgabe Dr. Wilfried Carl / Dorfmuseum Ostheim.
17 Die Angaben zu Philipp Pieh sind den privaten Unterlagen (Militärpass, Briefe usw.) seines Enkels Heinrich Pieh entnommen.
18 Siehe dazu Hirschfeld/Krumeich/Renz (Hg.): Enzyklopädie Erster Weltkrieg (wie Anm. 1), S. 654–656.
19 Die Auszeichnung war am 3. März 1918 von Kaiser Wilhelm II. gestiftet worden; siehe http://de.wikipedia.org/wiki/Verwundetenabzeichen.
20 Siehe die detaillierten Angaben dazu in der Kriegschronik der evangelischen Pfarrei Ostheim, S. 79f.
21 Ebd., S. 80.
22 Ebd., S. 80f.
23 Ebd., S. 24.
24 Leihgabe von Rolf Neumann, Ostheim.
25 Pfarreichronik Eichen-Erbstadt 1914–1918, S. 180f.; AEvKG Eichen-Erbstadt.
26 Ebd., S. 153.
27 Siehe die Internetseite der Marburger Burschenschaft Rheinfranken: http://www.rheinfranken.de.
28 Die Belege bei Quillmann: Zur Erinnerung (wie Anm. 6). – Mehrere Predigten und komplette Gottesdienstprogramme von Gedächtnisfeiern hat der Eicher Pfarrer Castendyck in seiner Pfarreichronik (wie Anm. 25) aufgezeichnet; vgl. dazu den Beitrag von Katja Alt in diesem Band.

Monica Kingreen

Von geachteten Bürgern zu Verfolgten
Jüdische Windecker, Ostheimer und Heldenberger als Soldaten im Ersten Weltkrieg

Die jüdischen Deutschen zogen als gute Patrioten ebenso begeistert wie die christlichen jungen Männer im Sommer 1914 in den Krieg. Ähnlich wie die Katholiken und die Sozialdemokraten waren sie bestrebt, nicht nur ihre Loyalität dem Vaterland gegenüber, sondern auch ihr „Deutschtum" unter Beweis zu stellen. Kaiser Wilhelm II. hatte in seinem „Kaiserwort" zur Stiftung des sogenannten „Burgfriedens" am 4. August 1914 vor den Repräsentanten aller Parteien und Konfessionen bezeugt: „Ich kenne keine Parteien mehr, ich kenne nur Deutsche", und er forderte alle Deutschen auf, „ohne Parteiunterschiede, ohne Standes- und Konfessionsunterschiede zusammen zu halten mit Mir durch dick und dünn, durch Not und Tod".[1] Ganz in diesem Sinne hatte der „Centralverein Deutscher Staatsbürger Jüdischen Glaubens" schon am 1. August 1914 seine Mitglieder zu den Waffen gerufen: „Glaubensgenossen! In schicksalsernster Stunde ruft das Vaterland seine Söhne unter die Fahnen! Dass jeder Jude zu den Opfern an Gut und Blut bereit ist, ist selbstverständlich. Glaubensgenossen! Wir rufen Euch auf, über das Maß der Pflicht hinaus Eure Kräfte dem Vaterland zu widmen! Eilet freiwillig zu den Fahnen! Ihr alle – Männer und Frauen – stellet euch durch persönliche Hilfeleistung jeder Art und durch Hergabe von Geld und Gut in den Dienst des Vaterlandes!"[2]

An die 100 000 jüdische Soldaten dienten gemeinsam mit ihren christlichen Kameraden im Ersten Weltkrieg, 80 000 von ihnen waren Frontkämpfer. Mehr als 12 Prozent von ihnen hatten sich als Freiwillige gemeldet. 12 000 jüdische Männer fielen als Soldaten im Ersten Weltkrieg.

Die einzelnen jüdischen Soldaten in Windecken, Ostheim und Heldenbergen stehen im Mittelpunkt der folgenden Darstellung, dabei wird auch ihren Lebenswegen in der Zeit des Nationalsozialismus nachgegangen.[3] Mit Beginn der NS-Diktatur wurden die jüdischen Kriegsteilnehmer und ihre Familien brutal verfolgt. Von gleichberechtigten, geachteten Bürgern wurden sie zu Menschen minderen Rechts deklassiert. Ihre wirtschaftliche Existenzgrundlage und auch ihre soziale Existenz wurden systematisch vernichtet. Viele von ihnen wurden ermordet.[4]

Jüdische Soldaten aus Windecken

Die Windecker Zeitung nannte in einer Beilage ihrer hundertsten Ausgabe im Dezember 1914 unter der Überschrift „Windecker Krieger im Jahre 1914" auch die Namen jüdischer Kriegsteilnehmer. Mehrere jüdische Windecker nahmen als Soldaten im Ersten Weltkrieg teil.

Ludwig Levi

Ludwig Levi wurde 1874 in Windecken geboren. Zusammen mit seinem älteren Bruder Jacob war er im Getreidegroßhandel des Vaters Herz Levy tätig. Die Familie lebte in der heutigen Friedrich-Ebert-Straße 24. Die Oberrealschule in Hanau hatte er mit dem Einjährigen abgeschlossen. Der Kriegerverein Windecken nennt ihn im Jahre 1900 als „Einjähriger Gefreiter". Bei Beginn des Krieges war er 39 Jahre alt. Die Windecker Zeitung führte ihn als Gefreiten des Landsturms, zur Zeit in Marsberg/Westfalen, auf. Nach dem Krieg lebte er mit seiner Frau und einer Tochter in Frankfurt.

Joseph Müller

Joseph Müller wurde 1896 in Windecken geboren. Sein Vater hatte einen Manufakturwarenhandel, dem später ein Saatguthandel angeschlossen wurde. Die Familie lebte in ihrem Haus in der heutigen Friedrich-Ebert-Straße 8. Joseph Müller absolvierte eine kaufmännische Lehre bei der Firma Abraham Sichel in Schlüchtern. Er war in den Jahren 1913 bis 1915 als Reisender der Firma Gebrüder Kaufmann in Weinheim tätig. Dann wurde er Soldat, für seine Verdienste wurde er mit dem Eisernen Kreuz ausgezeichnet. Nach dem Ende des Krieges trat er in das Geschäft des Vaters in Windecken ein, das um eine Möbelhandlung erweitert wurde. Der Vater war viele Jahre Stadtverordneter der SPD und Mitglied des Windecker Kriegervereins.

Nach seiner Heirat 1923 wurde Joseph Müller Alleininhaber des Geschäfts, mit seiner Familie lebte er zusammen mit den Eltern im Haus der Familie Müller. Er war Mitglied der Freiwilligen Feuerwehr und des Gesangvereins „Liederkranz" sowie einer der ersten Autobesitzer in Windecken. Die Töchter Doris und Grete wurden 1924 und 1928 geboren.

Die drei Brüder Reichenberg

Julius, Salli und Josef Reichenberg waren in der Mittelstraße 87 in Ostheim als Söhne des Pferdehändlers Löb Reichenberg aufgewachsen. Julius Reichenberg wurde 1875 geboren. Nach seiner Heirat 1905 eröffnete er in Windecken ein Eisenwarengeschäft in der Glockenstraße. Er gründete eine Familie mit vier Töchtern Meta, Frieda, Rosa und Rita, die zwischen 1906 und 1911 geboren wurden. „Eisen-Reichenberg" wurden das Geschäft und die Familie in Windecken genannt. Julius Reichenberg war Mitglied im Kriegerverein. Im Krieg wurde er Soldat. Das Eisenwarengeschäft versorgte seine Kunden in und um Windecken und hatte einen sehr guten Ruf.

Salli Reichenberg wurde 1882 in Ostheim geboren. Bei seiner Heirat 1909 eröffnete er zusammen mit seinem Bruder Josef in Windecken das Manufakturwarengeschäft Gebrüder Reichenberg in der heutigen Eugen-Kaiser-Straße 7. Die Familie lebte in dem stattlichen Haus in der ersten Etage. „Stoff-Reichenberg" wurden Reichenbergs genannt im Gegensatz zum Eisenwaren-Geschäft des Bruders Julius, dem „Eisen-Reichenberg" in der Glockenstraße. Von 1914 bis 1918 war Salli Reichenberg Frontsoldat. Die Windecker Zeitung nennt ihn 1914 mit dem Zusatz Ulanenregiment 6, 3. Eskorte. Er wurde für seine Verdienste mit dem Eisernen Kreuz ausgezeichnet. In der Wohnung der Familie Reichenberg hing auch ein Foto von Salli Reichenberg und seinen Kriegskameraden. 1918 wurde Salli Reichenberg nach dem Tod seines Bruders Josef der Alleininhaber dieses auch für die umgebenden Dörfer bedeutenden Textilwarengeschäfts. Salli Reichenberg war auch in der jüdischen Gemeinde, deren Vorstand er war, ein geachteter Mann. Seine Söhne Ludwig und Ernst waren 1910 und 1919 geboren.

Josef Reichenberg, geboren 1883, lebte bis zu seiner Heirat im Jahr des Kriegsbeginns in Ostheim, dann zog er nach Windecken, wo er bereits seit 1909 mit seinem Bruder Salli das Geschäft Gebrüder Reichenberg führte und eine Familie gründete. Josef kämpfte als Soldat im Krieg. Im Alter von nur 34 Jahren starb er 1918 an Tuberkulose. Er wurde auf dem jüdischen Friedhof in Windecken beerdigt.

Salomon Reichenberg

Salomon Reichenberg wurde 1886 in Marköbel geboren. Von 1907 bis 1910 war er als Soldat beim Jägerregiment zu Pferde Nr. 3 in Colmar im Elsass. Er heiratete 1911 nach Windecken in die Familie Stern ein und gründete hier eine Familie, sie wurde Stern-Reichenberg genannt. Die Familie lebte in ihrem eigenen Haus in der heutigen Friedrich-Ebert-Straße 8. Er übernahm das Manufakturwaren- und Colonialwarengeschäft des Schwiegervaters. Während des Krieges wurde er Soldat und kämpfte sowohl an der französischen als auch an der russischen Front. Für seine Verdienste erhielt er diverse Auszeichnungen. Nach dem Krieg erweiterte er sein Geschäft um einen Landesproduktenhandel und insbesondere einen Möbelhandel. In der jüdischen Gemeinde Windecken war er der Rechnungsführer. Seine Kinder Manfred und Ruth wurden 1912 und 1922 geboren.

Die Brüder David und Max Sommer

David Sommer wurde 1887 in Windecken in der Judengasse, heute Synagogenstraße 2, geboren, wo er mit seinen Eltern und Geschwistern lebte. Er gehörte zur freiwilligen Sanitätskolonne des Roten Kreuzes, war im Gesangverein „Liederkranz" und auch in der Freiwilligen Feuerwehr als Sanitäter aktiv. David Sommer war in den Jahren 1915 bis 1918 Frontsoldat. Für seine Verdienste erhielt er das Eiserne Kreuz und andere Auszeichnungen. 1920 heiratete er und gründete in seinem Elternhaus eine Familie. Die Kinder Erich und Hella wurden 1921 und 1926 geboren. 1927 baute David Sommer ein neues Haus im heutigen Freiligrathring 1 und eröffnete dort ein Manufaktur- und Kurzwarengeschäft, das auch viele Kunden in den umliegenden Dörfern hatte. Seine Kriegsauszeichnungen hielt David Sommer in hohen Ehren, niemand aus der Familie durfte sie auch nur berühren. „Mein Vater war auf seine Kriegsauszeichnungen sehr stolz", berichtete sein Sohn Erich, „bis Hitler ihn eines anderen belehrte."

Max Sommer wurde 1889 geboren. Nach dem Besuch der evangelischen Volksschule und der Oberrealschule in Hanau bis 1903 entschloss er sich, Lehrer an jüdischen Volksschulen zu werden. So besuchte er die israelitische Präparandenschule „Talmud Thora" in Burgpreppach bei Würzburg und anschließend das israelitische Lehrerseminar in Köln. Als Soldat war er im Krieg. Dann war er als Lehrer der jüdischen Gemeinde in Borken in Westfalen tätig. In Windecken fungierte er als Kantor häufig zu den hohen jüdischen Feiertagen in der Synagoge. Er „hatte eine phantastische Stimme. Die Fensterscheiben unserer Synagoge wackelten, wenn er sang", so eine Erinnerung an ihn. Ab 1925 war er als Lehrer an der Gemeindeschule der Hochdeutschen Israelitischen Gemeinde in Hamburg-Altona auf Lebenszeit angestellt, seit 1932 leitete er die Schule.

Abb. 9: David Sommer in Uniform, um 1915.
Foto: Sammlung Monica Kingreen, Windecken.

Joseph Wolf wurde 1892 in Windecken geboren. Sein Vater war dort eine anerkannte Persönlichkeit als sozialdemokratisches Mitglied der Stadtverordnetenversammlung, als Vorsitzender der jüdischen Gemeinde Windecken und als Rindmetzger. Er lebte mit seinen Eltern und seiner Schwester Hilde im Haus der Familie Wolf in der heutigen Heldenberger Straße 5. Seine Mutter war im Vaterländischen Frauenverein aktiv. Zu Beginn des Krieges war Joseph Wolf gerade 22 Jahre alt. Die Windecker Zeitung nannte ihn 1914 als Unteroffizier im 18. Ulanenregiment, Division Infanterieregiment 88, 2. Bataillon, 6. Kompanie. Für seine Verdienste wurde Joseph Wolf mit dem Eisernen Kreuz II. Klasse und dann sogar mit dem I. Klasse ausgezeichnet. Im dritten Kriegsjahr fiel Joseph Wolf am 3. Juni 1917 im Argonnerwald in Frankreich. Er war 24 Jahre alt geworden. Joseph Wolf war der einzige jüdische Soldat unter den 67 Windecker Gefallenen. Der Vater hielt die hohe Auszeichnung seines Sohnes bis zu seinem Tod 1926 in großen Ehren. Auf dem 1921 errichteten Kriegerdenkmal in Windecken war sein Name zu lesen. Auch das im Jahre 1932 erschienene Gedenkbuch des Reichsbundes jüdischer Frontsoldaten nennt den Namen von

Joseph Wolf

Joseph Wolf.[5] In der Trauerhalle des Friedhofs ist sein Name ebenfalls verzeichnet.

Felix Schuster

Felix Schuster wurde im Jahre 1896 in Sterbfritz geboren. Er kämpfte als Soldat im Krieg und erhielt neben dem Eisernen Kreuz diverse Auszeichnungen. 1921 heiratete er nach Windecken und gründete eine Familie, der Sohn Manfred wurde 1922 geboren. Das Geschäft seines Schwiegervaters Abraham Wolf baute er zu einer Holz- und Materialienhandlung aus, später erweiterte er und errichtete an der Ostheimer Straße 60 eine große Lagerhalle für seine Baumaterialien. Felix Schuster war sozialdemokratischer Stadtverordneter in Windecken.

Kriegerdenkmal in Windecken

Am Totensonntag des Jahres 1921 wurde feierlich das Denkmal für die im Weltkrieg gefallenen Windecker auf dem Friedhof eingeweiht. Die Urkunde der Grundsteinlegung im Juni 1920 führte die Namen aller Stadtverordneten Windeckens auf, darunter auch Moritz Müller. Der Bürgermeister führte in seiner Ansprache zur „Weihefeier des Kriegerdenkmals" unter anderem aus: „Unser Geist weilt bei den Helden, die für uns und unser Vaterland gestorben sind. Wenn wir die Namen auf diesem Denkmal lesen, dann ist es uns, als wenn die Helden uns zurufen, denkt an unsere Hinterbliebenen, sorgt für sie und arbeitet weiter für unser geliebtes Vaterland. Deshalb soll dieses Denkmal immer eine erneute Aufforderung für uns sein, nicht nachzulassen in der Fürsorge für unsere Kriegshinterbliebenen und Kriegsbeschädigten. Ferner soll es uns ermahnen, einig zu sein und für den Wiederaufbau unseres lieben Vaterlandes zu leben und zu wirken. Aber nicht mit der Waffe des Krieges, sondern mit den Waffen des Geistes und mit der Kraft deutscher ernster Arbeit. Ruht aus von dem Kampf, ruht aus von dem Streit, wir kämpfen für eine bessere Zeit. So übernehme ich das Ehrenmal im Namen der Stadt und gelobe, es treu zu schützen und zu pflegen."

Heute existiert das Denkmal nicht mehr, es wurde nach dem Zweiten Weltkrieg aus nicht bekannten Gründen abgerissen, nur noch vereinzelte Steinblöcke mit den noch gut zu lesenden Namen lagen in den 1980/90er Jahren achtlos an der Grillhütte am Hain an der Nidder herum. Die Namen der Gefallenen des Ersten Weltkrieges – auch Joseph Wolf – sind zum Gedenken auf schlichten Holztafeln an der Wand der Trauerhalle des Friedhofs zu lesen.

Schicksale der Windecker Kriegsteilnehmer in der NS-Zeit

Die geachteten jüdischen Bürger, die das Alltagsleben in Windecken mitgestalteten, wurden seit 1933 aus der deutschen Gesellschaft ausgeschlossen. Anfangs gab es zumindest für die Kriegsteilnehmer noch einige Zugeständnisse, wie etwa die Verleihung einer Auszeichnung für die ehemaligen Frontkämpfer. Diese wurden im Juni 1935 „im Namen des Führers und Reichskanzlers" durch den nationalsozialistischen Landrat Löser mit dem Ehrenkreuz für Frontkämpfer ausgezeichnet, das zur Erinnerung an den Weltkrieg 1914/18 von Reichspräsident Hindenburg gestiftet worden war. In Windecken wurden sechs jüdische Männer als Frontkämpfer geehrt: David Sommer, Salomon Reichenberg, Julius Reichenberg, Salli Reichenberg, Joseph Müller und Felix Schuster. Diese Anerkennung war aber nur eine symbolische Maßnahme, die nicht verhinderte, dass auch die ehemaligen jüdischen Soldaten und ihre Angehörigen sehr bald brutal verfolgt und teilweise im Holocaust ermordet wurden.

Ludwig Levi

Ludwig Levi floh nach der Machtübernahme der Nationalsozialisten 1933 mit seiner Familie nach Straßburg. Nach dem Angriff der Deutschen Wehrmacht auf Frankreich 1940 flüchte er nach Vichy, einige Zeit später in das von den Italienern besetzte Nizza. Nach der deutschen Besetzung Nizzas im September 1943 wurde Ludwig Levi mit seiner Frau und seiner Tochter bei einer Razzia verhaftet und in das SS-Sammellager Drancy bei Paris gebracht. Von dort wurde der 69-jährige zusammen mit seiner Familie im Oktober 1943 mit einem Massentransport in das Vernichtungslager Auschwitz-Birkenau verschleppt und ermordet.

Joseph Müller

Joseph Müller war massiv vom nationalsozialistischen Boykott seines Geschäftes betroffen, Kunden kamen nicht mehr und Außenstände wurden nicht bezahlt. „Diese Verhältnisse", so gab er später an, „zwangen mich und meine Familie, die Auswanderung vorzubereiten, zumal wir auch persönlichen Verfolgungsmaßnahmen der Partei und ihrer Mitglieder ausgesetzt waren." Im Januar 1937 waren Joseph Müller und seine Frau und die Töchter die ersten, die Windecken wegen der nationalsozialistischen Verfolgung verließen. Die alten Eltern mussten sie zurücklassen. Sie lebten noch drei Jahre in Windecken in zwei Zimmern unterm Dach ihres früheren Hauses. Dann suchten sie Zuflucht in einem jüdischen Altersheim in Frankfurt. Von dort wurden sie im Sommer 1942 in einem Massentransport in das Ghetto Theresienstadt und kurz darauf in das Vernichtungslager Treblinka verschleppt und ermordet.

Joseph Müller baute sich unter sehr schwierigen Bedingungen eine neue Existenz in New York auf, wo er im Alter von 75 Jahren 1971 starb.

Salomon Reichenberg

Im Erkerfenster seines Schaufensters legte Salomon Reichenberg während des NSDAP-Boykotts am 1. April 1933 seine Kriegsauszeichnungen aus mit einem Schild „Ich war Soldat für Deutschland". Er bereitete 1938 seine Auswanderung nach Amerika vor, wohin schon sein Sohn Manfred geflohen war. Ein solidarischer Windecker half ihm dabei, seine bis dahin nicht bezahlten Außenstände zu erhalten. Im Alter von 52 Jahren konnte er im Oktober 1938 mit seiner Frau und der Tochter Ruth nach New York entkommen. Seine Kriegsauszeichnungen nahm er mit und hielt sie Zeit seines Lebens in Ehren. Unter sehr schwierigen Bedingungen konnte er sich eine neue Existenz aufbauen. Im Alter von 92 Jahren starb er 1978 in New York.

Salli Reichenberg

Zum nationalsozialistischen Kaufboykott am 1. April 1933 dekorierte Salli Reichenberg die Schaufenster seines Ladens in den nationalen Farben schwarz-weiß-rot und präsentierte dort seine diversen Kriegsauszeichnungen. Einer seiner früheren Kriegskameraden aus Zeiten, die erst 15 Jahre zurücklagen, betrat demonstrativ den Laden der Reichenbergs. Salli Reichenberg war in seiner Wohnung des öfteren brutalen Übergriffen lokaler SA-Leute ausgesetzt. Wegen der zunehmenden Verfolgung sah er sich gezwungen, sein renommiertes Geschäft, das immer mehr Kunden verloren hatte, im Sommer 1938 zu verkaufen. Viele seiner Außenstände bezahlten die Kunden nicht. Die Reichenbergs lebten weiter in ihrer Wohnung über dem Geschäft. Während des Novemberpogroms 1938 wurden sie in ihrer Wohnung überfallen, ihr Sohn Ludwig verhaftet und in das KZ Buchenwald verschleppt. Nach seiner Entlassung konnte Ludwig in die USA entkommen. Die verzweifelten jahrelangen Bemühungen der Reichenbergs, auch nach New York zu ihrem Sohn Ludwig zu gelangen, scheiterten mehrfach. Frau Reichenberg musste die Straßen in Windecken kehren. Ende 1940 sahen sich Reichenbergs gezwungen, ihr Haus zu verlassen und nach Frankfurt in eine kleine Wohnung zu ziehen. Salli Reichenberg musste dort Zwangsarbeit leisten. Von den im Oktober 1941 beginnenden Massendeportationen aus Frankfurt war Salli Reichenberg nicht betroffen. Später war er wegen seiner Kriegsauszeichnungen vorläufig ausgenommen. Im September 1942 wurde er dann mit seiner Frau und dem 22-jährigen Sohn Ernst und dessen Frau – sie hatten 14 Tage zuvor geheiratet – gewaltsam mit einem Massentransport aus Frankfurt verschleppt. Über das Rote Kreuz war es Salli Reichenberg möglich, noch ein 25-Worte-Telegramm an seinen Sohn in New York zu schicken: „Wir sind wohlauf. Vorerst werden wir nicht mehr schreiben. Sobald möglich erhaltet Ihr neue Adresse. Von Euch noch ohne Post. Herzliche Grüße Eltern, Renate, Ernst." Der Transport ging in das Ghetto Theresienstadt bei Prag, einer ehemaligen Kaserne. Salli Reichenberg ging dort nach 70 Tagen zugrunde, im Alter von 60 Jahren starb er am 24. November

1942. Seine Frau, der Sohn Ernst und die Schwiegertochter wurden einige Wochen später in das Vernichtungslager Auschwitz gebracht und ermordet.

Die wirtschaftliche Existenz von Julius Reichenberg war ebenfalls durch den Boykott zerstört. 1936 besuchte er seine Tochter Rita, die nach Palästina geflohen war. Beim Abschied versprach er ihr, alles für die Auswanderung vorzubereiten. Während des Novemberpogroms wurde auch versucht, das Haus der Reichenberg zu demolieren. Julius Reichenberg wurde verhaftet und für einige Wochen in das KZ Buchenwald bei Weimar verschleppt. Im Sommer 1939 sah sich das Ehepaar Reichenberg gezwungen, seinen Heimatort Windecken zu verlassen und suchte Zuflucht in Frankfurt. Sie hatten große Hoffnungen, zu ihrer Tochter Frieda in New York auswandern zu können. Ihre Ausreise war zuletzt für den 2. Oktober 1941 geplant. Sie scheiterte. Wenige Tage später waren der 65-jährige Julius Reichenberg mit seiner Frau und der Familie der Tochter Rosa von der ersten Massendeportation aus Frankfurt betroffen. Sie wurden in das Ghetto Lodz/Litzmannstadt verschleppt und wohl im Mai 1942 in den Gaswagen des Vernichtungslagers Chelmno ermordet.

Julius Reichenberg

Nach dem Tod ihres Mannes war die Witwe von Josef Reichenberg mit ihrem Sohn in ihren Heimatort Groß-Umstadt gezogen. Der Sohn flüchtete wegen der nationalsozialistischen Verfolgung nach Amerika. Bertha Reichenberg suchte nach den gewalttätigen Ausschreitungen des Novemberpogroms, als sie aus ihrem Haus geworfen wurde, Zuflucht in Frankfurt. Von dort wurde sie im November 1941 mit einem Massentransport nach Kaunas verschleppt und einige Tage später im Fort IX erschossen.

Die Angehörigen von Josef Reichenberg

David Sommer verlor seine wirtschaftliche Existenz recht bald nach der Machtübernahme der Nationalsozialisten: „Die Kunden meines Vaters", so berichtete der Sohn Erich, „waren meistens Bauern. Sie waren schon eher beeinflusst von den Nazis als die Arbeiter in Windecken. Die Sprüche ‚Die Juden sind Euer Unglück' hatten sie schon eher aufgesaugt, so hatte mein Vater schon früh viele seiner Kunden verloren, die nichts mehr mit einem Juden zu tun haben wollten. 1935 wurde ihm der Handel verboten, der Handelsschein nicht mehr ausgestellt. Auch in unser Geschäft kam niemand mehr, höchstens mal von hinten über das Feld den steilen Weg hinunter oder bei Dunkelheit. So ging unser Geschäft kaputt. Wir mussten leben von dem, was wir hatten. Die SA marschierte in Windecken. Gerade gegenüber von unserem Haus war die Hochmühle, das Vereinslokal der SA. Oft wurde bei uns ans Haus geschmiert ‚Jude! Jude!' Ab und zu wurde auch mal ein Stein geschmissen. Leute mit denen mein

David Sommer

Vater immer in gutem Kontakt war, waren nun höhere Nazis geworden und sprachen plötzlich nicht mehr mit ihm. Wir hatten Nachbarn, mit denen wir sehr befreundet waren. Eines Tages sagten sie zu uns: ‚Wir können nicht mehr befreundet sein und nicht mehr miteinander sprechen.' Das taten sie dann auch. Von da an grüßten sie uns nicht einmal mehr. Das Allerschlimmste war, dass wir plötzlich Menschen zweiter Klasse geworden waren, dass wir nichts mehr wert waren, nicht mehr dieselben Rechte und die Anerkennung wie früher hatten. So hatte mein Vater für seine Ziegen die Feldwege von der Stadt gepachtet, um Gras für seine Ziegen zu haben. Das war ihm plötzlich verwehrt. Zum Beispiel hat jeder Bürger immer das Bürgerholz nach Hause gefahren bekommen, nun mussten wir unter großen Mühen jemanden finden, der ein gutes Herz hatte und uns das Holz nach Hause fuhr."

Zwangsverkauf des Hauses

Im November 1936 wurde David Sommer gezwungen, sein nur wenige Jahre zuvor erbautes Haus in der nun so benannten Horst-Wessel-Straße zu verkaufen. Der Windecker NSDAP-Ortsgruppenleiter zog dort ein und „hielt Hof". David Sommer berichtete später über diesen Zwangsverkauf: „Im November 1936 wurde mir unter Androhung der Verbringung in ein Konzentrationslager von einem Rechtskonsulenten in Windecken nahegelegt, sofort mein Wohn- und Geschäftshaus abzugeben oder die Konsequenzen zu tragen. So unter Druck gebracht, wurde das Haus 10 Tage später verkauft. Die Verkaufsverhandlungen fanden übereilt und unter schwerem Druck statt. Es stellte sich heraus, dass der Vorkäufer das Anwesen an einen anderen Käufer abtrat, also Zwischenverkauf an sogenannte Arier erfolgte. Die Möbel wurden teilweise zu Billigpreisen verschleudert. Die Ladeneinrichtung blieb bestehen. Der Verkauf ging unter Verlust vor sich, unter anderen Umständen hätte das Haus weit besser verkauft werden können. Nach weiteren acht Tagen verließen wir Windecken, wir konnten ja nirgends bleiben, nach zwei verschiedenen Richtungen verließen wir [auch seine Frau und die beiden 15- und 10-jährigen Kinder Erich und Hella] den Ort."

Dazu der Sohn Erich: „Als wir Windecken verließen gingen wir allein auf Umwegen zum Bahnhof, nur die alte Hebamme Frau Schmalz schaute weinend aus dem Fenster und sagte: ‚Ich habe die beiden ja zur Welt gebracht'."

Nach einigen Monaten in Frankfurt konnte David Sommer im März 1937 mit seiner Familie ein französisches Besuchervisum erhalten, in Paris fand die Weltausstellung statt. Nach einigen Wochen lebte die Familie illegal in Paris, da das Besuchervisum abgelaufen war. David Sommer bemühte sich vergeblich um ein Visum nach Amerika, erst acht Jahre später sollte es dazu kommen. Als Paris im Sommer 1940 von der Wehrmacht besetzt wurde, lebte David Sommer erneut im nationalsozialistischen Machtbereich. Er war zeitweise interniert im Lager Les Milles in Südfrankreich, auch in Nimes. Nach einiger Zeit konnte er entkommen, die Familie lebte zwei Jahre „ohne größere Schwierigkeiten" – so der Sohn Erich – in der französischen Stadt Perigieux in der Dordogne.

Leben in der Illegalität

Im Februar 1942 wurden alle jüdischen Flüchtlinge von der Vichy-Regierung gezwungen, sich in Listen einzutragen, die später der Verschleppung dienten. David Sommer, seine Frau und Tochter Hella sollten im August 1942 verschleppt werden. Sie entzogen sich und hielten sich illegal an verschiedenen Orten auf. Zwei Jahre lebte David Sommer mit seiner Frau illegal in ständiger Angst um ihr Leben. Er gab dazu an: „Bei den Bauern mussten wir in Ställen schlafen, im Winter war es bitterkalt. Wenn ich mir ein neues Quartier suchen musste, musste ich oft lange Fußmärsche machen. In der ganzen Zeit der Illegalität mussten meine Frau und ich mehr oder weniger die ganze Zeit hungern."

1943 erhielten die Sommers von der französischen Untergrundorganisation gefälschte Papiere. David Sommer hieß nun Emile Schwebel, war von Beruf Metzger, hatte einen Geburtsort im Elsass, was seinen starken Akzent im Französischen erklärbar machen sollte. Seine Frau war eine geborene Ohl, ein vertrauter Name in Windecken. Im August 1944 wurde das Ehepaar von der jüdischen Widerstandsorganisation „Juive de Combat" befreit.

Der Sohn Erich über seine Eltern: „Meine Eltern haben den Krieg überlebt, aber sie haben viel mitmachen müssen. Sie lebten immer nur von Stunde zu Stunde, von Tag zu Tag. Immer haben sie in der Angst gelebt, sie werden entdeckt, sie werden mitgenommen. Einmal ist mein Vater auch in die Hände der französischen Polizei gefallen, aber sie haben ihn zum Glück nicht mitgenommen. Dieses Gefühl der Angst haben meine Eltern eigentlich nie mehr richtig verloren. Mein Vater war lange Zeit bettlägerig, bevor er 1970 starb. Da erzählte er von früher, von Windecken, aber auch aus der Verfolgungszeit. ‚Heute Nacht kommen sie mich holen' schrie er so oft. Diese Angst war immer da. Im Dezember 1946 kamen meine Eltern mit meiner Schwester Hella in New York an. Mein Vater arbeitete in ganz niedrigen Jobs. Er hat nie genug für seinen Lebensunterhalt verdienen können und war immer auf Unterstützung durch seine Kinder angewiesen. Das Eingewöhnen in Amerika war dadurch leichter, dass wir [im New Yorker Stadtteil Washington Heights] mit Menschen in der Umgebung zusammenlebten, die das gleiche Schicksal wie wir erlebt hatten. Für meine Eltern war es sehr sehr schwer, mein Vater war schon 50 Jahre, als er aus Windecken wegging und fast 60 Jahre, als er nach Amerika kam. Meine Eltern haben sich nie richtig in die fremden Sprachen einleben können, sie konnten immer nur einige Worte.

Alles war sehr schwer für meine Eltern. Sie konnten nie mehr richtig Fuß fassen nach ihrer Verfolgung." An anderer Stelle erwähnte er auch noch: „Mein Vater war immer stolz auf Windecken."

Im Alter von 82 Jahren starb David Sommer 1970 in New York.

Max Sommer

Max Sommer unterrichtete nach der Auflösung seiner Schule im Oktober 1938 an der Hamburger Talmud-Thora Schule. Mitte 1939 floh er nach Frankreich. Bei Kriegsbeginn wurde er in verschiedenen Lagern in den Vogesen interniert. Er konnte dann zu seinem Bruder David nach Perigieux in der Dodorgne entkommen. 1943 gelang es ihm und seiner Frau mit den beiden Kleinkindern, einer Razzia zu entkommen und illegal zu leben. Nach der Befreiung erlitt Max Sommer einen schweren Nervenzusammenbruch. 1947 schrieb er in Vichy an seine Verwandten: „Wir haben schlimme Zeiten durchlebt. Ich war 14 Monate bei Franzosen und Deutschen interniert, meine liebe Frau in Gurs [Lager] interniert. Wir haben sämtliche Möbel, Sachen, Geld verloren – alles gestohlen durch die Barbaren. Aber das Wichtigste, unser Leben, haben wir mit schwerer Mühe gerettet. Seit einem Jahr bin ich hier als Chasan [Vorsänger], Schochet [Schächter] und Religionslehrer tätig. Wir wohnen möbliert und verdienen so viel, dass wir unser Essen und Trinken haben…"

1950 besuchte Max Sommer Windecken. Im Alter von 66 Jahren starb er 1956 in Vichy. „Ich möchte fast", so seine Frau, „das frühe und plötzliche Ableben meines Mannes auf die erlittenen Strapazen zurückführen. Denn nie konnte er es überwinden, dass er nicht mehr in seinem Beruf arbeiten konnte. Im fremden Land war er auch nie heimisch geworden."

Die Angehörigen von Joseph Wolf

Die Gräber seiner Eltern, die 1926 und 1932 gestorben waren, auf dem jüdischen Friedhof Windecken wurden während des Novemberpogroms 1938 geschändet. Seine Schwester Hilde Oppenheimer war ab September 1941 gezwungen, in Windecken den diskriminierenden gelben Stern zu tragen. Im Dezember 1941 zog sie nach Frankfurt, um in einem jüdischen Kinderheim zu arbeiten. Im September 1942 wurde sie mit einem Transport aus Frankfurt nach Raasikuu in das besetzte Estland verschleppt und in den Dünen ermordet.

Felix Schuster

Mit der Machtübernahme der Nationalsozialisten trat Felix Schuster unter politischem Druck als Stadtverordneter zurück. „Im Namen des Führers und Reichskanzlers" wurde dem Kaufmann Felix Schuster in Windecken das Ehrenkreuz für Frontkämpfer im Juni 1935 vom nationalsozialistischen Landrat Löser verliehen. Der Windecker Bürgermeister hatte zuvor mitgeteilt: „Gegen die Verleihung des Ehrenkreuzes für Frontkämpfer an den Felix Schuster ist nichts einzuwenden."

Später gab Felix Schuster an: „Ich habe durch die Machenschaften der Nazis meine gute Existenz in Windecken verloren." Durch einen Verwandten aus Lindheim erhielt Felix Schuster Bürgschaftspapiere für ein Visum nach Amerika. Im Frühjahr 1938 verkauften Schusters ihren Baumarkt in Windecken an die Firma Hack und zogen nach Frankfurt. Ein Jahr später, im Frühjahr 1939, konnte Felix Schuster zusammen mit seinem Sohn Felix nach New York entkommen. Unter dem Auswanderungsgut befanden sich auch „3 Kriegserinnerungsbücher". Seine vorerst zurückbleibende Frau wurde massiv unter behördlichen Druck gesetzt, um den Verkaufspreis ihres Grundbesitzes weiter zu drücken. Einige Monate später gelangte auch sie nach New York. Felix Schuster baute sich unter schwierigen Voraussetzungen eine neue Existenz auf.

Die Kriegsauszeichnungen hielt die Familie auch nach seinem Tod im Alter von 60 Jahren im Jahre 1982 in Ehren und bewahrte sie in „Opas little black suitcase" zusammen mit anderen Erinnerungsstücken auf.

Jüdische Soldaten aus Ostheim

Aus Ostheim waren drei jüdische Männer Soldaten im Ersten Weltkrieg. Drei weitere waren in Ostheim aufgewachsen und lebten in Windecken. Der jüngste Ostheimer Soldat – Siegfried Katz – ließ im Jahr 1915 sein Leben für sein Vaterland.

Benzion Adler

Benzion Adler wurde 1870 in Langenbergheim geboren, lebte aber seit seiner Kindheit in Ostheim. Er war Bäckermeister und führte in seinem Haus am Zimmerplatz 1 eine Bäckerei. Er lebte dort mit seiner Frau und den drei Söhnen Arthur, Willi und Hermann, die in den Jahren 1899 bis 1905 geboren wurden. Bei Kriegsbeginn war er 44 Jahre alt. Ein schönes Foto von seiner Frau und den Söhnen wurde für ihn als familiärer Gruß aus der Heimat aufgenommen. Der jüngste Sohn Max wurde 1915 geboren.

Samuel Katz

Samuel Katz wurde 1879 in Marköbel geboren und lebte bereits vor seiner Heirat 1905 in Ostheim. Er war Schuhmachermeister und wohnte mit seiner Frau und seinen drei Kindern Wilhelm, Gerda und Manfred, die zwischen 1906 und 1912 geboren wurden, in der heutigen Windecker Straße 12. Dort betrieb er auch seine Schuhmacherwerkstatt. Zu Kriegsbeginn war er 45 Jahre alt.

Als Schuhmacher hatte er einen sehr guten Ruf und wurde deshalb in einer Soldatenunterkunft in Bruchköbel zum Reparieren von Soldatenstiefeln eingesetzt. „Onkel Samuel [Katz aus Ostheim] ist noch in Bruchköbel", heißt es in einem Brief im Dezember 1915, „er hat bis jetzt Glück und wird wohl nicht ins Feld kommen." Samuel Katz war ein religiös hochgelehrter Mann, er war der Kantor der jüdischen Gemeinde Windecken-Ostheim.

Siegfried Katz

Der jüngste der jüdischen Kriegsteilnehmer aus Ostheim war Siegfried Katz, er war bei Beginn des Krieges gerade 20 Jahre alt geworden. 1894 wurde er in der Kirchgasse 23 geboren. Sein Vater führte dort eine Metzgerei. Siegfried Katz lebte mit seinen Eltern und drei Schwestern dort. Er besuchte die Volksschule in Ostheim, später die Handelsschule in Hanau und lernte dann in der väterlichen Metzgerei das Metzgerhandwerk. In seiner Freizeit spielte er leidenschaftlich gerne Fußball als Tormann, später war er auch als Schiedsrichter tätig. Er war 1911 Mitbegründer des ersten Ostheimer Fußballclubs „Germania" und auch aktiver Sänger im Ostheimer Gesangverein „Edelweiß".

Abb. 10: Siegfried Katz (rechts) mit Kameraden, 1915; links Fritz Baumann aus Ostheim.
Foto: Sammlung Monica Kingreen, Windecken.

Siegfried meldete sich freiwillig, um in den Krieg zu ziehen. Aus Frankreich schrieb er „im Felde" seiner Schwester nach New York, die 1908 aus Ostheim nach Amerika ausgewandert war, diese Zeilen: „Frankreich 15. Januar 1915. Liebe Schwester! […] auch war ich schon verwundet und war in einem Lazarett. Jetzt bin ich wieder an der Front. Es geht mir wieder ganz gut. Fritz Baumann [aus Ostheim] ist auch bei mir und auch mehrere Ostheimer. Hier ist nur schlechtes Wetter und man hat viel auszuhalten. Doch hoffe ich, wenn der liebe Gott will, denn das ist der einzige Beschützer, auf den man rechnen kann, dass er uns bald den Frieden sendet und ich wieder gesund nach Hause komme. Wir sind ja überall siegreich und so wird es auch nicht mehr so lange dauern. Herzliche Grüße und Küsse von Deinem Bruder Siegfried."

Eine Fotopostkarte von sich und dem Nachbarn Fritz Baumann legte er bei. Dieser schrieb übrigens von der Front nach Hause: „Bitte Mutter, schick mir Butter, es kann auch Katzenbutter sein", womit er „gute Butter" und kein Schweinefett meinte. Im Juni 1915 starb Siegfrieds Mutter in Ostheim im Alter von nur 54 Jahren. Er konnte zur Beerdigung nicht bei seiner Familie sein. Nur wenige Monate nachdem die Mutter gestorben war, erhielten Siegfrieds Vater und seine beiden Schwestern in Ostheim Anfang Oktober 1915 Siegfrieds Portemonnaie sowie seine Erkennungsmarke und ein Telegramm mit dem Vermerk: „Ihr Sohn am 25. September 1915 gefallen." Im Hanauer Anzeiger zeigte die Familie Katz den „Heldentod fürs Vaterland" von Siegfried, „unser lieber, einziger Sohn, Bruder, Enkel und Neffe", an. Der Gesangverein „Edelweiß" schrieb in einer Traueranzeige: „Wir verlieren in dem Gefallenen ein treues liebes Mitglied mit ehrlichem Charakter, dem wir ein ehrendes Andenken bewahren."

Erst mehrere Wochen später, am 1. Dezember 1915, schrieb Siegfrieds Schwester Klara an die Schwester Mathilde in New York: „Liebe Schwester! Schon lange forderte ich den lieben Vater auf und immer wieder erinnerte ich ihn daran, Dir zu schreiben, aber es scheint mir, er kann Dir solche traurige Nachricht nicht berichten, denn es tut ihm so sehr weh. Nun muss ich, so leid es mir tut, Dir mitteilen, dass unser lieber einziger Bruder nicht mehr lebt. Er ist am 25. September 1915 auf Frankreichs Erde gefallen. Wie seine Verwundung war, ist uns bis heute nicht bekannt. […] Portomoneie sowie Erkennungsmarke und Telegramm von der 2. Komp. kam anfangs Oktober mit dem Vermerk: ‚Ihr Sohn am 25.September gefallen.' Er liegt begraben auf Ferme Bois de Ville Grab No 4 vor Ville de Tourbe in der Nähe der Höhe 191. Die Ostheimer der 8. Kompanie haben ihm einen Stein gesetzt. Was dieser Verlust bedeutet, brauche ich Dir nicht zu sagen. Der liebe Vater ist ganz untröstlich, denn seine einzige Stütze, die er noch hatte, ist nun auch fort. Dies sind Wunden, die nicht mehr zu heilen sind […] Der Krieg kostet viele Opfer, so erhalten wir auch heute die traurige Nachricht, dass auch unser lieber Vetter Leopold aus Crainfeld gefallen ist. Er war bei den 81er und noch mit unserem Siegfried zusammen im Feldgottesdienst an den Feiertagen [gemeint sind die hohen jüdischen Feiertage im Herbst, M. K.]."

Ehrung der Gefallenen

„Im Dienste für ihr geliebtes Vaterland starben den Heldentod im großen Weltkrieg aus hiesiger Gemeinde 29 Männer." Diese Gefallenen – so auch Siegfried Katz – sollten in Ostheim öffentlich geehrt werden. Am Totensonntag 1919 erfolgte ein Aufruf an die Bevölkerung zur Sammlung für die Anlage eines Ehrenfriedhofes und für ein Ehrendenkmal für die im Weltkrieg gefallenen Krieger von Ostheim. Im Jahr darauf wurde am Totensonntag ein Ehrenhain auf dem Friedhof feierlich eingeweiht und ein Erinnerungsblatt mit der Gedenkrede und den Namen der Gefallenen und Vermissten angefertigt. Auch das im Jahre 1932 erschienene Gedenkbuch des Reichsbundes jüdischer Frontsoldaten nennt den Namen von Siegfried Katz.

Schicksale der Ostheimer Kriegsteilnehmer in der NS-Zeit

Das ehrende Andenken an die jüdischen Gefallenen und die Teilnehmer des Krieges wurde in der NS-Zeit beschädigt und missachtet. Geachtete, gleichberechtigte Bürger, die das Ortsgeschehen mitgestaltet hatten, wurden geächtet, verfolgt, vertrieben und gewaltsam verschleppt und ermordet. Der Name von Siegfried Katz – so seine Schwester Mathilde – wurde von dem Ostheimer Ehrenmal entfernt und erst nach 1945 wieder eingemeißelt. Auf dem Bild in der Gastwirtschaft Kohl, das die früheren Ostheimer Fußballspieler zeigte, wurde das Gesicht von Siegfried Katz herausgeschnitten. Wegen der zunehmenden nationalsozialistischen Verfolgung verließ der Vater von Siegfried Katz sein Haus in der Gartenstraße 2 und zog im Frühjahr 1941 nach Frankfurt in ein jüdisches Altersheim. Seine Auswanderung nach Amerika war gescheitert, da er nicht zusammen mit seiner Ehefrau hätte auswandern können. Die Angehörigen von Siegfried Katz wurden im September 1941 gezwungen, den diskriminierenden gelben Stern zu tragen. Der 75-jährige Vater wurde von Frankfurt im August 1942 mit einem Massentransport in das Ghetto Theresienstadt bei Prag verschleppt und wenige Wochen später in das Vernichtungslager Treblinka gebracht und ermordet. Siegfrieds Schwester Klara Levi wurde im Mai 1942 aus ihrem Haus in der Kirchgasse, seinem Elternhaus, zusammen mit ihrem Mann und ihren beiden Söhnen verschleppt und vom Hanauer Hauptbahnhof aus mit einem Massentransport aus Kassel in die Region Lublin gebracht und ermordet.

Benzion Adler

Die Söhne von Benzion Adler flohen aus Nazi-Deutschland nach Südafrika. Die Zerstörung der Synagoge in Windecken, die Benzion Adler immer besucht hatte, sah er mit eigenen Augen. Er regte sich dabei so auf, dass er einen Schwächeanfall bekam und im Haus eines Bekannten in Windecken beruhigt werden musste. Er soll nur immer wieder gesagt haben: „Das ist nicht gerecht, das wird sich eines Tages rächen." Für die Abfuhr der Trümmer der zerstörten Synagoge wurde Benzion Adler auch noch gezwungen zu bezahlen. Benzion Adler und seine Frau wurden während des Novemberpogroms Opfer schwerster gewalttätiger Ausschreitungen. Sie wurden in ihrem Haus am Zimmerplatz überfallen, die Eheleute ängstigten sich zu Tode, ihre Wohnungseinrichtung wurde komplett zerstört. 25 Prozent ihres gesamten Besitzes wurden auch bei ihnen mit der sogenannten „Judenvermögensabgabe" beschlagnahmt als angebliche „Sühneleistung". Ihr Sohn Hermann wurde verhaftet und für einige Zeit in das KZ Buchenwald verschleppt. Das Ehepaar Adler suchte im Juli 1939 Zuflucht in Frankfurt, einige Monate später gelang es ihnen, nach Südafrika zu ihren Söhnen zu entkommen. 1948 starb Benzion Adler im Alter von 77 Jahren in Kapstadt, zuvor hatte er noch eine gerichtsrelevante Erklärung zum Prozess über die Ausschreitungen des Novemberpogroms in Ostheim abgeben können.

Samuel Katz

Samuel Katz und seine Frau wurden während des Novemberpogroms 1938 in ihrem Haus überfallen. Sie wurden zu Tode geängstigt, vieles wurde in ihrem Haus zerstört und geplündert. Samuel Katz wurde aus Ostheim in das KZ Buchenwald verschleppt, dort kam er auch mit seinem Sohn Manfred zusammen, der in Frankfurt verhaftet worden war. Nach entsetzlichen Wochen wurde Samuel Katz entlassen und musste wochenlang im jüdischen Krankenhaus in Frankfurt gepflegt werden. Die beiden anderen Kinder hatten ins Ausland entkommen können. Samuel Katz und seine Frau hatten vor, zu ihrer Tochter in die USA, später zu ihrem Sohn nach Palästina auszureisen, ihre Auswanderungspläne scheiterten jedoch. Auch bei Samuel Katz wurden 25 Prozent seines gesamten Besitzes als angebliche „Sühneleistung" mit der sogenannten „Judenvermögensabgabe" beschlagnahmt.

Im Sommer 1939 verließ Samuel Katz zusammen mit seiner Frau seinen Heimatort Ostheim und suchte Zuflucht in Frankfurt. Er lebte mehr als drei Jahre dort. Seit September 1941 war er gezwungen, den gelben Stern zu tragen. Als Kriegsteilnehmer wurde er von den Massendeportationen im Mai und Juni 1942 aus Frankfurt ausgenommen. Aber Mitte September 1942 wurde der 63-jährige Samuel Katz mit seiner Frau in einem Massentransport in das Ghetto Theresienstadt verschleppt. Über den Abschied berichtete später eine christliche Frau, die Samuel Katz öfter besucht hatte: „Am letzten

Tag sagte uns Herr Katz: ‚Morgen kommen wir nach Theresienstadt. Ich kann ja noch arbeiten. Aber was wird aus meiner kranken Frau werden?' Wir haben uns unter Tränen und schweren Herzens verabschiedet. Solche lieben Menschen wie die liebe Familie Katz kann man nicht vergessen." Samuel Katz lebte noch fast zwei Jahre im Ghetto Theresienstadt. Im Mai 1944 kam er ohne seine Frau von dort auf einen Massentransport in das Vernichtungslager Auschwitz-Birkenau. Er wurde unmittelbar nach seiner Ankunft in den Gaskammern ermordet.

Jüdische Soldaten aus Heldenbergen

Aus Heldenbergen zogen mindestens 22 jüdische Männer als Soldaten in den Ersten Weltkrieg. Drei von ihnen fielen, einer starb später an den Folgen seiner Verletzungen.

Siegmund Grünewald

Der Metzger Siegmund Grünewald (geboren 1880) zog als Vater von drei kleinen Söhnen in den Krieg. Er führte die Metzgerei in Heldenbergen in der Untergasse 13, die schon sein Urgroßvater gegründet hatte. Er war bei Kriegsbeginn 33 Jahre. 1929 erbaute Siegmund Grünebaum in der Untergasse anstelle des alten Hauses ein neues Haus mit Metzgerladen.

David Haas

David Haas (geboren 1874) führte in der Büdinger Straße 1 die Metzgerei, die er mit dem Bruder vom Vater übernommen hatte. Wohl noch vor Kriegsbeginn hatte er geheiratet, Sohn Isidor kam 1915 zur Welt. Ein weiterer Sohn wurde zehn Jahre später geboren. Er lebte mit der Familie in der Friedberger Straße 36.

Die Brüder Fritz und Moritz Hermann

Fritz Hermann (geboren 1889) wohnte mit seinen Eltern, Jacob und Klara Hermann, und seinen Geschwistern in der Untergasse 17. Bei Kriegsbeginn war Fritz Hermann 25 Jahre alt. „Das Kommando des Infanterieregimentes No 112" teilte am 9. November 1915 der Familie Jacob Hermann mit, dass ihr Sohn, der „Gefreite der Reserve der 11. Kompanie des genannten Regimentes Kaufmann Friedrich Karl am 4. Oktober 1915 vormittags um zwei einhalb Uhr vor Brien infolge eines Schusses in die Brust verstorben sei". Fritz Hermann wurde nur 26 Jahre alt. Im Lauf der 1920er Jahre wurden seine Gebeine auf den deutschen Soldatenfriedhof St. Etienne à Arnes bei Reims (Block 3, Grab 623) umgebettet. Sein Name ist auf dem Kriegerdenkmal genannt und heute auf den Gedenktafeln auf dem Friedhof zu lesen. Klara Katz aus Ostheim, deren Bruder auch in diesem Jahr gefallen war, schrieb Ende 1915 an ihre Schwester: „So ist am 2. Oktober auch Fritz Hermann aus Heldenbergen, Johannas Bruder, ein sehr guter Freund von mir gefallen."

Moritz Hermann (geboren 1887) war der ältere Bruder von Fritz Hermann. Bei Kriegsbeginn war Moritz Hermann 27 Jahre alt. Nach

Abb. 11: Siegmund Grünewald mit seiner Frau und den drei Söhnen Ernst, Max und Kurt, 1916.
Foto: Sammlung Monica Kingreen, Windecken.

dem Weltkrieg übernahm er in Hanau die Gewürzmühle Bayersdorf, später war er Einkäufer bei dem Kaufhaus Leonhard Tietz. Er war in Hanau Mitglied des Reichsbundes jüdischer Frontsoldaten. Gegen die aufkommenden Nazis war er im Reichsbanner Schwarz-Rot-Gold aktiv.

Die Brüder Julius und Moritz Hermann

Julius Hermann (geboren 1893) wohnte mit seinen Eltern und seinem Bruder Moritz in der Pfarrgasse 8. Er war bei Kriegsbeginn 21 Jahre alt. Er geriet in russische Gefangenschaft und kehrte erst lange nach dem Ende des Krieges nach Heldenbergen zurück. 1920 ging er nach Saarbrücken, wo er 1925 eine christliche Frau heiratete.

Moritz Hermann (geboren 1896) war bei Kriegsbeginn erst 18 Jahre alt. Er wurde mehrfach verwundet. Später lebte er in Frankfurt.

Die Brüder Theodor und Hugo Rothschild	Die beiden Brüder Theodor (geboren 1892) und Hugo Rothschild (geboren 1895) wohnten mit ihren Eltern und weiteren Geschwistern in der heutigen Raiffeisenstraße 9. Theodor war Metzger, Hugo handelte mit Landmaschinen. Später waren beide in der väterlichen Metzgerei in Heldenbergen tätig. Bei Kriegsbeginn waren sie 21 und 19 Jahre alt. Theodor erhielt für seine Verdienste das Eiserne Kreuz I. Klasse, er zog sich eine Beinverletzung zu, so dass er stark humpelte. Er war zu 40 Prozent kriegsbeschädigt. Hugo Rothschild war Musketier, er erhielt das Eiserne Kreuz II. Klasse, auch er wurde als kriegsbeschädigt eingestuft. Theodor Rothschild heiratete 1923 und hatte ein Kind Helmut (geboren 1927). Seine Frau starb 1935. Mit seiner zweiten Frau hatte er den Sohn Alfred, der 1937 geboren wurde. Hugo Rothschild heiratete 1927 und hatte zwei Kinder namens Heinz (geboren 1927) und Kurt. Die Brüder wohnten mit ihren Familien gemeinsam in ihrem Elternhaus in Heldenbergen.
Josef Rothschild	Josef Rothschild (geboren 1882) war der Cousin der Brüder Rothschild. Er lebte mit seinen Eltern und seiner Familie in der Burggasse 7. 1912 hatte er geheiratet. Im Jahr darauf wurde der Sohn Manfred und 1920 der Sohn Herbert geboren. Er führte zusammen mit seinem Vater einen Viehhandel. Bei Beginn des Krieges war Josef Rothschild 32 Jahre alt. Im Krieg wurde er unter anderem als Fahrer eingesetzt. Er wurde mit dem Eisernen Kreuz II. Klasse und mit dem Hessischen Kriegsehrenzeichen ausgezeichnet.
Max Rothschild	Max Rothschild (geboren 1896) wohnte mit seinen Eltern und Geschwistern in der Bahnhofstraße 18. Sein Vater betrieb dort die Bäckerei Moritz Rothschild. Er wurde in Heldenbergen „das Mäxchen" genannt. Für seine Verdienste im Krieg erhielt er das Eiserne Kreuz II. Klasse. Nach einer kaufmännischen Lehre war er seit 1928 bei der Hanauer Gummischuhfabrik angestellt. 1930 heiratete er eine christliche Frau und lebte mit ihr in Hanau.
Albert Rothschild	Albert Rothschild (geboren 1893) lebte mit seinen Eltern und seiner Schwester in der Friedberger Straße 17. Als begeisterter Fußballer gehörte er zu den Mitbegründern des Fußballvereins „Viktoria 05". Zuerst besuchte er die Schule in Heldenbergen, später bis 1910 das jüdische Reformgymnasium Philantropin in Frankfurt. Bei Kriegsbeginn war er 20 Jahre alt. 1914 wurde er Soldat und gehörte zum Reserve-Infanterie-Regiment Nr. 253. Dessen Kommandant überbrachte der Familie Rothschild die traurige Nachricht, dass der Gefreite Albert Rothschild „am 9. Juli des Jahres tausend neunhundertfünfzehn vormittags um sieben Uhr infolge eines Schusses in den Kopf verstorben" sei. Das Regiment war zu dieser Zeit im Raum Augustinow und Mariampol/Polen eingesetzt. Das Gedenkbuch des Reichsbundes der

jüdischen Frontsoldaten nennt seinen Namen ebenso wie das Kriegerdenkmal in Heldenbergen und die heutigen Gedenktafeln.

Die Brüder Julius (geboren 1882) und Hermann Schatzmann (geboren 1883) lebten mit ihren Eltern im Eckhaus Friedberger Straße 19/Mittelweg. Ihr Vater hatte als Soldat am deutsch-französischen Krieg von 1870/71 teilgenommen und war Mitglied des Kriegervereins Heldenbergen. Julius Schatzmann war bei Beginn des Krieges 32 Jahre, er lebte bereits seit 1902 als Kaufmann in Darmstadt. Im Krieg zog er sich eine schwere Hüftverletzung zu, für die er als Kriegsbeschädigter Versorgungsbezüge erhielt. Sein Bruder Hermann wohnte im Elternhaus und war seit 1912 verheiratet, im Jahr darauf wurde die Tochter Ilse geboren. Drei weitere Kinder wurden nach dem Krieg geboren. Er führte ein kleines Kaufhaus, in dem es Manufaktur- und Modewaren, aber auch Fahrräder und Nähmaschinen gab. Hermann war Mitglied im Gesangverein „Euphrosyne". 1926 verließ er mit seiner Familie Heldenbergen und zog wegen der besseren Schulbildungs- und Geschäftsmöglichkeiten nach Hanau.

Die Brüder Julius und Hermann Schatzmann

Michael (geboren 1881), Samuel (geboren 1886) und Julius Scheuer (geboren 1886) wohnten in der heutigen Windeckerstraße 8. Sie verloren 1896 früh ihren Vater und erlebten, wie ihre Mutter Lea tatkräftig die Familie und auch das Geschäft Scheuer organisierte.
    Michael Scheuer hatte mit seiner Heirat 1910 Heldenbergen verlassen und führte ein großes Textilgeschäft auf der Kaiserstraße in Friedberg. Julius Scheuer lebte seit 1902 in Frankfurt.
    Samuel Scheuer leistete seinen zweijährigen Militärdienst in Darmstadt ab. Er heiratete 1912 und wohnte mit seiner Familie in seinem Elternhaus. Vor und während des Krieges wurden die Kinder Manfred (1913) und Bella (1917) geboren und nach dem Krieg noch die Tochter Hilde (1923). Im Krieg war Samuel Scheuer Soldat. Seine Tochter Hilde berichtete: „In seinem Regiment hatte er eine harte Zeit, weil er jüdisch war. Dann eines Tages zeigte er, wie gut er schießen konnte. Alles fragte ganz überrascht: ‚Woher kannst du so gut schießen?' ‚Ich war bei den Scharfschützen', antwortete er. So verstummte alles. Er wurde mit dem Eisernen Kreuz ausgezeichnet. Ein Glied seines Fingers verlor er im Krieg."

Die drei Brüder Scheuer

Robert Seligmann (geboren 1873) heiratete 1902 nach Heldenbergen in die Familie Scheuer ein. Ab 1915 betrieb er in der Friedberger Straße 5 eine Metzgerei. Zwei Söhne wurden in den beiden ersten Ehejahren geboren. Robert Seligmann war Musketier, er erhielt das Eiserne Kreuz II. Klasse und dann I. Klasse. Im Gesangverein „Euphrosyne" war er ein aktiver Sänger. Ein Sohn starb 1922.

Robert Seligmann

Siegmund Sichel	Siegmund Sichel wurde 1873 in Heldenbergen geboren. Seinen Militärdienst leiste er von 1893 bis 1895 in Darmstadt ab. Um 1908 heiratete er. Sein Sohn Siegfried wurde 1910 geboren und der Sohn Benno während des Krieges 1915. Siegmund führte ein Möbelgeschäft in der Friedberger Straße 8. Im Gesangverein „Euphrosyne" war er Schriftführer. Er war auch Mitglied im Finanzausschuss der politischen Gemeinde Heldenbergen. In der jüdischen Gemeinde fungierte er viele Jahre als „Schammes", als Synagogendiener, vergleichbar dem christlichen Küster.
Ludwig Sichel	Ludwig Sichel (geboren 1883) wohnte mit seinen Eltern und Geschwistern in der Pfarrgasse 4. Bei Kriegsbeginn war er bereits in Friedberg verheiratet und führte ein Geschäft für Schuhmacherbedarfsartikel. Er wurde mit dem Eisernen Kreuz und der Tapferkeitsmedaille ausgezeichnet.
Adolph Speier	Adolph Speier (geboren 1890) wohnte mit seinen Eltern und seinen Geschwistern in der Windecker Straße 19. Sein Vater führte dort das Kaufhaus Max Speier. Bei Kriegsbeginn war Adolph 24 Jahre alt, er fiel am 16. Juli 1915. Sein Name war auf dem Gefallenendenkmal zu lesen. Während der NS-Zeit wurde sein Name entfernt, später wieder eingemeißelt. Heute ist er auf der Namenstafel an der Trauerhalle zu lesen.
Berthold Strauß	Berthold Strauß (geboren 1887) lebte mit seinen Eltern und Geschwistern in der Friedberger Straße 16. Sein Vater war viele Jahre Mitglied des Gemeinderates Heldenbergen und auch der Vorsitzende der jüdischen Gemeinde. Bei Kriegsbeginn war Berthold Strauß 27 Jahre alt. Er wurde mit dem Eisernen Kreuz II. Klasse und mit der Hessischen Tapferkeitsmedaille ausgezeichnet. 1923 heiratete er und gründete eine Familie in Frankfurt. Er war Reisender für das renommierte Seidenwarengeschäft Schwarzschild-Ochs am Roßmarkt, später leitete er die Niederlassung in Berlin.
Adolf Wertheimer	Adolf Wertheimer (geboren 1879) war der jüngste Sohn des langjährigen Lehrers der jüdischen Gemeinde Heldenbergen, einer überaus geachteten Person in der Gemeinde. Er führte einen Tabakgroßhandel in seinem Haus in der Windecker Straße 8. 1906 heiratete er und gründete eine Familie mit drei Kindern: Irene (1907), Else (1908) und Julius (1911). Er war vor 1914 im Vorstand des Kriegervereins Heldenbergen, im Gesangverein „Euphrosyne" und in der Freiwilligen Feuerwehr war er Mitglied. Im Alter von nur 42 Jahren starb er 1921 an den Folgen einer Giftgasverletzung, die er sich im Krieg zugezogen hatte.

Gedenken an die jüdischen Gefallenen

Die jüdische Gemeinde Heldenbergen gedachte ihrer gefallenen Söhne auf einer Marmortafel, die im Inneren der Synagoge angebracht war und vom Israelitischen Soldatenverein Heldenbergen gestiftet worden war.

Die politische Gemeinde Heldenbergen errichtete für die 44 Gefallenen und Vermissten des Ersten Weltkrieges – darunter vier jüdische Männer – im Jahr 1928 ein Ehrenmal. In der Einladung an die Familien der Kriegstoten schrieb der Bürgermeister: „Am Sonntag, den 25. November, nachmittags 2 1/2 Uhr findet die Einweihung des hiesigen Krieger-Ehrenmals statt, wozu Sie freundlichst eingeladen werden. Die Aufstellung des Zuges geschieht an der katholischen Kirche. Die Kriegshinterbliebenen sammeln sich am Wachthaus."

Bei der Einweihungsfeierlichkeit war die Beteiligung der Vertreter aller drei Konfessionen Heldenbergens selbstverständlich. Für die jüdische Gemeinde sprach der Provinzialrabbiner Dr. Hirschfeld aus Gießen. In seiner Ansprache sagte der Bürgermeister Goy: „Es gilt heute unseren lieben Opfern des Weltkrieges unseren Dank abzustatten und Ihnen zu beweisen, dass ihre Heimatgemeinde sie nicht vergessen hat. Und so lasse ich nun als sichtbares Zeichen der Liebe und des Gedenkens dieses Denkmal enthüllen. 44 an der Zahl sind es, die wir auf diesem Denkmal ehren. 44 Männer sind es in der Vollkraft der Jahre, vom jugendlichen Alter von 18-43 Jahren mit die besten Männer der Gemeinde, die wir hier betrauern. Ich freue mich, feststellen zu können, dass die ganze Gemeinde an dieser Feier innigsten Anteil nimmt. Ich danke im Namen derjenigen, die wir heute ehren wollen. Die Art des Denkmals verkörpert eine Zeitepoche. Der eigentliche Gedenkstein, ein Kelch mit Eichenlaub und dem Stahlhelm, soll die Leiden der Toten und ihrer Angehörigen verkörpern, und um alle Tränen zu sammeln, wäre dieser Kelch wohl zu klein. Der Platz des Denkmals ist ein umstrittener in der Gemeinde. Der Gemeinderat aber war einstimmig in der Wahl des Platzes, sein Motiv war nicht, eine Stätte zu schaffen, an der man rauschende Feste feiert, sondern eine Stätte zu schaffen, an der die Angehörigen und die ganze Gemeinde still in sich gekehrt der teuren Toten gedenken können und wo auch die alte Mutter, Frau oder Braut oder sonstige Angehörige eine Träne über die Wange rollen lassen kann. Ich schließe mit dem Wunsche, dass ein derartiges Schicksal nie wieder über unser Vaterland und über unsere Gemeinde kommen möge."

In der NS-Zeit wurden die Namen der jüdischen Gefallenen vom Ehrenmal entfernt. Nach 1945 wurden die Namen wieder eingemeißelt. Das Denkmal wurde auch umgestaltet, der Kelch wurde zugunsten eines Kreuzes mit der Inschrift „In Trauer Ihren Toten und Vermissten. Die Gemeinde Heldenbergen" entfernt. Dieses Zeichen wurde natürlich in keiner Weise den jüdischen Gefallenen gerecht. Diese Gedankenlosigkeit hätte sicherlich im lebendigen Miteinander

der verschiedenen Konfessionen vor 1933 nicht geschehen können. Zu Beginn der siebziger Jahre wurde das gesamte Denkmal abgerissen, angeblich wegen Baufälligkeit, vermutlich aber auch, weil es dem Zeitgeist nicht entsprach. Heute befindet sich neben der Trauerhalle die Gedenkstätte für die Heldenberger Opfer der beiden Weltkriege. Hier steht noch der Kelch des Denkmals aus dem Jahre 1928. Auf den danebenhängenden Tafeln sind auch die Namen der jüdischen Gefallenen Heldenbergens zu finden.

Schicksale der Heldenberger Kriegsteilnehmer in der NS-Zeit

Wie in Windecken und Ostheim wurden auch die jüdischen Kriegsteilnehmer aus Heldenbergen nach 1933 verfolgt, vertrieben und viele von ihnen ermordet.

Siegmund Grünewald

Die Pläne zur Auswanderung von Siegmund Grünewald und seiner Frau aus Nazi-Deutschland scheiterten. Ihre Söhne konnten entkommen. Das neuerbaute Haus verkaufte Siegmund unter dem Druck der Verhältnisse. Im Mai 1940 suchte das Ehepaar Zuflucht in Frankfurt. Im August 1942 wurde der 61-jährige Siegmund Grünewald zusammen mit seiner Frau mit einem Massentransport aus Frankfurt in das Ghetto Theresienstadt verschleppt. Im Alter von 64 Jahren ging er dort nach eineinhalb Jahren im Februar 1944 zugrunde.

David Haas

Auch bei David Haas scheiterten die Pläne zur Auswanderung. Im September 1941 wurde er mit seiner Frau und dem 17-jährigen Sohn Martin gewaltsam aus Heldenbergen verschleppt. Über Sammellager in der Augustinerschule in Friedberg und in der Liebigschule in Darmstadt wurde die Familie mit einem Massentransport in das Ghetto Theresienstadt verschleppt. Im Mai 1944 wurden sie von dort in das Vernichtungslager Auschwitz gebracht und ermordet.

Die Angehörigen des Gefallenen Fritz Hermann

Einige der Geschwister von Fritz Hermann wurden ermordet, darunter auch sein Bruder Moritz, der in der illegalen Gruppe des Reichsbanners um Paul Apel aktiv im Widerstand gegen die Nazis tätig war. 1936 wurde er verhaftet und wegen Vorbereitung zum Hochverrat zu einem Jahr Gefängnis verurteilt. Als er wegen Haftunfähigkeit vorzeitig entlassen wurde, floh er nach Holland. Nach der Besetzung wurde er im Februar 1943 mit einem Massentransport nach Auschwitz verschleppt und ermordet.

Die Brüder Julius und Moritz Hermann

Während des Novemberpogroms wurde Julius Hermann verhaftet und für einige Wochen in das KZ Dachau verschleppt. In Essen überlebte er dank der Ehe mit einer „Arierin". In den 1950er Jahren zog er nach Bad Homburg, wo er im Jahre 1960 starb. Sein Bruder Moritz nahm sich Ende 1935 das Leben aus Verzweiflung darüber, dass er seine Arbeit verloren hatte und seine christliche Partnerin nicht heiraten konnte.

Während des Novemberpogroms 1938 wurden die Brüder Rothschild für einige Wochen in das KZ Buchenwald verschleppt. In Heldenbergen waren sie gezwungen, Zwangsarbeit zu leisten. Zusammen mit ihren Familien und weiteren Verwandten wurden sie Mitte September 1942 gewaltsam aus ihrem Haus in Heldenbergen verschleppt. Über ein Sammellager in der Augustinerschule in Friedberg wurden sie in das Sammellager in der Liebigschule in Darmstadt gebracht. Dort wurden zwei Massentransporte zusammengestellt. Die Brüder und ihre Familien mussten sich trennen. Theodor Rothschild wurde mit seiner Frau und dem fünfjährigen Sohn Alfred in das Vernichtungslager Treblinka im besetzten Polen verschleppt. Sie wurden unmittelbar nach ihrer Ankunft in der Gaskammer ermordet.[6]

Hugo Rothschild wurde mit seiner Frau und den 13- und 15-jährigen Söhnen in das Ghetto Theresienstadt verschleppt. Nach zweijähriger Gefangenschaft im Ghetto kamen sie mit einem Transport in das Vernichtungslager Auschwitz-Birkenau. Dort wurden Hugo Rothschild und seine Familie ermordet.

Die Brüder Theodor und Hugo Rothschild

Josef Rothschild wurde Mitte September 1942 zusammen mit seinen Cousins Theodor und Hugo Rothschild und deren Familien sowie mit seiner Ehefrau und mit seiner Mutter aus dem Haus in der heutigen Raiffeisenstraße 9 verschleppt. Über ein Sammellager in der Augustinerschule in Friedberg wurden sie in das Sammellager in der Liebigschule in Darmstadt gebracht. Mit seiner Frau wurde er in das Vernichtungslager Treblinka im besetzten Polen verschleppt und unmittelbar nach der Ankunft in der Gaskammer ermordet.

Josef Rothschild

Max Rothschild war von den Massendeportationen der Jahre 1941/42 wegen seiner Ehe mit einer als „Arierin" geltenden Frau ausgenommen. Über die Verfolgungen berichtete seine Frau: „Im Juni 1938 wurde mein Mann als Abteilungsleiter bei der Hanauer Gummischuhfabrik entlassen. Einen Monat später mussten wir fluchtartig unter den ausfallensten Beschimpfungen unserer Hausmitbewohner unsere schöne Wohnung in Hanau verlassen und nach Frankfurt in ein sogenanntes Ghettohaus mit Wanzen und Flöhen ziehen." Zeitweise musste Max Rothschild in Berlin Zwangsarbeit leisten. Seine Frau schreibt: „Mein Mann konnte mir die unglaublichen Grausamkeiten, die er während der Verfolgung erlebt hatte, kaum schildern, er ist fast daran zerbrochen. Nach Kriegsende kehrte mein Mann als körperlich und seelisch vollkommen gebrochener Mensch endlich zu mir zurück. Er versuchte mit letzter Kraft, mit mir nochmals Ruhe zu finden, was ihm aber nicht mehr lange vergönnt war." Gezeichnet

Max Rothschild

von den Spuren der Verfolgung starb Max Rothschild im Alter von 53 Jahren in Frankfurt. Sein Grab befindet sich auf dem Jüdischen Friedhof in der Eckenheimer Landstraße.

Die Angehörigen von Albert Rothschild

Die Schwester von Albert Rothschild starb in jungen Jahren im Jahr 1927, seine Eltern in den ersten Jahren der Nazi-Diktatur.

Die Brüder Julius und Hermann Schatzmann

Hermann Schatzmann floh wegen der nationalsozialistischen Verfolgung 1936 nach Palästina. Zwei Jahre später ging er von dort in die USA. Dort starb er 1962 im Alter von 80 Jahren. Julius Schatzmann floh nach Belgien, nachdem er wegen angeblicher „Rassenschande" belangt werden sollte. Er entging dem Holocaust.

Die drei Brüder Scheuer

Die Brüder Scheuer konnten alle drei ihr Leben retten und entkamen mit ihren Familien nach San Francisco. Michael Scheuer starb dort im Alter von 69 Jahren 1949, Julius Scheuer um 1970. Samuel Scheuer, der in Heldenbergen gelebt hatte, war 1936 ausgewandert. Nach schweren Anfangsjahren gelang es ihm, ein erfolgreiches Wäschegeschäft unter dem Namen „Scheuer Linens" in zentraler Lage in San Francisco aufzubauen. 1961 kam er zu Besuch nach Heldenbergen und besuchte alte Nachbarn. „Mein Vater war sehr traurig, dass so viele von den jungen Burschen, die wir gekannt hatten, im Krieg getötet worden waren", erinnerte sich seine Tochter Hilde.

Robert Seligmann

Robert Seligmann musste mit seinem Sohn Julius Zwangsarbeit in Heldenbergen leisten. Im Sommer 1941 war er gezwungen, sein Haus zu verlassen und bei einer anderen jüdischen Familie unterzukommen. Nachdem seine Frau gestorben war, zog er mit dem Sohn in ein jüdisches Altersheim in Mainz. Vor der Deportation nahm sich sein Sohn das Leben. Robert Seligmann wurde mit einem Massentransport aus Darmstadt in das Ghetto Theresienstadt verschleppt. Dort starb er nach einjähriger Lagerhaft im Alter von 69 Jahren.

Siegmund und Ludwig Sichel

Siegmund Sichel starb 1934 im Alter von 61 Jahren. Sein Grab auf dem jüdischen Friedhof Heldenbergen wurde während des Novemberpogroms 1938 geschändet, der Grabstein zerstört. Ludwig Sichel konnte 1936 mit seiner Frau nach Palästina entkommen, wo er im Alter von 59 Jahren starb.

Die Angehörigen des Gefallenen Adolph Speier

Die Eltern von Adolph Speier waren bereits vor Beginn der NS-Zeit gestorben. Seine Schwester Blanka konnte noch unmittelbar vor Kriegsbeginn 1939 nach England entkommen. Sein Bruder Martin, der das Kaufhaus Speier jahrelang geführt hatte, suchte mit seiner Frau und der Tochter Ellen Zuflucht in Frankfurt. Er starb dort unmittelbar vor einer Massendeportation im Mai 1942, möglicherweise nahm er sich auch das Leben. Seine Frau und die 12-jährige Tochter wurden wenige Tage nach der Beisetzung in die Region Lublin verschleppt und ermordet.

Berthold Strauß konnte dank seiner Chefs der Firma Schwarzschild-Ochs mit seiner Familie nach England entkommen, wo er 1945 im Alter von nur 58 Jahren starb.

Berthold Strauß

Der Frau und den drei Kindern von Adolf Wertheimer gelang es, nach Afrika zu entkommen. Sie lebten viele Jahre in Bulawajo in Rhodesien. Hier starb seine Frau 1958, die Kinder lebten später in Kapstadt in Südafrika.

Die Angehörigen von Adolf Wertheimer

1 Zitiert nach: Deutsche Jüdische Soldaten 1914–1945. Katalog zur Wanderausstellung Bonn. 3. Aufl. Bonn 1987, S. 12, dort auch der Faksimileabdruck eines Postkartentextes dieser Worte.
2 Zitiert nach ebd., dort auch der Faksimileabdruck dieses Aufrufs.
3 Die Namen sind möglicherweise nicht vollständig.
4 Siehe ausführlich Monica Kingreen: Jüdisches Landleben in Windecken, Ostheim und Heldenbergen. 2. Aufl. Hanau 1995. Dort finden sich zu allen genannten Personen auch ausführliche Hinweise. Alle wörtlichen Zitate, soweit nicht anders angegeben, sind dort belegt. In dieser Publikation sind auch zahlreiche Fotos der erwähnten Personen enthalten. Siehe ferner das Fotowebportal: „Vor dem Holocaust – Fotos zum Jüdischen Alltagsleben in Hessen", http://www.vor-dem-holocaust.de.
5 Das Gedenkbuch der jüdischen Gefallenen des 1. Weltkrieges. Hg. v. Reichsbund der jüdischen Frontsoldaten, nennt für Windecken noch den folgenden jüdischen Gefallenen: Sigmund Jacob, geboren am 20.8.1891 in Breitenbach am Herzberg, gestorben am 5.3.1915. Diese Angabe zu Windecken ist jedoch nicht zutreffend. Der Name hätte unter Breitenbach im Herzberg erscheinen müssen. Demnach ist auch die Angabe auf der 1985 eingeweihten Gedenktafel zur Erinnerung an die jüdische Gemeinde Windecken unzutreffend.
6 Wegen ihrer Kriegsauszeichnungen und Kriegsverletzungen wurden die Männer und ihre Familien seit Frühjahr 1942 den Transporten zugeordnet, die für Menschen über 65 Jahren vorgesehen waren und in das Ghetto Theresienstadt führten. Bei Theodor Rothschild kam beides aus nicht bekannten Gründen nicht zum Tragen.

Friederike Erichsen-Wendt

„In derselben Gegend auf dem Felde"
Windecker Weltkriegsweihnacht. Theologiegeschichtliche Beobachtungen zur lokalen Mentalitätsgeschichte im Ersten Weltkrieg

Hinführung

Die mythische Macht des Krieges vermag eine Wirksamkeit zu entfalten, die die Unbegreiflichkeit dessen, was passiert, verschleiert. Denn anders ist schwerlich zu erklären, dass sich politische Strategie in ein massenhaft individuelles Verhalten übersetzen ließ, das den gewaltsamen Tod von insgesamt 15 Millionen Menschen zur Folge hatte. Der hundertste Jahrestag des Kriegsbeginns 1914 bietet Gelegenheit, diese Maskierung durch Thematisierung zu enttarnen. Damit ist die Wiederkehr des 1. August 1914 kein Anlass für Feste und Feiern, wohl aber, um zu erinnern und zu gedenken. Freilich ist es ein Gedenken, das hineinreicht in die Analyse dessen, welche Auswirkungen die damaligen Ereignisse auf das Leben in unseren Landgemeinden und auf die Lebenswege ihrer Menschen hatten.[1]

Das Gedenken zu derartigen historisch-biografischen Wegmarken gehört zu den Kernkompetenzen der Kirchen. Gleichwohl schweigen für die Ereignisse der Jahre 1914 bis 1918 nicht nur viele Quellen, sondern auch der Eifer der Theologietreibenden. Denn die Rekonstruktion jener Ereignisse und theologischen Positionen ist hermeneutisch anspruchsvoll. Für die Landgemeinden muss festgestellt werden, dass es vor allem die Pfarrer als meist einzig akademisch Gebildete ihrer Gemeinwesen waren, die die Ideologie des Kaiserreiches und damit auch des Krieges trugen und vorantrieben. Es bedurfte keiner zivilen Ersatzreligion, da die Predigt des Krieges in den Kirchen ihren Ort fand: „Da die Kirchen selbst den Krieg predigten, war es problemlos möglich, die christliche Friedensbotschaft kriegsgerecht aufzubereiten."[2]

Dass Nation und Kaiser unter göttlichem Schutz stünden und die Kirchen dies öffentlich zu machen hätten, war überwiegend Konsens. Eine evangelische Kirche, die sich im Laufe des 20. Jahrhunderts in ihrer Gestalt stark verändert hat und durch die Impulse der Friedensethik und der politischen Theologie in ihrer Geschichte geprägt ist, stellen diese wenn nicht durchgängigen, so doch überwiegenden Einstellungen unserer Vorfahren vor Fragen und Herausforderungen: Muss etwa die Pastoraltheologie geschützt werden, in diesem dunklen Kapitel ihrer Geschichte? Nicht wenige sind froh, Archive hundert Jahre geschlossen gehalten zu haben. Perspektivisch stellt sich aber auch die Frage: Haben wir in den vergangenen hundert Jahren genug gelernt, um einen Berufsstand, der die intellektuelle und geistige Unabhängigkeit zum Programm hat, gegen ideologische Versuchungen wenn nicht zu immunisieren, so doch zu stärken?

Der vorliegende Essay untersucht im Hinblick auf diese Fragen das Weihnachtsfest, wie es in Windecken zur Zeit des Ersten Weltkriegs gefeiert worden ist. Dazu werden die im Archiv der Evangelischen Kirchengemeinde Windecken erhaltenen Quellen im Hinblick auf die mentalen Dispositionen ausgewertet, die sich in ihnen zeigen. Diese individuale Blickrichtung kann anschlussfähig sein für all jene, die sich fragen, wie die damaligen Ereignisse und Einstellungen weiterwirken durch die Generationen bis in unsere Gegenwart.

Quellen, These, Gegenstand und Kontext

Quellen über die Kirchengeschichte Windeckens in den Weltkriegsjahren gehören verschiedenen Genres an: Neben konsistoriale Rundverfügungen, Kriegsagenden und Andachtsbücher zum Versand an die Front treten gedruckte Botschaften der Ortsgeistlichen an die Soldaten, anlassbezogene Gottesdienste und Betstunden sowie Privatkorrespondenz der Pfarrer, der Familien vor Ort sowie Einträge in die Pfarrchronik.

Die Darstellung in diesem Essay folgt der These, dass die Kommunikationslogik dieser Texte sich nach ihrem Grad an Öffentlichkeit richtet: Im öffentlichen Diskurs der ersten Kriegsjahre überwiegen Solidaritätsbekundung und Verbundenheitsmetaphorik. Sie steuern Wahrnehmen und Handeln und sind deshalb im kirchlichen Kontext besonders stark, weil sie in der christlichen Tradition bruchlos anschlussfähig sind. Im privaten Diskurs hingehen überwiegen individual-religiöse Fragen, teils mit großer Nähe zur Naturspiritualität. Dies versetzt die Institution Kirche in ein Spannungsfeld, da sie auf der einen Seite die Seelsorge an Einzelnen zur Priorität erklärt hatte,[3] zum anderen als Institution unter Plausibilitätsdruck geriet. Zweierlei hält diese verschiedenen Deutungsmuster zusammen: Die Rede von der Familie – in Bezug auf das hier verhandelte Thema näherhin: das Bild der unter dem Weihnachtsbaum versammelten Familie – bildet den Raum, in dem gleichzeitig veröffentlichte Solidarität und individuelle (religiöse) Deutung Platz haben (zu diesem Bildfeld später Näheres). Außerdem ist das Genre der kirchlichen Briefliteratur besonders leistungsfähig als Hybridform privater und öffentlicher Kommunikation.[4]

Zugleich weckte die Kriegssituation kollektive Erwartungen an das Weihnachtsfest. So war am 2. Januar 1915 in der lokalen Tageszeitung zu lesen: „In den Jahren des Friedens erbittet sich wohl Jeder für sich und die Seinen recht viel Gutes, doch in diesem Jahre ist der Wunsch eines jeden Menschen, daß der schreckliche Krieg bald zu Ende wäre und es wieder Frieden würde."[5] Dieser Friedenssehnsucht dient in den Sprachspielen des Ersten Weltkriegs auch grundsätzlich die Rede vom Sieg.[6]

Das Weihnachtsfest als Kristallisationspunkt von Erwartungen

Die mit dem Weihnachtsfest zu Beginn des 20. Jahrhunderts verbundenen Erwartungen und seine Inszenierungsanforderungen lassen besonders deutlich hervortreten, wie das Erleben des Weltkriegs in Windecken rekonstruiert werden kann. Verschiedene Gesichtspunkte sind es, die ausgerechnet dieses jährlich wiederkehrende Fest interessant machen für eine nähere Betrachtung.

Weihnachten wird im Laufe des 18. und 19. Jahrhunderts zum Paradigma der Selbstinszenierung des Bürgertums. Diese Entwicklung wird theologisch durch die zeitgenössische Lehrentwicklung befördert und medial mit Breitenwirkung interpretiert. Der christliche Anlass des Fests und seine zivilgesellschaftliche Überformung scheinen eine kirchliche Positionierung geradezu unabweisbar zu machen.

Es zeigt sich darüber hinaus ein großes Interesse, Weihnachten unabhängig von Kriegs- und Friedenszeiten als quasi „überzeitliches" Kontinuum darzustellen. Wie dies gelingen kann, obwohl doch das Kriegsgeschehen massiv in das Alltagsleben der Windecker Bürgerinnen und Bürger eingreift, zeigen die Weihnachts- und Neujahrsbotschaften von Metropolitan Gustav Jakob Baumann sehr eindrücklich. Die Feier des Weihnachtsfests hat dabei eine doppelte Funktion: Nach innen inszeniert sie eine Gegenwelt zum feindlichen Leben „draußen". Zugleich spielt sie aber auch Verhalten ein, das für das Leben „draußen" schult. Dass sich gerade das Weihnachtsfest für ein so weites Deutungsspektrum anbietet, liegt daran, dass es sich eng auf emotionale Befindlichkeiten bezieht und deren Standards mitprägt. Begünstigt wird dies dadurch, dass sich das familiäre Fest im 19. Jahrhundert vom kirchlichen Fest abkoppelt, dass gesellschaftliche Konflikte ausgeklammert werden, verbindliche Rituale zur Darstellung kommen und die Familie als funktionierendes, harmonisches System ins Bild gesetzt wird.[7]

Weihnachten ist zu Beginn des 20. Jahrhunderts ein familial inszeniertes Verbundenheitsritual. Hier wird inszeniert, was in Kriegszeiten lebensnotwendig zu sein scheint: Verbundenheit auch über (räumliche) Entfernungen hinweg zu sichern. Die Feier von Weihnachten gilt durch die christliche Grunderzählung im Lukasevangelium als Codierung von Friedenshoffnung und -sehnsucht. Unter Kriegsbedingungen geraten die Plausibilität dieser Erzählung und die Dringlichkeit dieser Hoffnung unter Druck und werden insofern in besonderer Weise interpretationsbedürftig.

Und schließlich war (und ist) Weihnachten Anlass zu erhöhter biographisch-literarischer Produktion, zur Abfassung religiöser Gebrauchsliteratur. Ohnehin lässt sich für das 19. und beginnende 20. Jahrhundert eine Popularität christlicher Hausbuchliteratur nachweisen.[8] Auch in diesem Rahmen ist die Abfassung gedruckter, christlicher Weihnachtsbotschaften der Pfarrer zu verstehen.

In diesem Beitrag wird exemplarisch die Kommunikation der Windecker Geistlichen in den Blick genommen. Die am Rande der Wetterau vor den Toren Hanaus gelegene Stadt Windecken war zur Zeit des Ersten Weltkriegs Sitz des Metropolitans, des leitenden Geistlichen in der Region. So sehr die Herausforderungen des Kriegs je die Gemeinwesen für sich banden, darf man doch damit rechnen, dass aufgrund dieser zentralen Lage sowie der kirchenpolitischen Bedeutung des Metropolitans die theologischen Impulse, die gerade zu Kriegszeiten auch in gedruckter Form von hier ausgingen, regional beachtet wurden.

Zur Situation in Windecken

Seit 1895 hatte Gustav Jakob Baumann (1851-1917) die erste Pfarrstelle in Windecken inne und war über mehr als zwei Jahrzehnte (1895-1917) Metropolitan der Windecker Klasse. Seine vier Kinder waren bereits in Tann in der Rhön geboren, als Baumann 1895 nach Windecken kam. Seine Zweitgeborene, Katharina Maria Friederike, heiratete 1898 Carl Henß, der seit 1886 Pfarrer in Windecken war. Marie Henß, geb. Baumann, kam in der Ausrichtung des gemeindlichen Lebens auf die Anforderungen der Kriegsjahre eine zentrale Rolle zu. Baumanns jüngster Sohn, Friedrich Wilhelm Peter, fiel im Alter von 30 Jahren im Ersten Weltkrieg im Februar 1915 in der Nähe von Hrodna (Grodno) im heutigen Weißrussland. Als Baumann im Oktober 1917 starb, übernahm der Schwiegersohn Carl Henß seine pfarramtlichen Funktionen und Verpflichtungen.

Die beiden Pfarrer und Marie Henß als Leiterin der Windecker Frauenhilfe setzten in den Jahren 1914 und 1915 eine öffentliche Kommunikation zwischen „Heimat" und „Front" in Gang und bedienten sich dabei eines bemerkenswerten Mediums: nämlich gedruckter, zu Heften gebundener Grußbotschaften, die an die Krieger im Feld versandt wurden. Es waren dies Hefte im Folio- oder Quartformat, die 1914 und 1915 zu Weihnachten, aber auch zu Neujahr 1915 sowie zu Ostern 1915 und im Sommer 1915 zum Beginn des zweiten Kriegsjahres erstellt wurden.[9] Diese „Heimatgrüße" waren das Medium, mit denen die heimatliche Fürsorge für die Soldaten an die Front kommuniziert wurde.

Abb. 12: Carl und Marie Henß (Detail einer Postkarte). Leihgabe: AEvKG Windecken, aus Privatbesitz überlassen.

Verbundenheit und Solidarität

In den Weihnachtsbotschaften manifestiert sich die Verbundenheit zwischen „Heimat" und Front" auf paradigmatische Weise. Eine Schlüsselrolle spielte dabei die vereinsförmig organisierte Frauenhilfe, deren Engagement unter der Leitung von Marie Henß in der publizistischen Darstellung großen Raum einnahm. Das Verbundenheitsmotiv wird in unterschiedlichen Perspektiven entfaltet. Zuerst genannt, da offensichtlich am augenfälligsten, ist die Verbundenheit durch und im Tun. Dabei geht es zunächst um Gabentausch: Die Frauen „haben die Hände für die geregt, die zu ihrem Schutze das Schwert führen".[10] Handarbeit, Hausarbeit und die Produktion von

Versorgungsgütern der Frauen zuhause mit der Perspektive, damit die Soldaten an der Front zu versorgen, wird gedeutet als Ausgleich dafür, dass die Adressaten in der Fremde dafür sorgen, dass ihre Angehörigen in der Heimat in Sicherheit leben können.[11] Die Dringlichkeit der heimatlichen Sicherheit wird insofern dadurch unterstrichen, dass die Aktivitäten derer daheim sehr ausführlich, konkret und anschaulich geschildert werden. Durch Vertrautheitsindizien (Ort, Uhrzeit, namentliche Nennung von Anwesenden) wird literarisch Nähe und Anteilhabe geschaffen. Zugleich wird das Tätigsein „drinnen" als konkrete Unterstützung derer „draußen" gedeutet. Schon am 7. August 1914 fand im Rathaus eine Versammlung der Windecker Frauenhilfe statt, bei der beschlossen wurde, eine Kriegsfrauenhilfe ins Leben zu rufen. Dazu wurde der Vorstand der Frauenhilfe erweitert, und bemerkenswerterweise wurden dabei auch zwei Mitglieder der israelitischen Gemeinde in den Vorstand aufgenommen.[12]

Bei der Sitzung am 7. August betonte Marie Henß in Anlehnung an den Sprachduktus des verbreiteten Publikationsorgans „Daheim"[13] gegenüber den versammelten „lieben Frauen und Jungfrauen": „[...] wir wollen zeigen, dass wir deutsche Frauen sind, die nicht nur mit betendem Herzen, sondern auch mit helfender Hand hinter ihren Lieben draußen stehen".[14]

Mit dieser Deutung ist auch verständlich, weshalb die Grenzen des Möglichen als besonders bedrohlich wahrgenommen werden: Die Grenzen des Tätigseins markieren die Grenzen des Friedens. So taucht als Sprachfigur wiederholt auf: Es ist viel getan, aber es steht noch viel aus. Bereits 1914 deuten sich auch die späteren drastischen Probleme der Mangelwirtschaft und der Aufrechterhaltung der landwirtschaftlichen Produktion, insbesondere für die Frauen, an. Schon früh werden auch die Windecker Schulkinder für landwirtschaftliche Tätigkeiten herangezogen. Trotzdem mehren sich Mahnungen, die Zeit nicht frei von nützlichen, das heißt kriegswichtigen Tätigkeiten, etwa dem Stricken von Strümpfen und anderen Kleidungsstücken für die Soldaten oder dem Einkochen von Gelee zu verbringen.

Um dazu zu motivieren, verwies Pfarrer Henß in einer Ansprache vor der Frauenhilfe am 12. August 1914 auf die Erfahrungen aus den Befreiungskriegen, die auch in der Gegenwart Geltung besäßen: „wenn der Soldat draußen wisse, daß fürsorgendes Gedenken ihn begleite und sich seiner Angehörigen daheim annehme, werde er viel getroster, freudiger und erfolgreicher die Waffen führen".[15] Eine solche Befriedung in der Gegenwart konnte vorübergehend funktionieren durch Rekurs auf die Vergangenheit, da Soldaten in Preußen traditionell ein hohes Sozialprestige besaßen.[16]

Die Absichten und Aktivitäten der Windecker Frauenhilfe wurden in zahlreichen Artikeln der Windecker Zeitung (die dann in die

Abb. 13: Weihnachtsgruß für Windeckens Krieger 1914. Leihgabe: AEvKG Windecken.

Weihnachtsgruß
für Windeckens Krieger.

Zusammengestellt von Metropolitan Baumann und Pfarrer Henß.

Dezember 1914.
Buchdruckerei von Wilhelm Scheer, Windecken.

Luc. 2, 10 und 11.

Fürchtet euch nicht, siehe, ich verkündige euch große Freude, die allem Volke widerfahren wird; denn euch ist heute der Heiland geboren — mit dieser Weihnachtsbotschaft wollen wir Euch, Ihr Lieben draußen im Feindesland grüßen. Als unsere lieben Gemeindeglieder grüßen wir Euch mit dem Weihnachtsgruße: Ehre sei Gott in der Höhe und Friede auf Erden und den Menschen ein Wohlgefallen.

Doch was giebt uns in dieser harten Kriegszeit den Mut und die Freudigkeit zu Euch von der fröhlichen Weihnachtszeit zu reden? Es ist ja ein ernstes, trauriges Weihnachten, das Ihr erlebt und wir in der Heimat gleicherweise. Wie wehmütig und schmerzlich muß es uns alle berühren, daß Ihr Lieben im kalten, öden Feindesland getrennt von Euren Lieben unter allerlei Entbehrungen und Drangsalen weilt! Welch schweres Leid macht sich in vielen Häusern am frohen Feste doppelt fühlbar, wo Eure Kameraden nicht mehr leben. Wir müssen wohl zugeben: Es sind traurige ernste Weihnachten, die wir feiern. So manche Hoffnung, die sich nach einer Vereinigung mit den Lieben unter dem Weihnachtsbaume ausstreckte, hat sich nicht erfüllt.

Doch, Ihr Lieben, wir wollen stark sein Ihr draußen und wir in der Heimat, wir geloben uns, stark zu sein um des teuren Vaterlands Willen, das Eurer bedarf, um Gottes Willen, der auch im größten Leid Euch nicht verläßt, der uns allen auch an diesem Weihnachten des Kriegsjahres große Freude verkündigen lässet und uns zum Heilande weist, der auch uns geboren wurde. Gerade jetzt bedürft Ihr recht der Herzensfreude und des Herzensfriedens, die Euch von Furcht und Grauen frei machen. Unsere beste Weihnachtsfreude ist unabhängig

Welt ging verloren
Christ ist geboren
Freue dich, o Christenheit!

von Krankheit und Not, von Einsamkeit und Entbehrung und ist nicht blos für die bestimmt, denen die Sonne des Glückes leuchtet, sondern auch für die, die allerlei Schweres erleiden. Ihr sollt auch in diesem Jahre an derselben teil haben, wenn es in Euren Herzen klingt: O du fröhliche, selige Weihnachtszeit und wenn Ihr gleich Euren Vätern im Jahre 1870 auch im Feindesland singt: Stille Nacht, heilige Nacht. Dann werdet Ihr Euch auch eins wissen mit Euren Lieben in der Heimat, deren Herzen zwar durch die Trennung auch voll Wehmut und Traurigkeit sind, die aber doch sich freuen in dem Herrn, der auch im Leid das Herz froh und stark machen kann.

Er will Euch durch die Hoffnung stärken, daß auf das traurige Weihnachten wieder einmal ein frohes folgen wird, wenn Friede auf Erden nicht bloß in den Herzen, sondern auch unter den streitenden Völkern sein wird. Er will auch an diesem Weihnachten Euch einen Lichtschein geben durch die Treue und die Gaben Eurer Lieben; er möge Euch auch in der Hoffnung bestärken, daß ein trauriges Weihnachten auf Erden einmal einem seligen Weihnachten im Himmel weichen müsse, wo kein Leid und keine Tränen mehr sind. Darum laßt uns Gott ehren durch starken getrosten Mut und eine Hoffnung, die nicht zu Schanden werden läßt.

Also hat Gott die Welt geliebt,
daß er aus freiem Trieb
den eingeboren Sohn uns giebt,
wie hat er uns so lieb,
wie hat er uns so lieb.

Es grüßt Euch herzlich

Euer Seelsorger Baumann.

Weihnachtsbotschaften übernommen wurden) wiederholt öffentlich verbreitet. So hieß es in dem Artikel „Einiges aus der Arbeit unserer Frauenhilfe", der am 23. September 1914 erschien: „Was will unsere Frauenhilfe, besonders in der jetzigen schweren Zeit? Sie will helfen, wie und wo sie kann. In der Heimat möchte sie eine Stütze der Zurückgebliebenen sein, für die, die draußen im Felde stehen, will sie sorgen durch den Fleiß ihrer Mitglieder und auch in der Pflege unserer Verwundeten soll sie mithelfen, so viel in ihren Kräften steht."[17]

Liebesgaben

Und es folgt sogleich auch die beeindruckende Erfolgsmeldung mit der akribischen Aufzählung der sogenannten „Liebesgaben", die von den Windecker Frauen hergestellt worden waren und nun abgeliefert wurden: „So konnten wir als ersten Posten folgende Gegenstände für unsere Krieger im Felde abgeben: 60 neue Biberhemden, 35 Paar Strümpfe, 32 Paar Pulswärmer, einige Leibbinden, ferner viele Leinenhemden für die Lazarette, sowie einen großen Korb altes Linnen, darunter sehr schöne Bettücher [...]" Eine zweite Lieferung, die an das Depot im Hanauer Stadtschloss ging, bestand aus: „Ein Posten Lungenschützer, 30 Hemden, 40 Paar Pulswärmer, 4 Dtzd. Taschentücher, 30 Paar Strümpfe, 6 Seifelappen, ein Posten Konservenbüchsen" sowie weiteren Lebensmitteln wie Eiern, Butter, Schinken, Gebäck, Wurst, Gelee und Obst. Als „Glanzpunkt" schickten die Windecker Frauen dem Garnisonslazarett in Hanau „schöne Zwetschgenkuchen".[18]

Regelmäßig (ab September 1914 jeden Montagabend) versammelten sich die Mitglieder des Vereins Frauenhilfe im Saal des Gasthauses „Zum Goldenen Löwen", um ihre vielfältigen Aktivitäten zu koordinieren. Dabei sprachen einleitend Metropolitan Baumann oder Pfarrer Henß über die Anforderungen des Krieges, es wurden Psalmen gebetet und patriotische Lieder gesungen. Danach nahm Marie Henß die konkreten Geschäfte in die Hand: die Sammlung und Ablieferung von Lebensmitteln jeder Art sowie das Anfertigen von Kleidungsstücken und ihr Versand an die Soldaten an der Front bzw. an das Lazarett und die Rot-Kreuz-Sammelstellen in Hanau.[19] Neben den gemeinsamen Strickabenden wurden regelmäßig auch Liebesgabensammlungen bzw. Haussammlungen abgehalten, bei denen die Gaben der Windecker Bevölkerung eingesammelt wurden (11. Mai 1915; 17. Oktober 1915). Schließlich rief die Frauenhilfe schon im September 1914 ihre Mitglieder dazu auf, bei der Pflege der verwundeten Soldaten mitzuhelfen.

Neben der Frauenhilfe engagierten sich auch andere Windecker Vereine in der Kriegsfürsorge. Der Obstbauverein richtete im August 1914 in der Hochmühle eine Obst- und Gemüseeinkochstation ein, und der Vaterländische Frauenverein führte Sammlungen von Obst und Früchten für die Soldaten und Verwundeten durch (20. Oktober 1915). Hinzu kam die kommunale Kriegsfürsorge der Stadt in Form von Spendensammlungen und Unterstützungszahlungen an Soldatenfrauen und Hinterbliebene.[20] Ein Element der Kriegsfürsorge war auch die im März 1915 von der Stadt in Gemeinschaft mit dem Windecker Postamt im Rathaus eingerichtete „Kriegsschreibstube und Verpackungsstelle für Feldpostsendungen". Diese Stelle war zuständig für die Annahme und Versendung von Liebesgaben, Zeitungen und Büchern an die Soldaten, die Beratung und Hilfeleistung bei der Adressierung der Post- und Paketsendungen und die Beratung über deren vorschriftsmäßige Verpackung.[21] Die Kriegsschreibstube übernahm somit eine zentrale logistische Funktion bei der Zustellung der unzähligen Liebesgaben der Kirchengemeinde und der Frauenhilfe.

Zu diesen Liebesgaben gehörten neben den materiellen Spenden eben auch die gedruckten Botschaften, die deutlich machten, dass nicht nur Strümpfe und Lebensmittel, sondern auch Emotionen von der Heimat in Windecken an die Soldaten „draußen im Feld" transportiert wurden. So heißt es 1914: „Hoffentlich gelangen unsre kleinen Gaben, die Euch erzählen sollen von treuem Gedenken und inniger Fürbitte, gut in Eure Hände. Daß sie auch Euch da draußen ein klein wenig Weihnachtsfreude und Weihnachtsstimmung bringen möchten."[22] Deutlicher wird der mediale Charakter der Gaben ein Jahr später, wenn der Weihnachtsgruß mit einem Gedicht von Carl Henß beginnt, in dem es unter anderem heißt: „Was wir geschafft mit fleiß'gen Händen / Bei Tag und bei der Lampe Schein, / Was wir hinaus ins Feld Euch senden, / soll unsres Dankes Ausdruck sein. / Ein jedes Stück kann Euch berichten, / Wie wir so oft an Euch gedacht, / Und jedes soll den Gruß ausrichten, / Den wir Euch senden zur Weihnacht."[23]

Verbundenheit wird darüber hinaus erzeugt durch analoges Tun, etwa die regelmäßigen Treffen der Frauen zum gemeinschaftlichen Herstellen von „Liebesgaben", das analog gedacht wird zum gemeinsamen Kampf der Männer an der Front.[24] Dies schlägt sich auch in der Metaphorik nieder, wenn etwa Baumann von der „allgemeine[n] Frauenmobilmachung und [der] innere[n] Ausrüstung zum Dienste daheim"[25] spricht. Dem entspricht auch der totale Mobilisierungsanspruch, der sich homogen aus der Nähe von Thron und Altar ergibt und vorausgesetzt wird: Was in Friedenszeiten evangelische Frauenhilfe heißt, wird zur „Kriegshilfe der Windecker Frauen und Mädchen".[26] Um diese Parallelisierung plausibel zu machen, bedient sich öffentliche Kommunikation, etwa in der lokalen Tageszeitung, massiver Ästhetisierungen, die die verschwiegenen Wirklichkeiten des Krieges zu übermalen versuchen.[27] Dagmar Foitzik hat zeigen können, dass nicht nur diese Ästhetisierung des Krieges eine verbreitete rhetorische Strategie der Printmedien war, sondern auch

Sentimentalisierung, Umdeutungen und salbungsvolle Sprache ihr Übriges taten.[28] Auch Exklusivität in der Güterverteilung[29] wird als Verbundenheitserweis verstanden: „Unsere tapferen Streiter draußen werden daraus ersehen, wie man in der Heimat ihrer gedenkt und wie fleißige Frauenhände für sie tätig sind."[30]

Wie dies konkret geschieht, wird ausführlich geschildert. Deutlich wird darin auch, wie durch Ritualisierung dem Chaos und der Notwendigkeit zur Improvisation im Alltag begegnet wird: Die Treffen der Frauenhilfe fanden zu festgesetzten Zeiten immer am Montagabend statt. Sie bestanden aus dem gemeinsamen Singen eines Chorals, einer biblischen Besinnung, dem Austausch von Nachrichten, dem Singen patriotischer Lieder, einem Fürbittengebet und einem gemeinsamen Lied zum Schluss. Die briefliterarische Kommunikation zwischen „Heimat" und „Front" thematisiert sich auch selbst; so schreibt Marie Henß etwa: „Gar mancher an meinen Vater [i.e. Baumann], meinen Mann [i.e. Henß] oder eine unsrer Helferinnen gerichteter Feldpostbrief hat tiefe Rührung hervorgerufen und bei uns den Entschluß felsenfest gemacht, auch hier in der Heimat durchzuhalten in innigem Gottvertrauen und in eifriger Mithilfe an der uns Frauen zugewiesenen Aufgabe [...] Die letzten Strickabende des alten Jahres sind durch die Verlesung dieser Briefschaften für uns zu rechten Feierstunden geworden. Gar viele interessante Mitteilungen gab es da, sogar zu reizenden Gedichtchen hatten sich einige aufgeschwungen. Aus vielen dieser Briefe leuchtete auch die große Sehnsucht hervor, Weihnachten daheim sein zu können bei den lieben Angehörigen."[31]

Die Feldpostliteratur wird meist als Quelle zur mentalen Disposition ausgewertet. Ob dies sinnvoll möglich ist, ist allerdings fraglich: Gerade die sie referierenden Pfarrer tun dies häufig im Bewusstsein der vermuteten weltgeschichtlichen Bedeutsamkeit des Dokumentierten. Zudem hat die neuere Forschung zeigen können, dass Feldpostbriefe häufig die Angehörigen in der Heimat entlasten wollten – durch Beschwörung von Sprachcodes der Heimat, strategische Kommunikation, einen hohen Grad an Konventionalität und vor allem auch Verschweigen. Die Trennung von der Familie selbst war für viele Soldaten traumatisch. Sie hatten also nicht nur um das nationale Überleben zu kämpfen, sondern auch einen inneren Kampf auszustehen.[32]

Da sich die Sehnsucht einer Rückkehr von der Front bis zum Weihnachtsfest 1914 nicht erfüllte, wurde der Gedanke stark gemacht, dass die Feier des Weihnachtsfestes sich doch an den verschiedenen Orten möglichst ähneln möge. Die Vorstellung, über Räume (und Zeiten) durch gleiche oder gleichbedeutende Rituale der Festkultur verbunden zu sein, hat eine lange Tradition in den christlichen Kirchen (etwa im Glaubensbekenntnis, im Sanctus, im Vaterunser) und kann sich so nahezu bruchlos in die bürgerliche Festkultur hinein fortschreiben. So kann etwa im zeitnahen Rückblick auf Weihnachten 1914 gesagt werden: „Gewiß habt Ihr aber auch in Feindesland im Kreise Eurer Kameraden ein bescheidenes Weihnachtsfest gefeiert, habt die lieben alten Weihnachtslieder gesungen und Euch an dem Lichtlein eines Christbäumchens erfreut. Wie Ihr nun da draußen gemeinsam Euer Christfest begeht, so haben auch wir in der Heimat zusammen mit Euren Familien Weihnachten gefeiert."[33]

Private Aufnahmen tatsächlicher Kriegsweihnachten sind selten, zeigen aber eher ein Bild melancholischer, anonymisierter, ratloser Zusammenkünfte als ein statusverbindendes Fest der Freude.[34] Dass die Verbundenheit eher aus der geteilten Situation erwuchs als aus nationaler Zugehörigkeit, zeigt die Schilderung des legendären Weihnachten 1914, bei dem sich britische, deutsche und französische Soldaten an der Front in Belgien und Nordfrankreich kurzzeitig zu einem „kleinen Frieden" zusammenfanden.[35] Unabhängig von der Intensität der tatsächlichen Begegnungen ging von den Berichten von Weihnachten im Schützengraben eine hohe symbolische Strahlkraft aus bis in das kollektive Gedächtnis der Gegenwart.

Innerliche Religiosität am Schnittpunkt von privater und öffentlicher Kommunikation

Der Umstand, dass es sich im Feld umständehalber um eine „kleine Kopie" des heimatlichen Weihnachtsfests handeln müsse, führte in der Korrespondenz zu innovativen Deutungen des Weihnachtsgeschehens selbst, nämlich zu dessen Individualisierung und Verinnerlichung. Dem entspricht, dass diese Sprachform sich genau an der Schnittstelle von öffentlicher und privater Kommunikation befindet. Da die Grußbotschaften an die Soldaten im Feld eigens zusammengestellt, vervielfältigt und versandt wurden, handelt es sich um intentionale Literatur und nicht um eine mehr oder minder zufällige Textgattung. Dies lässt darauf schließen, dass es sich hier um die öffentliche Inszenierung privater Kommunikation handelt, die durch Vertrautheitsindizien und behauptete Parallelisierung[36] Nähe schaffen soll. Deshalb werden Weihnachtsfeierlichkeiten ausführlich geschildert, unter Nennung von Personen, Raum und zeitlichem Ablauf. Das weihnachtliche Inventar, das aus der Tradition bekannt ist, gaukelt Normalität vor. Insbesondere das Symbol des Weihnachtsbaums spielt hier eine große Rolle, der in der Propaganda sogar häufig als auch visuell verbindendes Element zwischen Heimat und Front verwendet wird.[37] Meist hat dies nichts mit der erlebten Wirklichkeit zu tun, knüpft aber an die friedenszeitlichen Seh- und Lesegewohnheiten der Menschen an und evoziert die damit verbundenen Emotionen und Einstellungen. Und dies umso mehr, als seit 1870 das Bild der um den Weihnachtsbaum versammelten kaiserlichen Familie zum stehenden Motiv geworden ist.

Diese sentimentalische, das bürgerliche Familienglück im weihnachtlichen Ambiente demonstrativ zur Schau stellende Motivik wird im Weltkrieg mit ebenso konventionalisierten Bildmotiven der „draußen im Feld" stehenden Soldaten – der Ehemänner, Brüder und Söhne – kombiniert und somit eine ikonographisch äußerst wirkungsvolle Verbindung von Heimat und Front, von Drinnen und Draußen, von heimischer Innerlichkeit und der – wenngleich ihrer Brutalität und Inhumanität entkleideten – imaginierten „Realität" der fernen Kriegsschauplätze erzeugt. Entsprechende Motivpostkarten wurden zu Millionen aus der Heimat an die Front geschickt, so auch die hier abgebildete Weihnachtsgrußkarte der Familie Merz aus Eichen an den Soldaten Wilhelm Merz, der sich an der Westfront in Nordfrankreich befand, vom 19. Dezember 1914.

Exkurs: Zur Bildprogrammatik weihnachtlicher Feldpostkarten

Feldpostkarten waren im Ersten Weltkrieg das Massenmedium visueller Propaganda par excellence. Insgesamt wurden zwischen 1914 und 1918 fast 29 Milliarden Briefe und Karten verschickt. Postkarten, insbesondere mit anlassbezogenen Motiven wie dem Weihnachtsfest, bedienten sich dabei überwiegend konventionalisierter Bildprogramme. Die gezeigte Weihnachtsgrußkarte, hier aus Privatbesitz in Eichen, dürfte so und ähnlich in hoher Auflage versandt worden sein. Typisch ist die horizontale Teilung des Bildfeldes in eine Front- und eine Heimatszene. Oft gibt es ein verbindendes Symbol, etwa den geschmückten Tannenbaum, oder wie hier einen Schriftzug: „Herzliche Weihnachtsgrüße und baldiges Wiedersehen".[38] Die Frage, wie-man-auf-das-Bild-schaut, ist in der ikonographischen Methodologie seit dem 20. Jahrhundert gleichrangig neben die Analyse dessen, was man sehen kann, getreten.[39] Ausgehend von formalen Aspekten hat der Kunsthistoriker Erwin Panofsky ein System apriorischer Grundbegriffe geschaffen, das Bilder als Ausdruck einer Welt symbolischer Werte zu sehen erlaubt. Die Zusammenhänge zwischen beiden Ebenen der Darstellung fallen sofort ins Auge: Die chiastische Anordnung des um die Lichter am Baum bemühten Friedensengels mit der daheim sich sorgenden Mutter, unterstrichen durch eine ähnliche Physiognomie, ein weißes Kleid, Flügel bzw. Rüschen und gelocktes Haar; fortgesetzt durch die Generationen in Gestalt des im Bett liegenden Mädchens. Die Feldszene ragt mit ihrem militärischen Inventar in die Darstellung des Lichterbaums hinein und hat so daran Anteil. Alles weltliche Geschehen ist eingezeichnet in eine vertikale Achse eines Sterns, der thematisch eindeutig als Stern von Bethlehem verstanden sein will, und das Kind in Gestalt einer Puppe – ohne Krippe, am Kinderbett – das Trost zu bringen verspricht. Der geistesgeschichtliche Stellenwert der Darstellung liegt darin, dass zum einen die Analogie einer unverfügbaren Fürsorge zuhause und im Feld inszeniert wird und darin im Bewusstsein einer über-

"In derselben Gegend auf dem Felde" | 119

Abb. 14: Weihnachtsgrußkarte von Familie Merz aus Eichen an den Soldaten Wilhelm Merz, 19.12.1914.
Die Botschaft auf der Rückseite lautet: „Fröhliche Weihnachten wünschen Deine Lieben."
Leihgabe: Ingrid Menzel, Eichen.

individuellen Vorsehung Verbundenheit schafft, und zum anderen wird alles sowohl alltags- als auch weltgeschichtlich Geschehende in den Rahmen weihnachtlicher Symbolik eingezeichnet und damit als Teil göttlichen Wirkens gedeutet.

Dem entspricht inhaltlich, dass neben die Darstellung des weihnachtlichen Rituals die individualisierte Deutung in konventionalisierten Bildern tritt: Es ist demnach „nicht ein Weihnachten mit äußerem Glanz und Schimmer, sondern ein Fest, das uns von neuem den Trost bringt, daß uns der Heiland und Helfer in allen Stürmen und Nöten des Lebens an diesem Tage geboren ist".[40] In der Aufnahme von Denkfiguren aus den Motiven der Erweckungstheologie des 18./19. Jahrhunderts ergibt sich die Möglichkeit, eine innerlich-individuelle Deutung des Weihnachtsgeschehens, der Inkarnation Gottes, stark zu machen, die eine gewisse dogmatische Großzügigkeit erlaubt und von der Frage der Angemessenheit des politischen Geschehens aus christlicher Perspektive vorübergehend dispensiert zugunsten einer privatisierten Deutung eines „inneren" und „innerlichen" Friedens.

Der theologiegeschichtliche Verstehenshintergrund: Weihnachtsfrömmigkeit in der Rezeption Friedrich Schleiermachers

Theologisch anschlussfähig sind diese Vorstellungen an die Rekonstruktion der Inkarnationslehre bei Friedrich Schleiermacher. Gerade seine Theologie war es, die Anfang des 20. Jahrhunderts zwar stark rezipiert wurde, auffallend häufiger aber in alltagstheologischen Zusammenhängen und christlicher Gebrauchsliteratur wie Hausbüchern und Kalenderblättern als in der Fortschreibung wissenschaftlicher Theologie. Das Weihnachtssetting macht Schleiermacher zum Topos eines „idealtypische[n] religiöse[n] Gedankenaustausch[s]" und erwartet von dort her die Erneuerung der wahren Kirchen, die sich zuallererst als „Bestimmtheit des Gefühls oder des unmittelbaren Selbstbewusstseins"[41] zeige. Die sich an diese Theologie anschließenden Erzählungen bedienen die christliche Hausfrömmigkeit in einem außerkirchlichen Textkanon und bieten an, sich in religiösen Fragen unabhängig zur Institution Kirche zu verhalten: „Sie übersetzen das Geschehen der Weihnacht, sei es die Geschichte der Geburt von Bethlehem, sei es eine zentrale, damit verbundene christliche Botschaft. Sie nehmen die Verkündigung aus dem Sakralort der Kirche und Theologie heraus und transportieren sie dorthin, wo sie seither gefeiert wird, in Familie und Alltagswelt."[42]

Diese Hausbuchliteratur gewinnt großen Einfluss auf das Lebenswissen der Menschen: Erzählungen von privaten Wundern der Mitmenschlichkeit werden weihnachtstheologisch gedeutet, auch Erinnerungen an eigene Kindertage. Die Rolle von Erwachsenen, die mit halb symbolischem, halb rationalem Blick gesehen werden, bleibt zwiespältig. Weihnachten wird so zum „Fest, an das sich die eigene Biographie anheftet, in dessen Licht das eigene Leben gedeutet wird".[43] Beides – Erzählpotential und Rollenambivalenz – macht das Weihnachtsfest zum Anknüpfungspunkt gemeinsamen Erinnerns und gemeinsamer Sehnsucht zugleich, gerade in Zeiten großer Not. Was erwartet wird, wird im Nachhinein von den Überlebenden genau so interpretiert und damit Kohärenz für die eigene Biographie geschaffen. So folgen biografische Erzählungen von Kriegsweihnachten mehrheitlich folgendem Muster: „Der Höhe- und Wendepunkt der Erzählungen ist, dass trotz der Armut und Verzweiflung plötzlich eine Verzauberung stattfindet, ein Wunder passiert: ein kleines Geschenk vermag Weihnachten rund zu machen, eine Kerze, ein Stück Brot oder ein Lächeln, eine solidarische Handlung macht Weihnachten möglich – und wird dementsprechend als Kern des Festes thematisiert."[44]

Zugleich dient das romantische Konstrukt einer Kultur der Innerlichkeit und Tugend dazu, sich durch genau dies von den Feinden abzugrenzen und trägt insofern dazu bei, die Kriegsführung zu legitimieren. Dies hatte sich bereits in den großen politischen Krisen 1789 und 1806/07 als praktikabel erwiesen. Das ist nicht nur vor dem Hintergrund der engen Verbindung von Thron und Altar zu verstehen, sondern auch der pragmatischen Ausrichtung der Gattung Weihnachtsgruß/Neujahrsgruß, die sich hier offensichtlich nicht allein als reine Informationsschrift versteht, sondern auch als Trostliteratur. Dies lässt sich etwa daraus ersehen, dass die Kirchenleitung die Briefseelsorge als eine der vornehmlichen Aufgaben der Pfarrerschaft in Kriegszeiten ausdrücklich benennt.[45]

„Draußen im Feld" – Weihnachten 1914/15

Die Entscheidung, die individuell-innerliche Deutung des Weihnachtsfestes zu veröffentlichen, erklärt, weshalb in den Traktaten der Pfarrer theologische Deutungen des Weihnachtsfestes auch dann nahezu durchgängig fehlen, wenn sie situativ nahegelegen hätten.[46] Zwar beginnt der Weihnachtsgruß von Metropolitan Baumann 1914 mit einer impliziten Parallelisierung der weihnachtlichen Engelszene am Stall von Bethlehem mit der Situation derer „draußen im Felde" und deutet beides als Orte, an die Gott Frieden bringt. Sogleich fällt er jedoch aus dem biblischen Verstehenshorizont mit der Deutung, dass den Dissonanzen, die diese Deutung angesichts der Erfahrung von Trennung und Leid mit sich bringen, mit Stärke begegnet werden müsse. Diese Stärke verbinde die Glaubenden überall. Das Konzept innerer Stärke greift insofern wirksam, als sich an der Front zunehmend eine Atmosphäre des Misstrauens ausbreitet: Mündliche Erzählungen und permanente Erschöpfung, gepaart mit Erlösungssehnsucht, lassen ein „Gerüchteklima" entstehen, das jegliches Vertrauen in Frage stellt (Marc Bloch) und den Einzelnen auf sich selbst verweist. Aus dieser innerlichen Stärke folge dann auch die Hoffnung auf politischen Frieden zwischen den Völkern: „Er [Gott] will Euch durch die Hoffnung stärken, daß auf das traurige Weihnachten wieder einmal ein frohes folgen wird, wenn Friede auf Erden nicht bloß in den Herzen, sondern auch unter den streitenden Völkern sein wird."[47] Weiter heißt es, Treue und die Gaben aus der Heimat seien Lichtschein für das ausstehende Weihnachten.

Neben einen innerlichen und einen politischen Weihnachtsbegriff tritt schließlich als Drittes in Baumanns Ausführungen der Ausblick auf ein eschatologisches Weihnachten. Demgegenüber fällt auf, dass Henß zumindest 1914 abduktiv vom „guten Ende", das er aus historischer Erfahrung[48] her plausibel zu machen versucht, her denkt (später ändert sich das, vgl. dazu das Folgende). Dem je Einzelnen komme dabei eine geschichtlich bedeutsame Rolle zu, da jeder im Blick auf die Realisierung dieses Ziels eine wichtige Aufgabe habe: „Jeder von Euch wird aber auch einst das frohe, stolze Gefühl haben, daß er auch dabei war und mitgeholfen hat."[49]

Religiöses Reden angesichts des Krieges

In den Grußbotschaften an die Front stehen verschiedene Deutungen des Weihnachtsfestes und seiner Gestaltung unter Kriegsbedingungen nebeneinander. Carl Henß' Ausführungen sind als öffentlich inszenierte Privatkorrespondenz zu verstehen, was sich daraus erklären lässt, dass er viele Kriegsteilnehmer auch persönlich gekannt haben dürfte. In seinen Weihnachtsgrüßen 1914 weist Henß auf eine religiöse Erneuerung durch die unmittelbare Bedrohung im Krieg hin: „Wie mancher, der früher der größte Gottesleugner war, lernt jetzt seine Hände falten, und Gott, den er früher verleugnet, den ruft er jetzt zum Schutze an."[50] Ja, er vermag sogar – im Neujahrsgruß 1915 –, dem Krieg insgesamt eine kathartische Funktion beizumessen: „Seit Ihr draußen seid, ist manches zusammengebrochen, was falsch und irreführend, was unserem Wesen widersprechend war, und manches ist aufgestanden, was wir als einen Gewinn für unser Volk begrüßen dürfen."[51]

Durch einen Vergleich mit ähnlichen Äußerungen britischer Kriegsteilnehmer[52] lässt sich zeigen, dass es sich dabei um einen Ausdruck stark individualisierter Religiosität handelt, die gerade ohne die Institution Kirche, ja sogar in bewusster Abkehr von ihr praktiziert wurde. Im Windecker Pfarrarchiv hinterlegte katechetische Warnungen vor Kettenbriefen, Aberglaube und „Schutzbriefen" lassen vermuten, dass diese zu Kriegszeiten auch in Windecken guten Nährboden fanden. Zugleich ermöglichte religiöse Sprache, mit den eigenen unmittelbaren Kriegserfahrungen umzugehen und für sich Worte für sie zu finden: „Religion was not to be seen as an evasion of the physical realities of war but as a way of coming to terms with them. Faith prevented a capitulation to war's cruelty and despair."[53]

Häufig entwickelte sich eine private Mystik mit (über-)lebenspraktischer Funktion. Naturspiritualität war in diesem Kontext etwas, was nicht nur ein Gegenbild zur modernen Kriegstechnik lieferte, sondern auch eine bürgerlich akzeptable Konvention, die man für die christliche Rede von der Auferstehung für anschlussfähig hielt. Diese spezifische Ausprägung einer Glaubenshaltung half vielfach, der Realität durch mythische Organisation einen Sinn zuzuschreiben.[54] Das öffentliche Traktatformat mit persönlicher Adressierung (durch Abgabe oder Versand) ermöglichte es dem Pfarrer, diese individualisierte Religiosität im Kontext der institutionalisierten Kirche aufzunehmen und dazu zu mahnen.[55]

Die Überführung privater Erfahrungen in öffentliche Rede beginnt im 20. Jahrhundert; erst jetzt kann eine Differenz von Erfahrung und Wahrnehmung entstehen. Emotionen werden „etikettiert" (Eva Illouz), um kommuniziert zu werden. Gesellschaften prägen emotionale Standards aus. So ist es möglich, dass sich eine große Differenz auftut zwischen dem unmittelbaren Erleben und der standardisierten Sprache, die dem Subjektiven die Einzigartigkeit nimmt. Dass Henß dabei Religiosität als Exponent von Tugendhaftigkeit deutet, fügt sich theologiegeschichtlich genuin in seine Zeit ein.[56] So dient die spezifische Kommunikationsform des Weihnachts- und auch des Neujahrsgrußes auch dem Abgleich gemeinsamer Standards, der zu den wesentlichen Funktionen literarischer Briefe gehört.[57] Henß ist es damit ein Anliegen, die religiösen Ausdrucksformen an der Front, von denen er Kenntnis hat, in den Kontext der bürgerlich-kirchlichen Welt zu integrieren und damit Sicherheit zu schaffen, dass Vertraute nicht in der Fremde zu Fremden werden.[58]

Das Motiv der Fremde thematisiert Generalsuperintendent Karl Jakob Theodor Fuchs in seinem Geleitwort des Windecker Neujahrsgrußes 1915 ausdrücklich. Möglicherweise gelingt ihm dies leichter als den Pfarrern vor Ort, weil er selbst keine persönliche Bindung zu den Adressaten hat. Dabei bedient er sich der biblischen Metapher des Landes: Fuchs knüpft daran an, dass die meisten Kriegsteilnehmer noch nie zuvor im Ausland gewesen sein dürften. Er ruft die Haltung der Soldaten in Erinnerung, als sie die Grenze zum Feindesland überschritten haben und vergleicht damit die Überschreitung der Schwelle zu einem neuen Jahr. Zunächst mag man meinen, dass dies auf die Suggestion hinauslaufe, den Feldzug als zwangsläufig zu charakterisieren, wie es eben der Jahreswechsel ist. Im Weiteren betont Fuchs jedoch die Unterschiede: Wo sonst das Geläut von Glocken erklingt, ist es jetzt Kanonendonner. Das neue Jahr ist kein Feindesland, sondern Gottes Land. Im Heer ist jeder anonym, Gott kennt jeden. Auch jenseits des Todes ist Gottes Land. An der biblischen Geschichte von Jakob und Esau (Gen. 32–33) zeigt der leitende Geistliche, dass Gott sich auch in der Fremde offenbaren kann. Das Bild des Landes als Heimat, Feindesland, Gottes Land und jenseits des Todes wird auf der Basis biblischer Erzählungen ausgelegt. Dies ist ein grundsätzlich anderes theologisches Deutungsangebot als das „Dennoch" des Weihnachtsfestes, das Metropolitan Baumann den Soldaten zuruft, so beispielhaft im Weihnachtsgruß 1915: „Allem Schmerz, allem Schweren stellen wir das Dennoch unseres Glaubens entgegen, der das helle Licht in dunkle Herzen bringt."[59]

Carl Henß änderte seine theologische Position im Laufe des Jahres 1915. So beginnt sein Weihnachtsgruß im zweiten Kriegsjahr programmatisch so: „Wer von unseres Gottes Gedanken im gegenwärtigen Weltkriege reden will, muß sich gegen das Mißverständnis sichern, als vermöge er den Schleier über der Zukunft zu lüften."[60] Was Gott mit der Zukunft vorhat, entziehe sich demzufolge nun menschlicher Erkenntnis. Gottes Handeln kann nun also – anders, als Henß es noch 1914 vorgeschlagen hatte – nicht von seinem Ende her rekonstruiert werden. Wichtig sei, was Gottes Gedanken „in der Gegenwart mit uns"[61] sind.[62] Diese Gedanken zielten Henß zufolge auf Erneuerung und Vertiefung ethischer und religiöser Tugenden: „Gott will auch durch diesen Krieg unser Bestes. Das soll bei allem Schweren unser froher Glaube sein. Es wird uns aber nicht ohne unser Zutun zu Teil. Nicht Selbstsucht, sondern Selbstzucht führt ein Volk auf die Höhe. Für die Zukunft Deutschlands wird auf die Dauer entscheidend sein nicht der Erfolg seiner Waffen auf den verschiedensten Kampfplätzen, sondern die Frage, ob es der Gerechtigkeit vor Gott nachjagt, ob es den Herrn sucht und sein Gesetz im Herzen trägt."[63]

Einschränkungen hätten heilsame und erzieherische Wirkung; der Feind wird auch metaphorisch verstanden. Der Fokus auf unterstellte Zwecke und die Metaphorisierung der erlebten Wirklichkeit ermöglichen es Henß, angesichts des Krieges noch theologisch schreiben zu können. Theologie wird hier in didaktischen Denkfiguren rekonstruiert: Die katechetische Rhetorik ist sprachlich nahe am Kleinen Katechismus und damit am zeitgenössisch geteilten Wissen über das Christentum. Im Blick auf die Opfer des Krieges macht Henß die Gedenkkultur stark, von der detailreich berichtet wird: Das namentliche Gedenken, das öffentliche Glockengeläut, die Gottesdienste, die von stillem Ernst geprägt sind und an denen viele Menschen teilnehmen, sowie die Verbundenheit über den Tod hinaus, rekonstruiert in familialen Bildern: „daß wir ihrer gedenken und namentlich am Christtag uns mit ihnen eins fühlen als Gliedern einer großen Familie".[64] Dieses Gedenken wird ritualisiert, nicht nur zu besonderen Jahrestagen, sondern auch in den (konsistorial anempfohlenen) wöchentlichen Kriegsbetstunden am Sonntagnachmittag und am Mittwochabend.[65] Gebet und Verkündigung werden auch weiterhin als Rückendeckung gedeutet: „Hinter der kämpfenden und wachenden Front stehen die Beter in der Heimat." Daraus ergibt sich der tätige Einsatz: „Aber unsere Feldgrauen leben nicht nur in unseren Gedanken. Zu der Fürbitte tritt die Sorge, das Sinnen und Arbeiten für sie."[66]

Die späteren Kriegsjahre

Mit der Zeit werden die Anmerkungen in den Windecker Kirchen- und Protokollbüchern sowie in der Kriegschronik von Pfarrer Henß spärlicher. Man mag nur vermuten, was sich hinter den weiterhin sorgfältig notierten Zahlen des kirchlichen Lebens an Schicksalen verbirgt. Aufwändig gedruckte Grußhefte wie die von 1914 und 1915 sind aus späteren Kriegsjahren nicht überliefert. Die Windecker Pfarrchronik berichtet indessen, dass an Weihnachten 1917 wie in den vorhergehenden Jahren Gaben und Schriften an jeden einzelnen Windecker Soldaten versandt wurden. Für die Kinder der im Feld weilenden Soldaten veranstaltete die Kriegsfrauenhilfe eine Weihnachtsbescherung im Saal des Gasthauses „Zum goldenen Löwen".[67]

Ein Blick auf Quellen anderer Regionen aus späteren Kriegsjahren zeigt, wie das Weihnachtsfest zunehmend propagandistisch vereinnahmt wurde, um soziale Missstände zu kaschieren. Suggeriert wird dabei, der Gabentausch zwischen Heimat und Front würde noch in der Weise funktionieren, dass von Mangel keine Rede sein könne. Dem widersprechen allerdings die lokalen Quellen, wie auch die Pfarrchronik von Windecken, in der seit dem Winter 1915/16 von zunehmendem Lebensmittelmangel und großer Teuerung berichtet wird.[68]

Spuren hinterlassen haben darüber hinaus die Notizen in den Agenden, die von regem Gebrauch zeugen. Verwendet wurde die dreibändige Kriegsagende von Karl Arper und Alfred Zillessen, die im Windecker Pfarrarchiv erhalten ist.[69] Je ein Exemplar der Bände 2 und 3 ist mit marginalen, zum Teil auch interlinearen Glossen versehen sowie den Daten, an denen die Texte verwendet wurden. So ist am Invocavitsonntag 1917 etwa folgender Passus getilgt: „daß sie wiederum den Feind zurückgeworfen und unser Land beschirmt haben. Wir fühlen freudig die heilige Wucht, die du den Söhnen unsres Volks gibst im Dienst für Kaiser und Vaterland, Heimat und Herd, und preisen dich dafür."

Oder etwa wird statt „Auch jetzt hast du uns weiter geführt dem heiß ersehnten Ziele entgegen" gebetet: „Du führst uns aus aller Traurigkeit weiter." Auch den Gebeten angefügte Schlussformeln zeugen von der zunehmenden Skepsis gegenüber der anfänglichen Kriegseuphorie und suchen nach Trost und Frieden, beispielsweise mit diesen Worten: „wenn endlich der Tag des Friedens heraufkommt, den Du uns in deiner Barmherzigkeit schenken wollest." Andere Formulierungen der Agende, die zu Kriegsbeginn erschien, erwiesen sich als in der Wirklichkeit schlicht falsch, etwa: „Derer, die bei uns sind, ist mehr als derer, die bei ihnen sind. Deine Gnade, deine Kraft, deine Hilfe hat uns von Sieg zu Sieg geführt" (Bd. 3, S. 35). An die Stelle der Rede vom Sieg treten nach und nach immer deutlicher die Ergänzungen, die darum bitten, dass Gott sein Reich (des Friedens/der Gerechtigkeit/der Freude) (immer weiter) baue.

Die gebrauchsweise Anpassung der Agendentexte bildet auch die Entwicklung ab, die sich bereits in den Weihnachts- und Neujahrsbotschaften zeigt: Die Rede vom Reich Gottes wird – angesichts des ausbleibenden äußeren Friedens – zunehmend innerlich verstanden. Dies ist in der öffentlichen Darstellung des Christentums eine Reaktion auf die allgemeine Tendenz zu verinnerlichter Spiritualität, die hier die Verbundenheitsmetaphorik in den Hintergrund treten lässt.[70]

Zugang dazu ermöglicht eine besondere Sensibilisierung für Gotteserfahrungen, die mit dem Weihnachtsfest verbunden wird und von ihm erwartet wird: „Herr, Gott und Vater! Wärmer und froher als sonst nennen wir dich heute so, weil wirs in dieser Kriegszeit tiefer als je spüren, wie du uns zur Weihnacht dein ganzes Herz aufgetan hast mit deiner großen, tiefen Liebe […] denn wir empfinden's jetzt doppelt selig, wie deine Güte himmelweit alles übersteigt, was wir Menschen sind und tun" (Bd. 2, S. 7). Die kategorial andere Größe Gottes gegenüber den Menschen kann nun argumentativ sogar dafür verwendet werden, theologisch universalistisch im Blick auf das Ergehen der Kriegsgegner zu sprechen: „Daß du es fertig gebracht, auch uns zu gewinnen durch dein herzliches Entgegenkommen gegen uns Sünder! O, daß du uns und auch unsern Feinden immer lichter und teurer würdest in deinem Christ – daß wir und alle Menschen deine Kinder, daß wir Gottesmenschen würden durch seine Kraft" (ebd.).

Die beharrliche Suche nach Trost und die Geduld durch die Zeit deutet Henß mit Hilfe eines biblischen Referenztextes aus den deuterokanonischen Schriften zur Hebräischen Bibel, dem weisheitlichen Roman des Buches Judith. Die fromme und geduldig um Gottes Barmherzigkeit betende Protagonistin, die verwitwete Judith, erzwingt das Kriegsende durch eine List und beendet damit das Blutvergießen. Insbesondere auf Kapitel 8 liegt Henß' Augenmerk, in dem Judith eine Fristsetzung der Stadtältesten zur Kapitulation als mangelndes Gottvertrauen kritisiert. In seinen Gottesdiensten in der Stiftskirche bezieht sich Henß auf die folgende Textpassage, die lautet: „Wollt ihr dem Herrn nach eurem Gefallen Zeit und Tag bestimmen, wann er helfen soll? Doch der Herr ist geduldig; darum lasst uns das leid sein und Gnade suchen mit Tränen. Denn Gott zürnt nicht wie ein Mensch, dass er sich nicht versöhnen lasse. Darum sollen wir uns demütigen von Herzen, und ihm dienen, und mit Tränen vor ihm beten, dass er nach seinem Gefallen Barmherzigkeit uns erzeigen wolle" (Jt 8, 11-14).

---

1 Sabine Bode: Kriegsenkel. Die Erben der vergessenen Generation. 2. Aufl. Stuttgart 2013.
2 Dagmar Foitzik: Kriegsgeschrei und Hungermärsche. Weihnachten zwischen 1870 und 1933, in: Richard Faber/Esther Gajek (Hg.): Politische Weihnacht in Antike und Moderne. Zur ideologischen Durchdringung des Fests der Feste. Würzburg 1997, 217–252, S. 226.
3 Rundverfügung des Konsistoriums in Kassel vom 14. August 1914, S. 1; AEvKG Windecken 268.
4 Das Genre Briefliteratur hat eine große Ausprägungsbreite und lässt „Polyfunktionalität" zu; vgl. Mechthild Habermann: Brief/Briefliteratur. Textlinguistisch, in: Oda Wischmeyer (Hg.): Lexikon der Bibelhermeneutik. Begriffe – Methoden – Theorien – Konzepte. Berlin/Boston 2013, 102f.
5 Windecker Zeitung Nr. 1 v. 2. Januar 1915.
6 Vgl. dazu Aribert Reimann: Die heile Welt im Stahlgewitter. Deutsche und englische Feldpost aus dem Ersten Weltkrieg, in: Gerhard Hirschfeld/Gerd Krumeich/Dieter Langewiesche u. a. (Hg.): Kriegserfahrungen. Studien zur Sozial- und Mentalitätsgeschichte des Ersten Weltkriegs. Essen 1997, S. 129–145, S. 142.

7 Vgl. Foitzik: Kriegsgeschrei (wie Anm. 2), S. 218. Dort zugespitzt: „Es ist die vielbesungene Weihnachtsstimmung, die eine Instrumentalisierung des Festes geradezu erfordert" (S. 219).
8 Vgl. dazu Matthias Morgenroth: Weihnachts-Christentum. Moderner Religiosität auf der Spur. Gütersloh 2002.
9 Zu den „Weihnachtsgrüßen" von 1914 und 1915 sowie dem Neujahrsgruß 1915 siehe Anm. 10, 23 und 31. Des Weiteren die kleinformatigen, 16 Seiten umfassenden Botschaften: „Heimatsgruß an Windeckens Krieger zum Weihnachtsfest 1915" von Metropolitan Baumann und Pfarrer Henß (AEvKG Windecken 260 u. 268); „Heimatsgruss an Windeckens Krieger zum Beginn des zweiten Kriegsjahres" (AEvKG Windecken 268). Die Hefte im Folioformat umfassen 8 Seiten, die kleinformatigen Grußbotschaften 16 Seiten. Alle Hefte wurden in der Buchdruckerei von Wilhelm Scheer in Windecken gedruckt, der auch die Windecker Zeitung herausgab. Dass es nach 1915 keine weiteren „Heimatgrüße" mehr gab, ergab sich auch daraus, dass Wilhelm Scheer infolge der Einberufung zum Heeresdienst seinen Druckereibetrieb Ende 1915 stillegen musste.
10 Weihnachtsgruß für Windeckens Krieger, Dezember 1914, zusammengestellt von Metropolitan Baumann und Pfarrer Henß, S. 4, AEvKG Windecken 257 (Doppel in 268); [im Folgenden zitiert: WG 1914].
11 Vgl. auch: „Die Worte der Liebe flattern zu Euch hinüber, klammern sich fest an Euren Herzen und lassen es Euch gewiß werden, daß unser ganzes Sinnen und Denken Euch gehört. Die Gaben unserer Liebe türmen sich wie Burgen um Euch auf, daß keine Mutlosigkeit und Schwäche Euch trutze, noch Euch fälle […] Eure nächsten Angehörigen werden Euch einfüllen in die ganze Wärme ihrer Herzen mit Wolle, Wurst und Wams." Die Heimat. Sonntagsgruß für Roßdorfs Krieger, Jg. 1, H. 19, S. 3.
12 Pfarr-Chronik für Windecken, S. 14 (AEvKG Windecken); vgl. WG 1914 (wie Anm. 10), S. 5: genannt werden Frau R. Wolf und Frau Levi. Mit Frau R. Wolf ist wahrscheinlich Ida Wolf (1864–1926) gemeint, die Ehefrau des Metzgers Raphael Wolf und Vorsitzende des 1902 gegründeten Israelitischen Frauenvereins. Bei Frau Levi handelte es sich vielleicht um Henriette Levi (1877–1952), die Ehefrau von Ludwig Kaufmann, aber auch andere weibliche Mitglieder der Familie Levi kommen in Frage. Siehe dazu: Monica Kingreen: Jüdisches Landleben in Windecken, Ostheim und Heldenbergen. Hanau 1994, S. 93, 507 u. 513.
13 Vgl. Alfred Estermann (Hg.): Daheim. Mikrofiche-Edition. Leipzig/Bielefeld 1865–1943. Erlangen 2001.
14 WG 1914 (wie Anm. 10), S. 4.
15 WG 1914 (wie Anm. 10), S. 5.
16 Vgl. Reimann: Die heile Welt im Stahlgewitter (wie Anm. 6), S. 134.
17 Windecker Zeitung Nr. 76 v. 23.9.1914.
18 Ebd.
19 Bericht in der Windecker Zeitung Nr. 71 v. 5. September 1914 über eine Versammlung der Frauenhilfe am 3. September 1914; auch in: Ausschnittsammlung im AEvKG Windecken 146 (Aufzeichnungen zur Pfarrchronik von Windecken 1894–1916), die folgenden Ausführungen beruhen ebenfalls auf dieser Akte.
20 Im März 1915 berichtete die Windecker Zeitung, dass 85 Windecker Familien die städtische Unterstützung von zusammen monatlich 1400 Mark erhielten; Windecker Zeitung Nr. 23 v. 20. März 1915.
21 Windecker Zeitung Nr. 19 v. 6. März 1915.
22 WG 1914 (wie Anm. 10), S. 6: Artikel von Marie Henß über einen „Strickabend in der Kriegsfrauenhilfe".
23 Heimatgruß an Windeckens Krieger zum Weihnachtsfest 1915, von Metropolitan Baumann und Pfarrer Henß, S. 2; AEvKG Windecken 268 (Doppel in 260); [zitiert: WG 1915].
24 An anderer Stelle kann diese Verbundenheit als eine verstanden werden, die der Krieg erst offenbar macht, vgl. etwa die wöchentliche erscheinende „Heimat" aus dem benachbarten Roßdorf: „Der Krieg hats offenbart, wie noch nichts bisher es klar gemacht hat, daß heute alles auf einander angewiesen ist, daß alle Glieder des Erdenleibes zusammengehören." Die Heimat. Sonntagsgruß für Roßdorfs Krieger, Jg. 1, H. 19, S. 1.
25 WG 1914 (wie Anm. 10), S. 5.
26 Ebd., S. 6.
27 Vgl. ebd., S. 5.
28 Vgl. Foitzik: Kriegsgeschrei (wie Anm. 2), S. 224.
29 „Die Eßwaren wurden ausdrücklich stets als zur Bereicherung und Ergänzung der Kost unserer deutschen Soldaten bestimmt bezeichnet und die Verwundeten fremder Heere ausgeschlossen." WG 1914 (wie Anm. 10), S. 6.
30 WG 1915 (wie Anm. 23), S. 6.
31 Neujahrsgruß für Windeckens Krieger, Neujahr 1915, zusammengestellt von Metropolitan Baumann und Pfarrer Henß, S. 5; AEvKG Windecken 257 (Doppel in 268); [zitiert: NG 1915].

32 Vgl. Reimann: Die heile Welt im Stahlgewitter (wie Anm. 6), S. 131.
33 NG 1915 (wie Anm. 31), S. 5f.
34 Vgl. etwa die Bilder bei Joe Perry: Christmas in Germany. A Cultural History. Chapel Hill 2010, S. 114f.
35 Vgl. Michael Jürgs: Der kleine Frieden im Großen Krieg. Westfront 1914: Als Deutsche, Briten und Franzosen gemeinsam Weihnachten feierten. München 2009.
36 Noch deutlicher in WG 1914 (wie Anm. 10), S. 6: „Ihr seht also, daß wir hier in der Heimat ein schönes Fest haben feiern dürfen und hoffen, daß Euch im fernen Feindesland dasselbe vergönnt gewesen ist."
37 Vgl. beispielsweise: Perry: Christmas in Germany (wie Anm. 34), S. 128.
38 Vgl. ebd., S. 120–133.
39 Dazu und zu weiteren Zugängen zeitgenössischer ikonographischer Auslegung vgl. im Überblick: Annette Weissenreider/Friederike Erichsen-Wendt: Phänomenologie des Bildes. Ikonographische Zugänge zum Neuen Testament, in: Zeitschrift Neues Testament 10, 2005, 3–12, ausführlicher dies.: Images as Communication. Introduction into the Methods of Iconography, in: dies. u. a. (Hg.): Picturing the New Testament. Studies in Iconography. Tübingen 2005, 3–49.
40 NG 1915 (wie Anm. 31), S. 6.
41 Friedrich Schleiermacher: Der christliche Glaube nach den Grundsätzen der Evangelischen Kirche im Zusammenhange dargestellt (1830/ 31). Hg. v. Martin Redeker. Berlin/New York 1999, Bd. 2, § 3, S. 14.
42 Morgenroth: Weihnachts-Christentum (wie Anm. 8), S. 108.
43 Ebd., S. 122.
44 Ebd., S. 213, mit Bezug auf: Petra Zimmermann: Das Wunder jener Nacht. Religiöse Interpretation autobiographischer Weihnachtserzählungen. Stuttgart/ Berlin/Köln 1992.
45 Sie wird als Teil der prioritär zu setzenden Seelsorge genannt, neben Hausbesuchen bei denjenigen Familien, deren Männer im Feld sind, und der Verteilung von Andachtsheften, die an die Front mitgegeben oder nachgeschickt werden sollen. Auch über diese Texte soll Verbundenheit erzeugt werden: „Dasselbe soll auch in der Gemeinde selbst verbreitet werden, und ein Band der Gemeinschaft zwischen den Feldzugteilnehmern draußen und ihren Lieben daheim bilden." (Rundverfügung des Konsistoriums in Kassel vom 14. August 1914, AEvKG Windecken 268.) Daneben soll die evangelische Kirche vor allem koordinierende Aufgaben erfüllen: Geregelt werden neben den Gedächtnisgottesdiensten für Gefallene das Kollektenwesen, die Verteilung von Kollekten, die Aufnahme von Rekonvaleszenten und das Dokumentationswesen.
46 Auffällig ist etwa, dass jegliche Hinweise darauf fehlen, was die Inkarnation Gottes in Bezug auf den Tod von Soldaten bedeutet oder etwa im Blick darauf, dass Verwundete „empfangen und bewirtet" (NG 1915, S. 3) werden. Stattdessen wird Zweites als ein angemessener Ausdruck des Dankes gegenüber dem geleisteten Kriegsdienst verstanden: Wie die Soldaten dem Feind trotzten, widerstehe die Bevölkerung mit Inszenierungen festlicher Tafeln und Ausflügen der andauernden Mangelwirtschaft: „Durch die gehaltenen Reden und Darbietungen sollte ihnen gezeigt werden, wie sehr man hier die aushaltende und erfolgreiche Treue unserer Feldgrauen dankend zu würdigen wisse. An der Beschaffung der Mittel für die Aufwendungen sämtlicher Veranstaltungen haben sich weiteste Kreise unserer Einwohnerschaft beteiligt." (NG 1915, S. 5).
47 WG 1914 (wie Anm. 10), S. 1.
48 Dabei bezieht Henß sich nicht nur auf die politischen Ereignisse in Deutschland im 19. Jahrhundert, sondern druckt auch Teile aus Luthers Schrift „Ob Kriegsleute auch in seligem Stande sein können" von 1526 mit ab, die seine theologische Deutung der Geschichte ihrerseits in einen theologiegeschichtlichen Zusammenhang stellen und dadurch legitimieren sollen. Unter dem Eindruck des Bauernaufstands in Thüringen 1525 wird an Luther die Frage herangetragen, ob sich die Beteiligung an Kriegshandlungen mit dem Gewissen eines Christen vereinbaren ließen, was Luther vor dem Hintergrund seiner Berufstheorie positiv beantwortet. Daran knüpft Henß in seinen Ausführungen sachlich an; WG 1914 (wie Anm. 10), S. 4.
49 Ebd., S. 2.
50 Ebd., S. 3.
51 NG 1915 (wie Anm. 31), S. 2.
52 Vgl. Reimann: Die heile Welt im Stahlgewitter (wie Anm. 6), S. 136.
53 Laurinda Stryker: Languages of Suffering and Sacrifice in England in the First World War. Cambridge 1992, S. 65.
54 Da dieses religiöse Konzept keine national(istisch)en Anteile enthielt, konnte sich aus ihm auch kein stabiles Feindbild ableiten. Soldaten kämpften also nicht in erster Linie für Volk und Vaterland, sondern für ihr eigenes privates

Leben und Umfeld. Das erklärt, weshalb die familiale Metaphorik so dominant werden konnte.
55 Andernorts wird gar eine Imagination bemüht, um die räumliche Distanz zu überwinden: „Ihr seid heute alle im Geist aus euren Stellungen und Garnisonen herbeigeeilt, und habt euch um mich versammelt, vor unserm Riesenchristbaum mit den brennenden Lichtlein und beleuchteten Transparent, auf dem die Geburt unsers Heilands in stiller Nacht so lieblich anzuschauen ist […] So schaut ihr also, die vor mir sitzende Soldatengemeinde, so ganz anders aus, als wir gewohnt sind. Doch die Hauptsache ist, daß ihr noch unter uns weilt und euch eures Lebens freut und euch aufgemacht habt, wie einst die Hirten, um wieder die Geschichte zu sehen, die da geschehen ist." Die Heimat. Sonntagsgruß für Roßdorfs Krieger, Jg. 3, H. 9, S. 2.
56 „Sie [die Tugenden] finden ihre Verklärung und Vollendung in der Religiosität, dem Glaubensleben, deren Notwendigkeit und Segen Euch allen wohl im Kriege in besonderer Weise klar geworden ist." NG 1915 (wie Anm. 31), S. 3.
57 Vgl. grundsätzlich: Reinhard M. G. Nickisch: Brief. Stuttgart 1991.
58 Gleichwohl finden sich auch literarische Spuren, die vom Bewusstsein der Gewaltsamkeit des Krieges zeugen: „Es ist erschütternd, wie durch das rauhe Leben in ständiger Gefahr und Arbeit das Bewußtsein für besonders ausgezeichnete Tage schwindet und jede Möglichkeit genommen ist, sie zu feiern." Die Heimat. Sonntagsgruß für Roßdorfs Krieger, Jg. 4, H. 9, S. 2.
59 WG 1915 (wie Anm. 23), S. 3.
60 Ebd., S. 5.
61 Ebd.
62 Auch heilsgeschichtliche Qualifizierungen der Gegenwart finden sich in vergleichbaren Traktaten: „Irgendwo muß auf der weiten Welt die Stätte sein, wo Gott geboren wird und der Kampf des Lichts über die Nacht ausgetragen wird. Einst war es das kleine unscheinbare Palästina. Heute ist es unser Land und unser Volk." Roßdorfer Heimat, Jg. 3, H. 9, S. 3.
63 Ebd., S. 6 u. ö.
64 Ebd., S. 10.
65 Carl Henß war ein ausgesprochen gelehrter, theologisch produktiver Geistlicher seiner Zeit. Zu seinen Hauptwerken zählt eine lokalkirchenhistorische Monographie, die zum 100. Jahrestag der Hanauer Union im Jahr 1918 erschien: Carl Henß (Hg.): Die Hanauer Union. Festschrift zur Hundertjahrfeier der ev.-unierten Kirchengemeinschaft im Konsistorialbezirk Cassel am 28. Mai 1918. Hanau 1918. – Es ist in dem auch für gegenwärtige Fragestellungen noch aufschlussreichen Band auffällig, aber nicht überraschend, wie wenig Raum den jüngsten Entwicklungen eingeräumt wird. Erwähnung findet allerdings die Einführung der Kriegsbetstunden (S. 471). Eine Andeutung bezüglich der extremen Verknappung an landwirtschaftlichen Produkten findet sich im Kontext der Erörterung, inwieweit im Gebiet der Hanauer Union die Sonntagsruhe eingehalten wird: „Freilich hat der gegenwärtige Krieg durch manche Nachgiebigkeit der Behörden auf diesem Gebiete eine starke Lockerung der Sitte gezeitigt" (S. 483).
66 WG 1915 (wie Anm. 23), S. 14.
67 Pfarr-Chronik für Windecken (wie Anm. 12), S. 26.
68 Pfarr-Chronik für Windecken (wie Anm. 12), S. 18ff.; der Lebensmittelmangel in der Heimat machte es ab 1916 unmöglich, den Versand von Liebesgaben an die Front in dem Maße wie 1914/15 aufrechtzuerhalten.
69 Karl Arper/Alfred Zillessen: Agende für Kriegszeiten. (Praktisch-theologische Handbibliothek, hg. v. Friedrich Niebergall, Sonderbd.) 3 Bde. Göttingen 1914.
70 Ein Beispiel: „Und soll nach Deinem Rat der äußere Friede noch ausbleiben, bis d.[ie] Mens[chen] seiner würdiger werden, so baue doch inwendig in uns Dein Reich, welches ist Gerechtigkeit, Friede, Freude, daß unsre geängstete Seele vor der Unruhe dieser Zeit Zuflucht finde in Deinem Frieden unter den ewigen Fittichen, bis die Vollkommenheit Deines Reiches herzukomme, da Du wirst alles in allem sein" (ebd., Bd. 3, S. 48, handschriftlicher Zusatz).

Erhard Bus

Sammeln, versorgen, pflegen
Spendenaktionen, Bahnhofsdienste und Lazarette des Roten Kreuzes in Hanau und Gelnhausen

Mobilmachung und totaler Krieg

Schon vor dem Kriegsausbruch 1914 hatte das Rote Kreuz im Deutschen Reich die Verschärfung der internationalen Situation zu spüren bekommen. Es wurden neue Dienstvorschriften für die freiwillige Krankenpflege erlassen und die Ausbildung und Prüfungsbedingungen der Schwestern und des Hilfspersonals standardisiert. Diese Frauen waren verpflichtet, im Krieg bei der Verwundetenpflege zu helfen. Sie standen quasi unter Wehrüberwachung. Folglich bezog man sie in die Mobilmachungsplanungen ein, weshalb sie sich ständig verfügbar zu halten hatten und regelmäßig an Übungen mitwirken mussten.[1] Als äußeres Zeichen dieser Entwicklung erfolgte durch allerhöchste Order des Kaisers am 16. März 1912 die Einführung einer einheitlichen Tracht für die Rotkreuzschwestern.[2]

Der Erste Weltkrieg blieb somit nicht auf die Schlachtfelder begrenzt. Auch fern der Front erfuhr man bald, was ein totaler Krieg bedeutete. Im Landesinnern waren es die Angehörigen der Rotkreuzgruppierungen, die bei der Pflege von Schwerverletzten zuerst mit den schrecklichen Auswirkungen des Krieges konfrontiert wurden. Dies gilt nicht nur für die Männer in den Freiwilligen Sanitätskolonnen vom Roten Kreuz, sondern gleichfalls für die Frauenorganisation im Roten Kreuz, den Vaterländischen Frauenverein (VFV)[3], die auch im heutigen Main-Kinzig-Kreis besonders in die Pflicht genommen wurden. Wie sich die Vereinsarbeit den Bedingungen eines modernen Krieges anpasste, lässt sich anhand der Beispiele Hanau und Gelnhausen gut aufzeigen.

Vorbereitung für den Kriegseinsatz in Hanau

Im Mai 1913 beobachteten Hunderte von Zuschauern eine „große kriegsmäßige Uebung" am Hanauer Westbahnhof. Das Planspiel ging davon aus, dass ein angemeldeter voll belegter Lazarettzug in Hanau eintreffen sollte. Sodann mussten die Verwundeten von den Sanitätskolonnen verpflegt, versorgt und ins nahegelegene Reservelazarett Schloss Rumpenheim gebracht werden. Dazu hatten die Sanitäter zunächst eine provisorische Feldküche, eine Erfrischungs- und eine Verbandsstelle einzurichten. Nach der Verköstigung und Versorgung der Verwundeten, die von der Hanauer Garnison[4] gestellt wurden, geschahen das Ausladen und der Abtransport „mittelst Last-Autos, Pritschenwagen und anderen zum Transport hergerichteten Krankenwagen nach dem Main. [...] Hierauf erfolgte die Verladung auf zwei von der Königlichen Strombauverwaltung gestellten Schelchen [größerer Kahn; E. B.]. Nach der Ankunft an der Mainkette wurden die Verwundeten und Kranken mittelst Hebekran ausgeladen und im Werftschuppen abgestellt, welcher als Reservelazarett gedacht war. Hiermit war die Uebung, bei welcher zum erstenmale eine von Damen des Vaterländischen Frauenvereins gebildete Helferinnenabteilung mitwirkte, beendigt". An der Übung nahmen neben Hanauer Sanitätern auch die Kolonnen aus Gelnhausen, Fechenheim, Großauheim und Bergen-Enkheim teil, die zum Abschluss in Marschkolonne an den geladenen Gästen vorbeizogen.[5] Derartige Szenarien sollten gut ein Jahr später in ähnlicher Form Realität werden und gerade die örtlichen Gruppierungen des Roten Kreuzes voll in Anspruch nehmen.

Das Rote Kreuz

Die deutsche Rotkreuzbewegung zählte zu Kriegsbeginn 1914 mehr als eine Million Mitglieder. Sie verteilten sich auf 1007 Zweigmännervereine mit 95 000, 3000 Zweigfrauenvereine mit 800 000, 2200 Sanitätskolonnen mit 74 000, 80 Verbände der Genossenschaft freiwilliger Krankenpflege mit 12 000 und zehn Samaritervereine mit 2000 Mitgliedern.[6] Im Laufe des Krieges stieg die Anzahl der Helferinnen und Helfer noch deutlich an.

Der Erste Weltkrieg forderte zehn Millionen gefallene Soldaten und die doppelte Zahl an Verwundeten. Alleine Deutschland hatte mehr als 1 800 000 Kriegstote zu beklagen und musste gut 4 250 000 Verwundete und Erkrankte versorgen, darunter rund 1 100 000 anerkannte Kriegsinvaliden.

Zur Betreuung dieser vielen Bedürftigen benötigte der Heeressanitätsdienst, der sich im Kriegsfall zu einem beträchtlichen Teil aus Rotkreuzsanitätern zusammensetzte, die Unterstützung des nationalen Roten Kreuzes. Zwischen 1914 und 1918 stellte es gut 90 000 weibliche und rund 110 000 männliche Hilfspersonen zur Verfügung. Hinzu kamen noch gut 90 000 Mitglieder des Roten Kreuzes, die als Depotpersonal, Schreiber, Fahrer, Köchinnen oder Laborantinnen arbeiteten. Zum Verwundetentransport rüstete das Rote Kreuz 83 Lazarettzüge mit je 38 Waggons aus, und es unterhielt 3555 Vereinslazarette und Genesungsheime.[7] Mit diesem hohen materiellen und personellen Einsatz gelang es, viel menschliches Leid zu lindern. Gleichzeitig trug die Arbeit des Roten Kreuzes dazu bei, die Kriegsfähigkeit, zumindest auf dem Sektor der Verwundetenfürsorge, weiterhin zu gewährleisten.

Wie man in den Kreisen Hanau und Gelnhausen versuchte, die aufgetretene Not zu lindern, und wie sich die Vereinsarbeit des Roten Kreuzes und seiner Gliederungen den Bedingungen eines modernen Krieges vor Ort anpasste, soll im Nachfolgenden dargestellt werden.

Der Hanauer Zweigverein vom Roten Kreuz zu Beginn des Krieges

Die Ermordung des österreichischen Thronfolgers am 28. Juni 1914 rief beim Hanauer Zweigverein vom Roten Kreuz für den Stadt- und Landkreis vorerst keinerlei hektische Reaktionen hervor. Die Tagesordnung der Generalversammlung des Zweigvereins vom 3. Juli liest sich völlig undramatisch und enthält keine Anzeichen zu Vorkehrungen für einen eventuell eintretenden Kriegsfall. Die neun Tagesordnungspunkte, zu denen der Vorsitzende, Landrat Maximilian Freiherr Laur von Münchhofen, eingeladen hatte, sind eher Beleg für eine friedenszeitliche Normalität. Die Generalversammlung sollte über einen neuen Schatzmeister beschließen, Delegierte und Rechnungsprüfer wählen, Berichte entgegennehmen, über die Aufgaben der angeschlossenen Sanitätskolonnen, die Weiterzahlung von Beihilfen und die Verlegung des Rechnungsjahres beraten sowie über Anträge zu Vereinsangelegenheiten verhandeln.[8] Diese scheinbare Normalität hielt noch bis mindestens Mitte Juli an. Doch die ungetrübte Lebensfreude des heißen Sommers 1914 fand mit dem Ausbruch des Ersten Weltkrieges ein jähes Ende.[9]

In manchem erinnerte der Kriegsbeginn von 1914 an die ersten Wochen des Deutsch-Französischen Krieges von 1870. Das Rote Kreuz in und um Hanau sammelte „Liebesgaben" (Spenden), es organisierte den Bahnhofsdienst und es stellte Freiwillige zur Verfügung. Ein Unterschied bestand jedoch bei der Einrichtung der Reservelazarette. Denn die Heeresverwaltung war zwischenzeitlich weiterentwickelt und bei der Inbetriebnahme von neuen Reservelazaretten nur noch in geringem Maße auf die Ausstattung durch das Rote Kreuz angewiesen. Das deutsche Militär zeigte sich 1914 auf die Versorgung und Unterbringung der Verwundeten und Erkrankten zunächst recht gut vorbereitet.

In Hanau trafen sich bereits am 3. August die Kameraden der Freiwilligen Sanitätskolonne vom Roten Kreuz, um hinsichtlich ihrer Kriegsverwendung unterrichtet zu werden. Am folgenden Tag konnten sich hilfsbereite Frauen und Mädchen am Ostbahnhof (dem heutigen Hauptbahnhof) melden, die zur französischen Grenze fahrende Truppen versorgen wollten.

Mit dem Kriegsausbruch verlor die Hanauer Sanitätskolonne einen großen Teil ihrer Mitglieder an den Heeressanitätsdienst. Dies entsprach der ihr zugedachten Aufgabe als Reserve und Unterstützung für das militärische Sanitätswesen, ihrem eigenen Selbstverständnis und dem erreichten Ausbildungsstand.[10]

Der Zweigverein vom Roten Kreuz reagierte zusammen mit den Vaterländischen Frauenvereinen[11] von Stadt und Landkreis Hanau erstmals am 4. August mit einem Aufruf an die Bevölkerung. Darin wurden zunächst keine Gaben oder Dienste gefordert, sondern man verwies auf eine noch zu erfolgende Veröffentlichung, in der alle notwendigen Hilfsmaßnahmen aufgelistet werden sollten. Doch die zunächst gezeigte Zurückhaltung hinsichtlich erbetener Unterstützung dauerte nicht lange. Schon einen Tag später erschien der erste Appell mit der Bitte um Liebesgaben – ihm sollten noch viele folgen. Zunächst stand die Verköstigung der mit der Eisenbahn durch den Hanauer Ostbahnhof reisenden Soldaten auf der Tagesordnung. Und bald wurden „Frauen über 20 Jahre" gesucht, die Kurse in Krankenpflege belegen wollten.[12] Einen besonderen Schwerpunkt der Rotkreuzarbeit bildete natürlich auch im Ersten Weltkrieg die Fürsorge für die Verwundeten. Hierbei galt es keine Zeit zu vertun, denn schon bald trafen viele verletzte Soldaten in Hanau ein.

Reservelazarette in und um Hanau

Die Einrichtung der drei Hanauer Reservelazarette erfolgte nach der Mobilmachung am 1. August rasch und, mit einer Ausnahme, durch die Militärverwaltung. Diese Ausnahme bildete die Turnhalle am Grünen Weg mit 40 Betten, die vom Roten Kreuz bestückt wurde. Die Reservelazarette in und um Hanau gliederten sich wie folgt auf:
- Das Reservelazarett I (Chefarzt Sanitätsrat Dr. Kittsteiner) umfasste das Garnisonslazarett im Lamboyviertel, den Saalbau in der Mühlstraße, die Turnhallen in der Jahnstraße und am Grünen Weg und die Loge im Stadtschloss.
- Zum Reservelazarett II (Chefarzt Geheimer Sanitätsrat Dr. Noll) gehörten das Gebäude der Kunstseidefabrik in Großauheim mit mehr als 400 Betten und das St. Vincenz-Krankenhaus.
- Zum Reservelazarett III (Chefarzt Geheimer Sanitätsrat Dr. Hartmann) gehörten ein Flügel von Schloss Philippsruhe, das Deutsche Haus mit dem angeschlossenen Diakonissenheim und das Schloss in Büdesheim.

Zur Versorgung der Verwundeten mit Lebensmitteln ist nachzulesen: „Die Beköstigung erfolgt in den vorhanden gewesenen Krankenanstalten durch diese, in den neueingerichteten Lokalen zum Teil durch die betr. Wirte unter Oberaufsicht der Beköstigungsabteilung vom Roten Kreuz, zum Teil wie in Loge Philippsruhe, Reservelazarett II etc. in eigner Regie. Durch das Depot für Liebesgaben etc. im Stadtschloß werden außerdem den Verwundeten in reicher Weise alle möglichen Erleichterungen, Stärkungs- und Genußmittel und freudige Überraschungen bereitet. Selbst der obligate Zwetschen- und Aepfelkuchen fehlt von Zeit zu Zeit nicht dank der liebenswürdigen Stiftung hiesiger Bäckermeister. Vom Lande kommt reichlich Gemüse und Obst."

Bezüglich der medizinischen Fürsorge heißt es: „Der ärztliche Dienst wird durch die hiesigen und auswärtige Ärzte versehen. Die Pflege haben außer dem militärischen Personal, evangelische und katholische Schwestern und außerdem zahlreiche Kriegshelferinnen vom Roten Kreuz und sonstige Helferinnen übernommen."[13]

Insgesamt standen in Hanau und Umgebung bis zum Ende des Jahres 1914 in 18 Gebäuden Lazarette mit rund 1900 Betten zur Verfügung. Der Vaterländische Frauenverein Hanau leistete mit seinen Helferinnen in all diesen Einrichtungen Dienst, wobei manche gleich am zweiten Kriegstag dort eingestellt wurden.[14] Auch im Langenselbolder Schloss bestand während des Ersten Weltkrieges ein Lazarett des Roten Kreuzes, das aber organisatorisch nicht den Hanauer Reservelazaretten angeschlossen war.

Wie scheinbar idyllisch sich das Verwundetsein ausnehmen konnte, lässt sich beispielhaft anhand von zwei Artikeln des Hanauer Anzeigers ersehen, die im November 1914 erschienen. In beiden Fällen handelt es sich um Ausflüge Genesender in die Umgebung ihrer Lazarette. Bei einem „Spaziergang Verwundeter nach Dörnigheim" wurden die verletzten Soldaten aus Hanauer Lazaretten am Dörnigheimer Bahnhof von „Rektor Geb und den Schulkindern mit Hurra empfangen. Alsdann ging es mit Trommlern und Pfeifern im Zuge nach dem ‚Gasthaus zur Mainlust' von Ernst Fischer. Hier wurden die Verwundeten von Pfarrer Römheld herzlich begrüßt. Herr Pfarrer Römheld brachte das Kaiserhoch aus, worauf ‚Deutschland, Deutschland über alles' gesungen wurde. Es folgten noch verschiedene Lieder der Schuljugend sowie patriotische Vorträge [...] Auch für das leibliche Wohl der Soldaten hatte man Sorge getragen, indem die Bäcker und Fleischer, sowie der Gastwirt Fischer hierfür durch unentgeltliche Lieferung eingetreten waren und auch die Einwohner Obst in großen Mengen gespendet hatten. Nachdem Rektor Geb sich noch über die Geschichte Dörnigheims verbreitet hatte, wurde frohen Mutes der Heimweg angetreten."

Ähnlich patriotisch inszeniert wurde ein „Verwundetenbesuch aus Büdesheim in Windecken", der Ende November 1914 erfolgte. Es war dies der vierte derartige Ausflug genesender Soldaten aus dem Büdesheimer Lazarett in die nahe Kleinstadt. Die Verwundeten kamen „in stattlicher Anzahl, begleitet vom Ortspfarrer, Herrn Bernbeck, und den in der Pflege tätigen Personen [...] auf Einladung unserer unter der tatkräftigen Leitung der unermüdlichen Frau Pfarrer Henß stehenden Frauenhilfe, ‚Kriegshilfe Windecker Frauen und Mädchen', hierher und wurden vom Bahnhof nach dem ‚Gasthaus zum goldenen Löwen' geleitet, wo einladend gedeckte Tische im prächtig geschmückten und behaglich geheizten Saale sie erwarteten. Den guten Kaffee und vortrefflichen Kuchen ließen sich unsere wackeren Vaterlandsverteidiger [...] schmecken. Im Laufe des Nachmittags wurden verschiedene mit Beifall aufgenommene Reden gehalten. Herr Metropolitan Baumann feierte in längeren Ausführungen den Kaiser und brachte ein Hoch auf ihn aus; Frau Pfarrer Henß ging auf die Arbeit der Frauenhilfe ein und führte in zu Herzen gehender Weise aus, wie die Arbeit der durch den Krieg mobil gemachten und unter die Fahne des Roten Kreuzes geeilten deutschen Frauen unserem Vaterlande und unseren Soldaten zugute komme." Nach Ansprachen, Darbietungen des Kirchenchores, humoristischen Einlagen der Soldaten und „einem einfachen schmackhaften Essen für alle Teilnehmer" wurden die Gäste zur Bahn geleitet.[15]

Bezeichnend für die Stimmung, die in den ersten Wochen nach Kriegsbeginn in Deutschland herrschte, ist ein Aufruf des Hauptvorstandes des Vaterländischen Frauenvereins vom 22. September 1914. Darin wird zunächst die Arbeitsteilung von Männern und Frauen während eines großen militärischen Konfliktes beschrieben: „Männer und Frauen wetteifern im Opfermute für das Vaterland. Der Mann erfüllt seine Pflicht auf dem Schlachtfelde, die Frau am Krankenlager. Der Mann schlägt, die Frau heilt Wunden." Dafür und zur Versorgung der Angehörigen der Frontsoldaten sollte der VFV „die deutschen Frauen und Jungfrauen ohne Unterschied des Glaubens und Standes unter dem Banner des Roten Kreuzes" vereinen.[16]

„Der Mann schlägt, die Frau heilt Wunden"

Doch es sollte nicht bei diesen beiden Betätigungsfeldern bleiben. Die kriegsbedingten Aufgaben erfuhren bald eine Ausweitung. Hingegen musste man andere Tätigkeiten, die in Friedenszeiten den Schwerpunkt der Arbeit der Frauenvereine darstellten, einschränken oder ganz einstellen. In der ersten Kriegsphase stand die Sorge für die Soldaten im Vordergrund, die Krankenpflege sowie die dafür notwendige Ausbildung von Hilfsschwestern und Helferinnen, ebenso wie Sammelaktionen. Doch im Verlauf des Krieges kam noch einiges hinzu. Je länger der Konflikt dauerte, umso stärker wurde die Spendenbereitschaft der Bevölkerung strapaziert. So sammelte der Hanauer Frauenverein mehr und mehr im Zuge bestimmter Aktivitäten, wie etwa für die Errichtung von Soldatenheimen, zur Unterstützung der Schwesternausbildung und auch für den Bau von Unterseebooten. Außerdem forderten die Zweigvereine des VFV zur Zeichnung der Kriegsanleihen auf.[17]

Im Gegensatz zu dieser kriegsbedingten Ausweitung der Vereinsaktivitäten musste die Fürsorge für Kranke und Wöchnerinnen nahezu vollständig eingestellt werden.[18] Und dies, obwohl die Mangelwirtschaft immer größere Ausmaße annahm. Insbesondere im sogenannten Kohlrübenwinter 1916/17 litten große Teile der Bevölkerung, hauptsächlich in den Städten, Hunger. Spätestens hier zeigte sich, wie begrenzt die Möglichkeiten des Roten Kreuzes und der anderen wohltätigen Organisationen waren. Denn trotz aller Einschränkungen und Ersatzstoffe, trotz der Einrichtung von Volksküchen starben in Deutschland während des Ersten Weltkrieges vornehmlich aufgrund der britischen Seeblockade rund eine dreiviertel Million Menschen direkt oder indirekt an der unzureichenden Versorgung mit Lebensmitteln.

Liebesgaben für Soldaten

Bei Kriegsausbruch dachten wohl nur ganz wenige an derartige Zustände, weshalb das Sammeln und Herstellen von Liebesgaben zunächst auf große Resonanz stieß. Die ersten Liebesgaben wurden bei Kriegsbeginn in Hanau wohl eher spontan ohne Zutun des Roten Kreuzes an die ausrückenden Soldaten verteilt. „Das waren z. B. mit einem Band hübsch zusammen gebundene Zigarren oder Zigaretten, ein in ein buntes Tuch gepacktes Stück Kuchen, wollene Strümpfe oder Leibchen, Fäustlinge und Ohrenwärmer usw. Am Ostbahnhof angekommen stimmte die Regimentskapelle dann üblicherweise das alte Lied an: Muß i denn, muß i denn zum Städtele hinaus – und du, mein Schatz, bleibst hier!"[19]

Der Vorstand des Hanauer Vaterländischen Frauenvereins bat in seinem ersten Sammelaufruf am 5. August um Brot, Brötchen, Butter, Tee, Kaffee, Milch und Zucker für die Verpflegung der per Eisenbahn durch Hanau reisenden Truppen.[20] In den ersten Kriegswochen folgten dann – mit viel nationalem Pathos versehen – Aufrufe des Roten Kreuzes, die um Geldmittel für die Reservelazarette, die Truppenverköstigung an den Bahnhöfen, die Frontsoldaten und bedürftige Familien der im Feld stehenden Krieger baten. Zur Annahme der Geldspenden dienten die Hanauer Geldinstitute. Für die Spendenwilligen auf dem Land sollten die Bürgermeister Sammelstellen einrichten. Ebenso verhielt es sich mit Lebens- und Genussmitteln aus den Kreisgemeinden, die in den Orten zentral gesammelt und dann in Hanau abgeliefert wurden.[21]

Die gespendete Geldsumme belief sich bis zum 9. Oktober 1914 auf 92 500 Mark.[22] Als besonders eifrige Spendensammler erwiesen sich die Mitglieder des Vaterländischen Frauenvereins Hanau, die im Rahmen der Aktion „Kriegspatenschaft" durch persönliches Eintreten 33 408 Mark zusammenbrachten. Während des Krieges kam in Stadt und Land Hanau zu diesem Zweck der Betrag von 134 000 Mark an Spendengeldern in die Kassen.[23]

Bereits am 13. August erschien der „Aufruf zur Stiftung von Gaben für die Zwecke des Roten Kreuzes". In dem mit „Die Organisation vom Roten Kreuz im Stadt- und Landkreise Hanau" unterzeichneten Dokument wird an die „patriotische Gesinnung und die tätige Opferwilligkeit" der Bevölkerung appelliert und um Kleidung sowie Nahrungs- und Genussmittel gebeten. Nutznießer dieser Sammlung sollten außer den Verwundeten in den Lazaretten in und um Hanau vornehmlich Frontsoldaten sein, die in Friedenszeiten in Hanau in Garnison lagen.[24]

In den ersten Kriegsmonaten veröffentlichte der Hanauer Anzeiger die Namen und die Gaben der Spender, so dass eine breite Palette von Gütern des Bedarfs der Frontsoldaten und Verwundeten überliefert ist. Sie reicht von Lebens- und Genussmitteln jeglicher Art bis zu Kleidungsstücken, deren Bezeichnungen heute kaum noch geläufig sind, so z. B. Koltern (Decken), Stauchen (Pulswärmer), Lungenwärmer, Fußlappen und Leibbinden. Letzteres fertigten einzelne Frauen oder meist kirchliche Frauengruppen für die Verletzten oder Frontsoldaten an. Der Hanauer Vaterländische Frauenverein unterhielt zudem seit 1914 eine Nähstube mit angestellten Näherinnen, die Militärbekleidungsstücke anfertigten. Als Sammelstelle für die verschiedenen Spenden aus Stadt und Landkreis Hanau diente das Stadtschloss, von wo aus dann die Sendungen mit Liebesgaben an die Front oder in die nahen Lazarette verschickt wurden.[25] In ihrer Spendenbereitschaft zeigte sich die Bevölkerung, wie schon während des Deutsch-Französischen Krieges, als äußerst großzügig. Und alle Schichten und Generationen opferten. Dazu gehörten die politischen Gemeinden des Landkreises ebenso wie Vereine, Kirchengemeinden oder wohltätige Gruppen, Geschäftsleute und Industrielle, gleichfalls Privatpersonen, Schulklassen, Stammtischbrüder oder Firmenbelegschaften.

Anders als 1870, als die militärische Entscheidung schon nach einigen Wochen gefallen war, mündete der Erste Weltkrieg jedoch in einen langwierigen Stellungskrieg. Dies veranlasste das Rote Kreuz unter anderem dazu, sich um warme Unterkleidung für die kämpfende Truppe zu bemühen. Dazu installierte man reichsweit – „auf besondere Anregung Ihrer Majestät der Kaiserin" – einen eigenen Kriegsausschuss für warme Unterkleidung.[26] Gegen Jahresende 1914 verebbte der Strom an mildtätigen Gaben allerdings zusehends, denn der Krieg traf auch die Heimat immer stärker und schuf hier eine lange nicht mehr gekannte Not.

Bahnhofsdienst im Ersten Weltkrieg

Bereits am Tag der deutschen Kriegserklärung an Frankreich (3. August 1914) wurden auf dem Hanauer Ostbahnhof die Bahnhofswache sowie eine Verpflegungs- und Erfrischungsstelle eingerichtet. Um die Versorgung der zur französischen Grenze abziehenden Truppen gewährleisten zu können, bedurfte es großer Mengen an Verpflegung. Dazu erschien schon am 5. August der „Aufruf an unsere Mitbürger". Am 19. Oktober erfolgte eine weitere Bitte um Liebesgaben, worin man zusätzlich um Schokolade, Zigarren und Zigaretten bat.[27] Aufgabe der eingesetzten Helferinnen des Frauenvereins war es anschließend, die Stärkungen und Erfrischungen vorzubereiten und den Soldaten an den Bahnsteigen auszuhändigen.

Für die Gruppierungen des Roten Kreuzes in und um den wichtigen Verkehrsknotenpunkt und Lazarettstandort Hanau bedeuteten insbesondere die ersten Kriegswochen eine starke Inanspruchnahme. Ein großes Maß an organisatorischer und pflegerischer Arbeit musste geleistet werden, um die Soldaten, je nach Bedürfnis, zu erfrischen, zu verköstigen, zu verbinden, weiterzutransportieren oder sonstwie zu versorgen.

Abb. 15: Der Bahnhofsdienst der Freiwilligen Sanitätskolonne Hanau während des Ersten Weltkriegs.
Foto: DRK Kreisverband Hanau / Medienzentrum Hanau.

Den in der Heimat verbliebenen Männern der Freiwilligen Sanitätskolonne Hanau stand die Aufgabe zu, die verwundeten oder erkrankten Krieger aus- oder umzuladen, sie in die nahegelegenen Lazarette zu bringen, die nötigen Verbandwechsel auszuführen oder für Übernachtungsplätze zu sorgen.[28] Dabei stellte der Transport von schwerverwundeten Soldaten den kompliziertesten Teil ihrer Tätigkeit dar. Dass dies damals noch mit recht primitiven Mitteln geschah, belegt eine Anzeige von Anfang August 1914. Darin bittet das Rote Kreuz, Zweigverein Hanau, „für die Dauer des Bedarfs unwiderruflich" um „Fahrräder, leichtfedernde Handwagen u. dergl. für den Transport von Kranken".[29] Bedenkt man dabei, dass bis zu 200 Verwundete pro Zug in Hanau ankamen, so lässt sich leicht nachvollziehen, dass man mit den vorhandenen Fahrzeugen nicht in der Lage war, die Bedürftigen umgehend in die Lazarette zu befördern.

Insgesamt versorgte die Freiwillige Sanitätskolonne vom Roten Kreuz Hanau im engen Zusammenwirken mit dem Frauenverein zwischen August 1914 und April 1919 weit mehr als 120 000 Soldaten, Deutsche und Kriegsgefangene, darunter etwa 27 000 Verwundete, die hier ausgeladen, und mehr als 5900 Schwerverwundete, die einzeln transportiert werden mussten.[30] Die Bahnhofswache wurde erst am 31. März 1919, fast fünf Monate nach Kriegsende, aufgelöst. Aber auch danach kamen immer noch Soldatenzüge im Hanauer Ostbahnhof an.

Kriegsbegeisterung und Übereifer in Gelnhausen

Wie überall im Deutschen Reich führte der Erste Weltkrieg auch im Kreis Gelnhausen zu einer Ausweitung der Rotkreuzarbeit mit einem deutlichen Anstieg der Anzahl von Helferinnen und Helfern. Außerdem zeigte die Bevölkerung eine enorme Spendenbereitschaft zugunsten der vielfältigen Aufgaben des örtlichen Roten Kreuzes. Doch sollte dieser lange Konflikt die Hilfsorganisation auch vor große Probleme stellen.

Wie groß die Kriegsbegeisterung Anfang August 1914 innerhalb der kaisertreuen Rotkreuzbewegung war, geht aus einer Passage im Protokollbuch der Freiwilligen Sanitätskolonne vom Roten Kreuz zu Gelnhausen hervor, wo zu lesen ist: „Der 1. August des Jahres wird uns allen im Gedächtnis bleiben, an diesem Tage ordnete seine Majestät die Mobilmachung des gesamten deutschen Heeres an. Es war ein erhebendes Gefühl zu sehen, mit welcher Begeisterung alle waffenfähigen Männer in den Kampf zogen. Aber auch alle diejenigen in unserer Colonne, die nicht mit hinaus ziehen konnten, wetteiferten in dem Bestreben, die Leiden der Krieger zu lindern, den Verwundeten Hilfe & Beistand zu bringen. So waren die 20 Jahre unserer Friedensarbeit nicht umsonst, der Krieg fand uns bereit, alle Forderungen, die an uns gestellt wurden, zu erfüllen."[31]

Das Rote Kreuz in und um Gelnhausen bat bei Kriegsausbruch sofort per Anzeigen um Spenden und sammelte Liebesgaben. Jedoch verlangten die Versorgung der an die Front reisenden Truppen und bald auch die der ersten eintreffenden verwundeten Soldaten die volle Aufmerksamkeit der Gruppierungen des lokalen Roten Kreuzes. Der Gelnhäuser Vaterländische Frauenverein organisierte bereits ab dem 2. August den Bahnhofsdienst[32] und stellte Freiwillige für verschiedene Aufgaben zur Verfügung. Ähnlich verhielt es sich mit den Männern der Freiwilligen Sanitätskolonne vom Roten Kreuz Gelnhausen, die sich noch am Tag der Mobilmachung trafen, um die notwendigen Maßnahmen zu besprechen. Die Kameraden richteten sofort Tag- und Nachtwachtdienste am Bahnhof ein. Dabei unterstützten sie die Frauen vom VFV bei der Verteilung von Erfrischungen an die Soldaten, die an die Front kommandiert waren, und versorgten ankommende Verwundete.[33]

Jedoch ließ man bei der Errichtung der Versorgungsstelle wohl aufgrund patriotischen Übereifers die notwendigen Sicherheitsaspekte außer acht. So kam es bereits einen Tag nach der Eröffnung der Verpflegungsstation zu einem tödlichen Unfall, dem eine Frau aus Gelnhausen zum Opfer fiel. In einem von Stadtrat Willy Schöffer unterschriebenen Bericht vom 8. September heißt es zur Situation am Bahnhof: „Ich fand dorten eine geradezu polizeilich unverantwortliche Einrichtung. Für jede Kanne Wasser oder Kaffee musste das Geleise der Haupt- und der Oberhessischen Bahn überschritten werden, oder der weite Weg durch den Tunnel musste beschritten werden, was bei der grossen Menge von Getränken etc. die gebraucht wurden, ungemein beschwerlich war. Nach Rücksprache mit Frau Sanitätsrat Dr. Hüter [...] besorgte ich am anderen Morgen auf das Mittelperron des Bahnsteiges zwei Kesselöfen, die ich von Bindernagel entlieh. Hierdurch war der gefährliche Uebergang über die Geleise zum grössten Teil unterbunden. Freiwillig stellte ich mich den Samariter Vereinen zur Hilfe zur Verfügung und hatte an der regen Entwickelung der Verpflegungsstation meine helle Freude. Alles, was sich in dieser Station von selbst gewissermaßen entwickelte, war gut und wurde nur durch gar häufige wirklich unpraktische Anordnungen der Vorstandsdamen getrübt, wodurch vielerlei Differenzen entstanden, die man aber nicht allzu tragisch nehmen musste, die aber wieder auf der anderen Seite einen gewissen Humor heraufbeschwörten, der in der ernsten Zeit seine gute Wirkung nicht verfehlte. Nicht unerwähnt will ich lassen, dass nach meinen Wahrnehmungen besonders die jungen Mädchen, mit geringer Ausnahme, sich hingebend dem Dienste widmeten, wobei das Erfreuliche dabei war, dass alle Stände vertreten waren."[34]

Allerdings bezog Schöffer diese erfreulichen Eindrücke nicht auf alle Rotkreuzmitglieder. Er kritisierte in seinem Bericht mehrfach das Verhalten des örtlichen Roten Kreuzes und besonders das von Anna Hüter, der Vorsitzenden des VFV, hinsichtlich mangelnder Zuverlässigkeit und fehlender Absprachen mit der Stadtverwaltung sowie eines nicht förderlichen Übereifers zu Kriegsbeginn. Als Konsequenz schlug Schöffer eine klare Arbeitsteilung vor, da ihm ein kooperatives Zusammenwirken nicht möglich erschien. Demnach sollte sich die Stadtverwaltung um „die Tätigkeit in der Stadt" und die Rotkreuzvereine um „diejenige auf dem Land" sowie die Verpflegungsstation und den eventuell anstehenden Dienst „in dem zu errichtenden Reservelazarett in der Elektrischen Fabrik" kümmern.[35] Bis Mitte August klärten sich die Probleme am Bahnhof allerdings weitgehend von selbst, denn die meisten Truppentransporte in Richtung Westfront hatten Gelnhausen bis dahin passiert. Der Betrieb der Erfrischungsstelle am Bahnhof wurde deshalb eingeschränkt.

Hohe Spendenbereitschaft

Unmittelbar nach der Mobilmachung erschienen mehrfach Aufrufe zur Spende von Geld, Lebensmitteln und Getränken für die Soldaten, die den Bahnhof Gelnhausen auf dem Weg zur Westfront passierten. Bereits am 13. August wurde im „Kreis-Blatt" unter der Überschrift „Rotes Kreuz Gelnhausen" eine erste Auflistung von Spendern und Liebesgaben „für die Erfrischungsstation" veröffentlicht. In diesem Verzeichnis erscheinen Hunderte von Personennamen aus Gelnhausen und seiner unmittelbaren Umgebung. Die Höhe der einzelnen Geldspenden bewegte sich von einer bis zu 110 Mark, was zur damaligen Zeit in etwa dem Monatslohn eines gut bezahlten Facharbeiters entsprach. Zu den freigiebigsten Spendern gehörten neben Frau Hüter, der Vorsitzenden des VFV, der Israelitische Frauenverein und Fräulein Kees mit je 100 Mark. Spitzenreiter war der Nationalliberale Verein Gelnhausen. An Lebensmitteln gaben die Kreisbewohner zu Kriegsbeginn unter anderem Brot, Milch, Kaffee, Malz, Sodawasser, Limonade, Tee, Zucker, Brötchen, Gelee, Saft, Schokolade, Eier und Obst zur Verteilung an durchfahrende Soldaten im Bahnhof Gelnhausen.[36]

Am 20. August wurde bereits das dritte Spenderverzeichnis veröffentlicht. Eifrige und großzügige Spender waren nun die Gemeinden, vorneweg Neuenhaßlau, Gondsroth und Hailer, die 550, 153,50 und 125 Mark erübrigten. An Sachspenden kamen neben Lebensmitteln hauptsächlich Bettwäsche, Zigarren und Zigaretten zusammen.[37] In der Ausgabe des „Kreis-Blatts" vom 22. August wurden vornehmlich die privaten Spender aus Gondsroth, Neuses, Neuenhaßlau und Kassel genannt. Neben Geld, Kleidung und Lebensmitteln sammelte das Rote Kreuz auch Wäsche.[38] Eine vorläufig letzte Sammelliste für die Erfrischungsstelle am Bahnhof erschien am 29. August im „Kreis-Blatt". Hierin sind in erster Linie Spender mit ihren Liebesgaben aus Altenmittlau, Breitenborn (Lützel) und Rothenbergen abgedruckt.[39]

Es gab natürlich auch weiterhin Sammlungen, aber nicht speziell für die Versorgung durchfahrender Soldaten, sondern für die verschiedensten Aufgaben des Roten Kreuzes – ob an der Front oder in der Heimat. Allerdings wurden nun die Listen der Spenden und Spender zusehends kürzer, zumeist sind nur einige wenige Spendenwillige aufgeführt. Hinzu kam, dass bald nicht nur für Soldaten oder ihre bedürftigen Familienangehörigen in der Heimat gesammelt wurde, sondern auch für Landsleute in Grenzregionen. Entsprechend sammelte das Rote Kreuz in Gelnhausen und Umgebung für die vom Krieg betroffenen Bewohner in Elsass-Lothringen und besonders für die „schwer heimgesuchten ostpreußischen Landsleute".[40]

Eine umfangreichere Sammelliste publizierte das „Kreis-Blatt" nochmals am 26. November 1914. Darin sind allerdings die gespendeten Geldsummen deutlich geringer als zu Kriegsbeginn. Hingegen wurde nun entsprechend vorheriger Aufrufe vermehrt wärmende Kleidung in der Sammelstelle bei Philipp Stock in der Langgasse angenommen. Offensichtlich rechnete man nicht mehr mit einem kurzen Feldzug und bemühte sich deshalb um dicke Strümpfe, Pulswärmer, Leibbinden, Unterhosen, Unterjacken, Wollhemden und Kopfschützer.[41]

Eine Kuriosität, geboren aus dem nationalistischen Überschwang des Jahres 1914, verrät eine kurze Auflistung der Ausgabe des „Kreis-Blatts" vom 29. September. Dort sind zumeist die Sammelergebnisse von Schulklassen aufgeführt. Darunter befindet sich auch die Summe von drei Mark, welche die Prima der Realschule als Strafgeld für verwendete Fremdwörter aufgebracht hatte.[42]

Insgesamt zeigte die Bevölkerung des Kreises Gelnhausen in den ersten Kriegswochen und -monaten eine erstaunliche Spendenbereitschaft. Alle Schichten opferten für die gute Sache. Dazu gehörten die Kommunen des Landkreises ebenso wie Vereine, Kirchengemeinden, wohltätige Gruppen, Unternehmen, Geschäftsleute, Handwerker, Beamte, Pfarrer, Schulklassen, Kaufleute und Fabrikanten, zahlreiche Landwirte und Arbeiter sowie viele andere Privatpersonen und einige Adlige aus der Region.

Nachdem die wichtigsten Truppentransporte Gelnhausen in Richtung Westfront passiert hatten, wurde dennoch weiter gesammelt. Nutznießer der Gelnhäuser Spenden war nun die Hauptsammelstelle des XVIII. Armeekorps in Frankfurt. In den Genuss der Spenden kamen daneben natürlich auch die örtlichen Lazarette, Angehörige von Frontsoldaten und kriegsgeschädigte Zivilisten in den Grenzregionen.

Das am Bahnhof Gelnhausen nicht mehr benötigte Rotkreuzpersonal erhielt nun andere Einsatzorte. Aus einer Einladung an die Mitglieder der Sanitätskolonne Gelnhausen geht hervor, dass die „Kommandierung von Mannschaften der Kolonne nach Frankfurt" zur Durchführung des Bahnhofsdienstes erfolgt sei, wo man bei der Ankunft von Verwundetentransporten am Süd- und Hauptbahnhof mithalf.[43]

Die Einbeziehung auch der Kinder in die Kriegswirtschaft des Deutschen Reiches verdeutlicht ein Artikel im „Kreis-Blatt" vom 20. Oktober 1914. Darin werden Schüler und Schülerinnen aufgefordert, Kastanien und Eicheln für das Rote Kreuz zu sammeln. Beides sollte zur Gewinnung von Stärke sowie als Kaffee- und Kakaoersatz dienen. Die Abschnürung Deutschlands vom Welthandel machte sich offensichtlich bereits nach wenigen Kriegsmonaten bemerkbar, doch dies sollte die Bevölkerung bald noch weit schmerzlicher zu spüren bekommen als beim Verzicht auf Kaffee oder Kakao.

Am Ende des Jahres 1914 appellierte der VFV nochmals an die Leser des „Kreis-Blatts". Es heißt dort: „Möge die Gebefreudigkeit für die Zwecke des Roten Kreuzes auch im neuen Jahre nicht erlahmen und sich allerorts immer wieder von neuem betätigen zum Besten unserer armen Verwundeten und tapferen Krieger."[44] Zwar erlahmte im Kriegsjahr 1915 die Spendenbereitschaft der Kreisbewohner nicht völlig, aber sie ging doch zurück. Recht erfreulich war hingegen das Sammelergebnis anlässlich der „Reichswollwoche" im März 1915. Die Verarbeitung der Wollspenden lag in den Händen des Vaterländischen Frauenvereins, dessen Mitglieder im „Casino" in Gelnhausen fast vier Wochen lang „mit großem Eifer von früh morgens bis spät abends" Decken, Unterziehjacken, Hosen und andere Kleidungsstücke herstellten. Ähnliches Engagement zeigten Frauen in Birstein und Somborn. Insgesamt konnten so 1305 Decken an die

Abnahmestelle nach Frankfurt zur Weiterleitung an die Front gesandt werden. Zur Zentralstelle in Kassel gingen „625 Unterziehjacken, 97 Hosen mit Bänder und 14 Unterhosen ohne Bänder. Ferner eine Anzahl Hemden, Filzsohlen, Leibbinden, Lungenschützer, Kniewärmer usw." Für die notleidende Bevölkerung Ostpreußens wurde ein ganzer Eisenbahnwaggon mit „gut erhaltener Kleidung" bestückt.[45]

Am 9. Oktober 1915 erschien im „Kreis-Blatt" die umfangreichste Auflistung mit Spendernamen und Liebesgaben. Dabei handelte es sich vornehmlich um Schulklassen, Lehrer, Pfarrers- oder Förstersfrauen. Mehrheitlich bestanden die Gaben aus wärmender Kleidung sowie Genussmitteln wie Zigarren, Zigaretten, Schokolade und Obstprodukten.[46] Kurz vor Weihnachten 1915 stellte das Gelnhäuser Rote Kreuz für das XVIII. Armeekorps drei Kisten mit Liebesgaben zusammen. Ihr Inhalt bestand unter anderem aus Tabak, Zeitschriften und Kleidungsstücken, darunter 234 Paar Strümpfen. „Außerdem erhielt jeder Krieger aus dem Kreise Gelnhausen ein Weihnachtspaket zugesandt."[47]

Ab 1916 verebbte jedoch der Strom an mildtätigen Gaben spürbar. Der Krieg traf nun auch die Heimat immer stärker und schuf hier eine lange nicht mehr gekannte Not. Die Versorgungsprobleme machten sich in weiten Teilen der Bevölkerung der Kreisstadt immer stärker bemerkbar. Der Vaterländische Frauenverein war deshalb von Seiten der Stadt einbezogen worden, um bedürftige Personen festzustellen und sie mit Geld oder anderen Hilfsmitteln zu unterstützen. Schon im Juli 1915 wies Anna Hüter in einem Schreiben an Bürgermeister Dr. Schmidt auf „die durch den Mangel an Gemüsen und Kartoffeln bei der ärmeren Bevölkerung hervorgerufene Not" hin und bat, die erst für den Herbst vorgesehene Verteilung der Kartoffelrationen „an die in Betracht kommenden Armen" vorzuverlegen. Der VFV hatte zu diesem Zweck 200 Mark gesammelt.[48]

Lazarette in Stadt und Kreis Gelnhausen

Ein wichtiger Tätigkeitsbereich für Frauen und Mädchen innerhalb des Roten Kreuzes in und um Gelnhausen war die Versorgung von Verwundeten. Zur Rekrutierung geeigneten Personals nahm man zunächst einmal die Ortspfarrer in die Pflicht. Ihnen oblag es, diejenigen aufzulisten, die sich zur Pflege von verwundeten und erkrankten Soldaten gemeldet hatten.[49] Für hilfswillige Frauen ohne Vorkenntnisse fand dann im Hessischen Hof ab dem 24. August abends ein vierwöchiger Kurs statt. Von den Teilnehmerinnen wurde erwartet, dass sie möglichst das 20. Lebensjahr vollendet hatten und sich zu einem mindestens dreimonatigen Pflegedienst im Heimatgebiet verpflichteten.[50]

Die angedeutete wohnortnahe Verwendung lässt auf die Einrichtung von Lazaretten in Gelnhausen und Umgebung schließen. Aus den vorhandenen und ausgewerteten Unterlagen geht hervor, dass

Reserve Lazarett I
Gelnhausen b/Frankfurt a/M
1914-15.

Abb. 16: Das Reservelazarett I der Königlich-Preußischen Intendantur des XVIII. Armeekorps in Gelnhausen 1914. Foto: Otfried Zipf, Linsengericht-Altenhaßlau.

außer in der Kreisstadt zumindest noch in Bad Orb, Birstein, Meerholz und Somborn Reserve- oder Hilfslazarette bestanden.[51] Im „Bad Orber Anzeiger" erschien schon am 4. August 1914 ein Aufruf des Bürgermeisters, Hotels und Pensionen zu melden, die sich als Lazarette eigneten. Außerdem wurde berichtet, dass das Sanatorium Küppelsmühle bereits als Lazarett zur Verfügung gestellt worden sei. Die Ausgabe vom 26. September enthält folgende von Chefarzt Dr. Betcke unterschriebene Anzeige: „Das Reservelazarett beklagt heute den ersten Toten: Reservist Hans Nobst aus Freiburg in Sachsen [...]. Auch er starb als pflichtgetreuer Soldat für des Reiches Macht und Wohlfahrt."[52]

Konkretes zu den Lazaretten in Gelnhausen ist in einem Auszug aus dem Protokoll der Magistratssitzung vom 8. August 1917 aufgeführt. Danach gab es drei Reservelazarette in Gelnhausen, die „städtischerseits" der Heeresverwaltung zur Verfügung gestellt worden waren. Dabei handelte es sich um das Städtische Krankenhaus, das seit 15. September 1914 als Reservelazarett diente, das Gebäude im Schöfferpark, seit 7. Dezember 1915, und das Casino, seit 15. Dezember 1916. Dies und die von der Stadtverwaltung Gelnhausen vorgeschlagene Arbeitsteilung legen nahe, dass sich das lokale Rote Kreuz um das „zu errichtende Reservelazarett in der Elektrischen Fabrik" kümmern und dieses dann als Vereinslazarett weiter betreiben sollte.[53]

Offensichtlich war die Einrichtung von drei Lazaretten in Gelnhausen ursprünglich nicht geplant, jedoch trafen schon am 5. September 1914 mehr Verwundete ein, als das Reservelazarett I Betten hatte, sodass weitere Einrichtungen geschaffen werden mussten. Bis Ende Juli 1916 wurden in Gelnhausen 670 verwundete und kranke Soldaten gepflegt. Zur Versorgung der Patienten waren Schwestern vom Diakonissenmutterhaus Kassel entsandt worden. Da diese aber nicht ausreichten, stellte der Vaterländische Frauenverein frisch ausgebildete Kräfte zur Verfügung. Die Leitung der Reservelazarette in den Kreisen Gelnhausen und Schlüchtern unterstand seit 1916 Dr. Hermann Schaum, der selbst in den ersten Kriegstagen schwer verwundet worden war.[54]

Der Aktionsradius der Sanitätskolonne Gelnhausen reichte weit über das Stadtgebiet hinaus. Die Kolonnenmitglieder bildeten in Somborn und Salmünster „Hilfsmannschaften für die dortigen Lazarette aus". Ferner begleiteten sie Verwundete, die sich auf dem Wege der Besserung befanden, in andere Lazarette, wie etwa nach Birstein, Meerholz, Ortenberg, Somborn und Salmünster. Einige Kameraden taten im Bahnhof Gießen Dienst und übernahmen dort Verwundete, die sie zu weiter entfernten Lazaretten begleiteten. Andere kümmerten sich um Soldaten, die als Einzeltransporte von Gelnhausen in andere Städte verlegt wurden. So kamen Gelnhäuser Sanitäter beispielsweise bis nach Magdeburg, Dresden, München, Posen oder Bremen.[55] Außerdem nahm die Gelnhäuser Region bei Kriegsbeginn aufgrund „der Einbruchsgefahr der Russen" einige Hundert Schlesier auf. Sie wurden in Gelnhausen empfangen, einige Tage untergebracht und dann weiter verteilt. Anfang 1916 kamen „ungefähr 200 elsässische Flüchtlinge". Sie wurden von der Kolonne abgeholt, zu einer vorläufigen Unterkunft gebracht und kamen am nächsten Tag zu Familien in umliegende Dörfer.[56]

Wachsende Not im Kriegsalltag

Nachdem die Truppentransporte an die Westfront den Bahnhof Gelnhausen passiert hatten, verfügte das örtliche Rote Kreuz wieder über freie personelle Kapazitäten. Die Sanitätskolonne verlegte einen ihrer Einsatzschwerpunkte nach Frankfurt, während sich nun der Vaterländische Frauenverein wieder verstärkt sozialen Aufgaben zuwenden konnte.[57] Der VFV richtete „im Zusammenwirken mit der Stadtverwaltung" ab dem 28. September 1914 einen „Kinderhort" ein. Hier verabreichte man Schulkindern, deren Eltern „tagsüber außer Hause" waren, ein Mittagessen und beaufsichtigte sie anschließend.⁵⁸ Für Mitglieder der Sanitätskolonne bestand der Friedensdienst weiterhin in der Hilfe bei Unglücksfällen und im Transport von Schwerkranken in Hospitäler nach Hanau und Frankfurt.⁵⁹

Die verschiedenen Gliederungen des Roten Kreuzes, vornehmlich die Samariterinnen des VFV, zeigten während der ersten beiden Kriegsjahre und darüber hinaus großes Engagement. Der „Zweigverein vom Roten Kreuz" trat als solcher selten in Erscheinung. Am 21. Oktober 1915 hielt er im Deutschen Haus in Gelnhausen eine Mitgliederversammlung ab, wo er laut Tagesordnung über die „Rechnungslegung", die „Verteilung der Zinsen der Kaiser-Wilhelm-Stiftung" und „die Tätigkeit des Zweigvereins und sonstige Vereinstätigkeit" unterrichtete.⁶⁰

Erst im September 1916 erfährt man dann wieder etwas vom Kreisverein. Unter der Überschrift „Werdet Mitglieder des Roten Kreuz-Vereins!" erschien eine Aufforderung an die Kreisbewohner, dem Roten Kreuz beizutreten. Weiter informiert der Artikel, dass die Organisation im Kreis „verhältnismäßig sehr wenig Mitglieder zählt". Der Beitritt wird darin als „Ehrensache" bezeichnet, und den Mindestbeitrag von einer Mark im Jahr könne sich jeder leisten.⁶¹ Die Aktion hatte einigen Erfolg. Schon gut eine Woche später zählte der Kreisverein 75 neue Mitglieder.⁶²

Zur Finanzierung ihrer vielfältigen Aufgaben veranstalteten die örtlichen Gliederungen des Roten Kreuzes mehrere öffentliche Unterhaltungsabende und Konzerte.⁶³ Beim „Kriegserbauungsabend", der am 17. Januar 1915 in der Turnhalle stattfand, kamen neben Gesang und Instrumentalmusik auch „patriotische Melodramen" zur Aufführung, die Begebenheiten aus der deutschen Geschichte szenisch darstellten. Die Eintrittspreise betrugen 0,50 bzw. 1 und 2 Mark. Der Erlös wurde „zum Besten des Roten Kreuzes" verwendet. Kein Erlös wurde hingegen bei einem eigens für Verwundete veranstalteten Unterhaltungsabend im Reservelazarett erzielt, den die Sanitätskolonne organisiert und durchgeführt hatte.⁶⁴ Die Mehrzahl derartiger Veranstaltungen fand in der Turnhalle des Turnvereins statt, einige auch im Saal der Gaststätte „Zur Hoffnung".

Von der Gelnhäuser Sanitätskolonne wurden insgesamt 17 Kameraden eingezogen, davon waren bis 1916 acht Mann als Sanitäter in den Heeressanitätsdienst eingegliedert worden. Von ihren Kameraden in der Heimat bekamen sie alljährlich eine „Weihnachtsgabe". Diese bestand 1915 aus 50 Zigarren, einer Flasche Cognac, Konserven und einem Begleitschreiben.⁶⁵ Einer von ihnen war Leutnant Georg Sonnenmayer, im Zivilberuf Oberlehrer, er fiel Ende 1916 in Rumänien.⁶⁶

Trotz der angespannten personellen Situation zeigten sich die in der Heimat verbliebenen, zumeist wohl älteren Sanitäter in der Lage, vielerlei Aufgaben wahrzunehmen. So waren sie im Oktober

1915 gefordert, als eine Sammlung für deutsche Zivil- und Kriegsgefangene in Russland erfolgte. Für die Beschaffung und Verpackung geeigneter Gegenstände sah man den Vaterländischen Frauenverein vor.[67] Im Kreisgebiet kamen für diesen Zweck innerhalb von vier Wochen 6304,70 Mark zusammen, wofür „warmes Unterzeug" und „Bedarfsgegenstände" gekauft, verpackt und dank der Bestimmungen der Genfer Konvention nach Russland zu den bedürftigen deutschen Soldaten und Zivilisten verschickt werden konnten.[68]

In Wächtersbach wurde während des Ersten Weltkrieges sogar eine neue Sanitätskolonne gegründet, obwohl die jüngeren Männer an den verschiedenen Fronten kämpften.[69]

Stimmung im Kriegsjahr 1917

Welche Stimmung im Kriegsjahr 1917 unter der Bevölkerung in und um Gelnhausen sowie im ansonsten ausgeprägt patriotischen Vaterländischen Frauenverein herrschte, davon gibt die Vorankündigung für ein Konzert einen Eindruck. Der Autor – oder in diesem Fall handelte es sich vermutlich um eine Verfasserin vom VFV – konstatierte, dass „in der gegenwärtigen tiefernsten Zeit wenig Stimmung für musikalische Veranstaltungen" herrsche, zumal wenn sie an einem normalen Wochentag stattfänden. Dennoch hoffe man auf guten Besuch, da „der Konzert-Ertrag ohne Abzug in die Kasse unseres Frauenvereins" fließe. Dieser habe die Mittel sehr nötig, „namentlich jetzt, wo wir vor erweiterten Kriegsaufgaben stehen". Der VFV versprach sich von der Veranstaltung einen dreifachen Nutzen. Ihr Verlauf solle den Lazarettinsassen eine Freude bereiten, die Einnahmen sollten den VFV in seiner „Kriegsfürsorge-Arbeit" unterstützen, und das Konzert solle den Besuchern jene „innere Erhebung und Erholung" bereiten, „deren die gedrückte Seele in dieser Zeit auch bedarf".[70] Ein Bericht zu Besuch und Ablauf des Konzertabends ist nicht erschienen. Doch belegen schon diese wenigen Zeilen, dass die Begeisterung der ersten Kriegsmonate lange verflogen war und die Rotkreuzgliederungen dringend Geld benötigten – nicht nur für die Soldaten, sondern auch für die Linderung mannigfacher sozialer Nöte der Zivilbevölkerung.

Wie sehr die sozialen Aufgaben des VFV in der Heimat während des Krieges die Oberhand gewannen, zeigen zwei Artikel des „Kreis-Blatts" vom März und November 1918, worin die „Anstalten und Einrichtungen des Vaterländischen Frauenvereins in Gelnhausen" aufgelistet werden.[71] Danach befand sich die „Kinderbewahranstalt" im Plankenweg. Dort kümmerte man sich um die Kinder bis zu sechs Jahren und verabreichte ihnen für 10 Pfennig täglich ein Mittagessen. Der „Schulkinderhort" im Alten Landratsamt und im Herzbachweg 2 war von 14 bis 19 Uhr geöffnet und sein Besuch kostete 20 Pfennige pro Woche. Außerdem gaben die Frauen vom VFV im Steitzsaal in der Braugasse wochentags Handarbeitskurse, Flick- und Nähunterricht.

Bis zum November 1918 stellte der VFV „Wanderkisten mit Wäsche für Säuglinge und nötigenfalls auch für Wöchnerinnen" zusammen. Die Bedürftigen konnten sie „leihweise und unentgeltlich im Romanischen Haus" abholen. Allerdings musste zuvor eine Anmeldung bei der Gemeindeschwester oder dem Vorstand des VFV erfolgen.

Trotz der vielfältigen Aktivitäten des VFV sah die Kriegsamtsstelle des XVIII. Armeekorps eine Effizienzsteigerung der Tätigkeiten verschiedener sozial engagierter Frauenvereine als notwendig an. Dazu wurden Vertreterinnen der diesbezüglichen Gruppierungen im Kreis Gelnhausen zu einer Besprechung unter Vorsitz der Fürstin von Isenburg-Birstein für den 22. April 1917 ins Deutsche Haus „dringend eingeladen".[72] Ziel des Treffens war der Zusammenschluss dieser Vereine im „Nationalen Ausschuss für Frauenarbeit im Krieg", um die „Zentralisierung der Frauenfürsorgevereine u. damit ein einheitlicheres Arbeiten als bisher" zu gewährleisten. Jedoch bestand der Ausschuss hauptsächlich aus den Zweigvereinen des VFV und Fürsorgevereinen in Birstein, Neuses und Bad Orb. Man hoffte, „eine doppelt rege und segensreiche Tätigkeit entfalten" zu können. Als Aufgabenbereiche in der ländlichen Region zwischen Vogelsberg und Spessart formulierte man „das Festhalten der landw. Arbeiterinnen auf dem Lande", die Erweiterung des Angebots an Krippen und Horten, die Anstellung einer „Kreisfürsorgebeamtin" sowie die „Gewinnung ehrenamtlicher sozialer Hilfskräfte".[73]

Ob die Frauen des VFV ihre Bemühungen wirklich verdoppelten oder überhaupt noch deutlich steigern konnten, ist zu bezweifeln. Dennoch intensivierten sie erneut ihre Anstrengungen und veranstalteten im Februar 1918 mit mehr als 20 Teilnehmerinnen „einen 14-tägigen kostenlosen Ausbildungskurs für freiwillige Helferinnen in Kinderbewahrschulen und Horten".[74] Ein Artikel zu Verlauf und Ergebnis des Kurses belegt, welch großer Mangel im vierten Kriegsjahr herrschte und wie man sich zu helfen wusste. Laut „Kreis-Blatt" fertigte jede angehende Helferin neben dem Unterricht Spielsachen aus einfachen Materialien her. Dazu gehörten Möbel aus Zigarrenkistenholz, Puppenstuben aus Pappe oder Eisenbahnzüge aus Papier.[75]

Eine kurze Zeitungsnotiz, die wenige Monate vor dem Waffenstillstand erschien, gibt einen guten Eindruck davon, wie sehr gerade Frauen während der Kriegszeit gefordert waren. Demnach hatten Asta Faber aus Gelnhausen und Gertrud Schumann aus Meerholz bis August 1918 „vier Jahre lang ununterbrochen in den Lazaretten segensreich gewirkt".[76]

Trotz aller Opfer und Mühen, gerade auch in der Heimat, waren Deutschlands Kräfte nach mehr als vier Jahren Krieg erschöpft. Im Herbst 1918 musste das Reich bei den Alliierten um Waffenstillstand nachsuchen. Der Eintrag im Jahresbericht der Sanitätskolonne Gelnhausen dazu lautet: „Am 11. November 1918 kam der Waffenstillstand & hat nun dieser entsetzlichste aller Kriege sein Ende erreicht & mit ihm auch der Kriegssanitätsdienst unserer Kolonne, der gerade in diesem Jahr ein sehr lebhafter war."[77]

Beim Vergleich der Tätigkeiten des Roten Kreuzes in den Kreisen Hanau und Gelnhausen zeigen sich für die Kriegsjahre einige Parallelen. Man kann sie weitgehend unter den Begriffen „Sammeln, Versorgen, Pflegen" subsumieren. Während jedoch die Herausforderungen an das örtliche Rote Kreuz am wichtigen Verkehrsknotenpunkt und Lazarettstandort Hanau auch nach der ersten Mobilmachungsphase kaum nachließen, verlegte die Sanitätskolonne Gelnhausen einen ihrer Einsatzschwerpunkte nach Frankfurt. Unterdessen konnten sich die Frauen des Gelnhäuser Vaterländischen Frauenvereins nun wieder verstärkt sozialen Aufgaben zuwenden.[78]

Die geschilderten Aktivitäten der Hilfsorganisation und ihrer Helferinnen und Helfer belegen, dass die „Rotkreuzler" in der Main-Kinzig-Region die Auswirkungen des Krieges sehr bald zu spüren bekamen und während der Dauer des gesamten Konflikts damit konfrontiert waren.

Bei diesem Beitrag handelt es sich um überarbeitete Kapitel aus den beiden Publikationen des Autors: „An unsre Mitbürger". 125 Jahre Rotes Kreuz in Stadt und Landkreis Hanau 1869-1994. Hanau 1994, und „Lasset uns Gutes tun und nicht müde werden!" Zur Geschichte des Roten Kreuzes im Kreis Gelnhausen. Gelnhausen 2010.

1 Herbert Grundhewer: Die Kriegskrankenpflege und das Bild der Krankenschwester im 19. und frühen 20. Jahrhundert, in: Johanna Bleker/Heinz-Peter Schmiedebach (Hg.): Medizin und Krieg. Vom Dilemma der Heilberufe 1865–1980. Frankfurt am Main 1987, S. 42.
2 Zur Entwicklung des VFV in den letzten Friedensjahren vgl. Carl Misch: Geschichte des vaterländischen Frauenvereins vom Roten Kreuz 1866–1916. Berlin 1917, S. 76ff.; neuerdings Dieter Riesenberger: Das Deutsche Rote Kreuz. Eine Geschichte 1864–1990. Paderborn 2002, S. 89ff.
3 In einem Handbuch der Kriegschirurgie aus dem Jahre 1882 heißt es dazu: „Männliche Pflege ist bei Schwerkranken nicht zu empfehlen, da Männer im allgemeinen bequemer, selbstsüchtiger und weniger geschickt zur Krankenpflege sind als Frauen, welche weiche, geschickte Hände haben. Wo soll man auch die geeigneten Männer finden mit der nothwendigen Geistesbildung und unentbehrlichen Gemütsentwicklung? Die Frauen sind geborene, nüchterne und wachsame Krankenpflegerinnen und eignen sich auch die dazu gehörenden Kenntnisse und Fähigkeiten schnell an." Zitiert nach Herbert Grundhewer: Von der freiwilligen Kriegskrankenpflege bis zur Einbindung des Roten Kreuzes in das Heeressanitätswesen, in: Bleker/Schmiedebach (Hrsg.): Medizin und Krieg (wie Anm. 1), S. 142.
4 Hanau entwickelte sich vor dem Ersten Weltkrieg zu einem wichtigen Militärstandort. Vornehmlich für die Eisenbahnregimenter entstanden im Lamboy wenige Jahre vor Kriegsbeginn neue Kasernen, Wohnungen und Depots. Vgl. Jens Gustav Arndt: Von Feldbahnen und Kasernenbauten. Die Geschichte der Hanauer Eisenbahn-Regimenter 1907–1919. Hanau 2013.
5 Hanauer Anzeiger vom 26. Mai 1913. Die Übung war ein Programmpunkt zum 25-jährigen Bestehen der Freiwilligen Sanitätskolonne vom Roten Kreuz Hanau.

6 Felix Grüneisen: Das Deutsche Rote Kreuz in Vergangenheit und Gegenwart. Berlin 1939, S. 139. Zum Wirken der deutschen Rotkreuzbewegung im Ersten Weltkrieg vgl. Riesenberger: Das Deutsche Rote Kreuz (wie Anm. 2), S. 124ff.
7 Dieter Riesenberger: Für Humanität in Krieg und Frieden. Das Internationale Rote Kreuz 1863–1977. Göttingen 1992, S. 80f.
8 Hanauer Anzeiger vom 1. Juli 1914.
9 Zur Reaktion in Hanau auf das Attentat von Sarajewo und die dadurch verursachte „Julikrise" vgl. Jens Arndt: Vor 80 Jahren – Hanau am Vorabend des Ersten Weltkrieges, in: Neues Magazin für Hanauische Geschichte 1995, S. 27ff.
10 Riesenberger: Für Humanität (wie Anm. 7), S. 37ff., spricht von einer „Militarisierung der Rotkreuzbewegung" und setzt sich sehr kritisch mit der Vereinnahmung der Rotkreuzbewegung durch Staat und Militär auseinander. Dies belegt er nicht nur mit der Inanspruchnahme durch das Heeressanitätswesen, sondern auch mit den martialisch aussehenden Uniformen, den paramilitärischen Umgangsformen und den hierarchischen Strukturen innerhalb der Sanitätskolonnen.
11 In Hanau gab es neben dem VFV auch einen Israelitischen Frauenverein. Seine Gründung fällt ins Jahr 1901, und er zählte bis zu 70 Mitglieder. Die Arbeitsfelder des Israelitischen Frauenvereins waren nahezu identisch mit denen des VFV und doppelte Mitgliedschaft häufig.
12 Hanauer Anzeiger vom 8. August 1914.
13 Hanauer Anzeiger vom 14. September 1914.
14 Dr. Heraeus: Bericht über die Tätigkeit des Vaterländischen Frauenvereins in den letzten 50 Jahren (Maschinenschriftliches Manuskript von 1928), S. 9.
15 Hanauer Anzeiger vom 5. November und 1. Dezember 1914. – Zu den vielfältigen Aktivitäten der Windecker Kriegsfrauenhilfe siehe den Beitrag von Friederike Erichsen-Wendt in diesem Band.
16 Hanauer Anzeiger vom 22. September 1914.
17 Hanauer Anzeiger vom 2. Oktober 1918.
18 Dr. Heraeus: Bericht (wie Anm. 14), S. 10ff.
19 Arndt: Vor 80 Jahren (wie Anm. 9), S. 40.
20 Hanauer Anzeiger vom 5. August 1914.
21 Hanauer Anzeiger vom 8. August 1914. Der gleiche Aufruf erfolgte etwa zwei- bis dreimal pro Woche. Die nationalen Sammelaufrufe versehen waren, betonten meist den Verteidigungscharakter des Krieges, die Siegeszuversicht und das Vertrauen in die deutschen Waffen.
22 Hanauer Anzeiger vom 10. Oktober 1914.
23 Hanauer Anzeiger vom 5. März 1920. Dort wird auch die Tätigkeit der „Auskunftsstelle für Kriegsangelegenheiten" ausführlich beschrieben. Eine ihrer Funktionen war dabei die Koordinierung der verschiedenen Sammelaktionen während des Krieges.
24 Vgl. dazu den Aufruf der „Organisationen vom Roten Kreuz im Stadt- und Landkreise Hanau" im Hanauer Anzeiger vom 13. August 1914.
25 Einen Zwischenstand über die weitergegebenen Liebesgaben listet der Hanauer Anzeiger in seiner Ausgabe vom 21. September 1914 auf. Über eine besondere Aktion der direkten Übergabe von Liebesgaben an das in Friedenszeiten in Hanau in Garnison liegende Ulanenregiment 6 sowie das 2. Bataillon des Infanterieregiments 88 weiß der Hanauer Anzeiger vom 14. November 1914 zu berichten. Dabei wird die Fahrt eines Automobilkonvois aus zehn Fahrzeugen mit Leibwäsche und Erfrischungen aller Art an die Westfront geschildert, die von Prinz Alfons zu Ysenburg, Landrat Laur und weiteren Herren unternommen wurde.
26 Hanauer Anzeiger vom 6. Oktober 1914.
27 Hanauer Anzeiger vom 5. August und 19. Oktober 1914.
28 Ob noch andere Sanitätskolonnen am Ostbahnhof Dienst taten oder ob sich alleine die Hanauer Sanitäter um die eintreffenden oder durchreisenden Soldaten kümmerten, lässt sich anhand der Quellen nicht beantworten. Die nachfolgenden Ausführungen beziehen sich lediglich auf Aktivitäten der Freiwilligen Sanitätskolonne Hanau.
29 Hanauer Anzeiger vom 8. August 1914.
30 Vgl. zu der Anzahl der angelieferten Verwundeten das Festbuch zur Provinzialverbands-Tagung der Sanitätskolonnen für die Provinz Hessen-Nassau und Waldeck, verbunden mit dem 40jährigen Jubiläum der Sanitätskolonne Hanau a. Main. Hanau 1928, S. 119ff.
31 Sanitäts-Colonne. Protokollbuch von 1905–1928 (OV Gelnhausen), Jahresbericht 1914.
32 StA Gelnhausen: VIII – 8–G, Krieg 1914/18 – Lazarett, Reservelazarett.
33 Sanitäts-Colonne. Protokollbuch (wie Anm. 31).
34 StA Gelnhausen: VIII – 8–G, Krieg 1914/18 – Lazarett, Reservelazarett.
35 Ebd.

36 Kreis-Blatt für den Kreis Gelnhausen vom 13. August 1914.
37 Kreis-Blatt für den Kreis Gelnhausen vom 20. August 1914.
38 Kreis-Blatt für den Kreis Gelnhausen vom 22. August 1914.
39 Kreis-Blatt für den Kreis Gelnhausen vom 29. August 1914.
40 Kreis-Blatt für den Kreis Gelnhausen vom 8. Oktober 1914. – Die deutschen Truppen befanden sich zu Kriegsbeginn in Teilen von Elsass-Lothringen und in Ostpreußen zunächst in der Defensive. Vor allem im Osten kam es dabei zur Zerstörung ziviler Einrichtungen und von Privateigentum sowie zur Flucht vieler Einwohner vor der herannahenden Front. Vgl. zur Situation in Ostpreußen 1914 Riesenberger: Das Deutsche Rote Kreuz (wie Anm. 2), S. 133f.
41 Kreis-Blatt für den Kreis Gelnhausen vom 8. Oktober 1914.
42 Kreis-Blatt für den Kreis Gelnhausen vom 29. September 1914.
43 Sanitäts-Colonne. Protokollbuch (wie Anm. 31); Kreis-Blatt für den Kreis Gelnhausen vom 8. Oktober 1914.
44 Kreis-Blatt für den Kreis Gelnhausen vom 31. Dezember 1914.
45 Kreis-Blatt für den Kreis Gelnhausen vom 6. März 1915.
46 Kreis-Blatt für den Kreis Gelnhausen vom 9. Oktober 1915.
47 Kreis-Blatt für den Kreis Gelnhausen vom 17. Dezember 1915.
48 StA Gelnhausen: VIII – 8–G, Krieg 1914/18 – Fürsorge, Kriegsfürsorge und Unterstützung.
49 Kreis-Blatt für den Kreis Gelnhausen vom 13. August 1914.
50 Elfriede Kaiser: Von den Spitalen des Mittelalters zur Hessenklinik in Gelnhausen, in: Heimat-Jahrbuch Gelnhausen 40, 1988, S. 51f.
51 StA Gelnhausen: VIII – 8–G, Krieg 1914/18 – Lazarett, Reservelazarett. Ein Hinweis auf Birstein als Lazarettstandort findet sich im Protokollbuch der Gelnhäuser Kolonne (Jahresbericht 1914).
52 Dieter Wellenkamp: Bilder aus der Bleizeit. Zeitungen zwischen Hanau, Gelnhausen und Schlüchtern 1679 bis 1975, in: Heimatstelle Main-Kinzig Gelnhausen: Mitteilungsblatt 17/2, 1992, S. 150.
53 StA Gelnhausen: VIII – 8–G, Krieg 1914/18 – Lazarett, Reservelazarett. – In den kommunalen Unterlagen ist in diesem Zusammenhang vom „Landhaus Witthu im Schöfferpark" die Rede und es wurde dabei als „Teillazarett zur Unterbringung und Verpflegung von Verwundeten und Kranken" bezeichnet. – Vgl. auch Deutsches Rotes Kreuz Kreisverband Gelnhausen e. V.: Ein Rückblick auf über 100 Jahre Rotkreuz-Arbeit. o. O., o. J. (1990), S. 45, 49 u. 53.
54 Kaiser: Von den Spitalen (wie Anm. 50), S. 51f.
55 Sanitäts-Colonne. Protokollbuch (Jahresberichte von 1914 und 1918).
56 Sanitäts-Colonne. Protokollbuch (Eintrag vom 15. Januar 1916).
57 Sanitäts-Colonne. Protokollbuch (Jahresbericht 1914).
58 Kreis-Blatt für den Kreis Gelnhausen vom 26. September 1914.
59 Sanitäts-Colonne. Protokollbuch (Jahresbericht 1915).
60 Kreis-Blatt für den Kreis Gelnhausen vom 13. Oktober 1915.
61 Kreis-Blatt für den Kreis Gelnhausen vom 16. September 1916.
62 Kreis-Blatt für den Kreis Gelnhausen vom 25. September 1916.
63 Vgl. dazu die Ausgaben des Kreis-Blatts für den Kreis Gelnhausen vom 9. Januar, 2. März, 11. März und 27. September 1915 sowie 25. April 1917.
64 Sanitäts-Colonne. Protokollbuch (Eintrag vom 30. Januar 1915); Kreis-Blatt für den Kreis Gelnhausen vom 11. Februar 1915.
65 Sanitäts-Colonne. Protokollbuch (Eintrag vom 2. Oktober 1915)
66 Sanitäts-Colonne. Protokollbuch (Jahresberichte 1916 und 1917).
67 Kreis-Blatt für den Kreis Gelnhausen vom 2. Oktober 1915.
68 Kreis-Blatt für den Kreis Gelnhausen vom 1. November 1915.
69 Bericht des Preußischen Landesvereins vom Roten Kreuz über seine und seiner Provinzialvereine Tätigkeit während der Zeit vom 1. April 1913 bis 31. März 1918, Berlin 1918.
70 Kreis-Blatt für den Kreis Gelnhausen vom 25. April 1917.
71 Kreis-Blatt für den Kreis Gelnhausen vom 13. März und 14. November 1918.
72 Kreis-Blatt für den Kreis Gelnhausen vom 21. April 1917.
73 Kreis-Blatt für den Kreis Gelnhausen vom 24. April 1917.
74 Kreis-Blatt für den Kreis Gelnhausen vom 28. Januar 1918.
75 Kreis-Blatt für den Kreis Gelnhausen vom 18 Februar 1918.
76 Kreis-Blatt für den Kreis Gelnhausen vom 20. August 1918.
77 Sanitäts-Colonne. Protokollbuch (Jahresbericht 1918).
78 Sanitäts-Colonne. Protokollbuch (Jahresbericht 1914).

Jürgen Müller

„Im verlassenen Grab im Mauerwinkel"
Ausländische Kriegsgefangene in den Landgemeinden der Region Main-Kinzig

Millionen von Kriegsgefangenen

Im Ersten Weltkrieg gerieten Millionen von Soldaten in Kriegsgefangenschaft. Genaue Zahlen sind wegen der unübersichtlichen Verhältnisse nicht zu ermitteln, nach groben Schätzungen lag die Zahl der Kriegsgefangenen zwischen 6,6 und 9 Millionen.[1] Die Gefangenschaft dauerte teilweise mehrere Jahre an, und selbst nach dem Ende des Krieges blieben viele Kriegsgefangene noch für lange Zeit im Gewahrsam fremder Staaten. Die deutschen Soldaten, die in die Gefangenschaft der westlichen Alliierten geraten waren, konnten erst nach der Ratifizierung des Versailler Friedensvertrages im Januar 1920 in ihre Heimat zurückkehren. Noch länger mussten die russischen Kriegsgefangenen in Deutschland ausharren, denn ihre Rückführung konnte wegen der Revolution und des anschließenden Bürgerkriegs in Russland erst 1922 abgeschlossen werden. Ähnlich erging es deutschen und österreichisch-ungarischen Soldaten, die in russischen Lagern festgehalten wurden und ebenfalls erst einige Jahre nach dem Kriegsende freigelassen wurden.[2]

Hohe Todesrate

Eine große Zahl von Kriegsgefangenen kehrte jedoch nicht in ihre jeweilige Heimat zurück. Nach den vorliegenden, allerdings wenig zuverlässigen Statistiken lag die Todesrate der ausländischen Kriegsgefangenen in Deutschland zwischen 3 und 6,5 Prozent, das entspricht bei 2,4 Millionen Gefangenen einer Zahl von mindestens 72 000 Toten.[3] Würde man diese gewiss ungenaue Zahl hochrechnen auf alle Kriegsgefangenen in den beteiligten Staaten, so käme man auf eine Zahl von 200 000 bis 270 000 Soldaten, die in der Gefangenschaft starben.

Die Todesursachen waren vielfältig. Viele Gefangene starben an epidemischen Krankheiten, die begünstigt wurden durch schlechte Ernährung und miserable sanitäre Einrichtungen in den Gefangenenlagern, die im ersten Kriegsjahr hastig improvisiert werden mussten, da keine der kriegführenden Nationen auf eine derart große Zahl an Gefangenen eingestellt war. Ein Teil der Gefangenen war auch physisch stark geschwächt durch die harten Arbeitsbedingungen, denen sie insbesondere im Bergbau unterworfen wurden. Nicht wenige wurden infolge der langen Gefangenschaft depressiv und apathisch, man sprach von der sogenannten Stacheldrahtkrankheit. Es gab auch Fälle von Misshandlungen und drastischen Strafmaßnahmen, etwa bei angeblicher Arbeitsverweigerung oder beim Verdacht der

Sabotage. Dies verstieß gegen die völkerrechtlichen Regelungen der Genfer Konvention von 1864/1906 und insbesondere der Haager Landkriegsordnung von 1899/1907, wonach die kriegführenden Staaten verpflichtet waren, ihre Gefangenen „mit Menschlichkeit" zu behandeln. Obwohl mithin das Völkerrecht nicht immer eingehalten wurde, kam es im Ersten Weltkrieg nicht wie später im Zweiten Weltkrieg zu einer systematischen Misshandlung der Kriegsgefangenen, die teilweise ganz bewusst zu Tode geschunden wurden oder die man einfach verhungern ließ.

Kriegsgefangene in den Dörfern

Die Lebensbedingungen der Kriegsgefangenen waren sehr unterschiedlich. Das beste Los zogen ganz offenbar diejenigen Gefangenen, die weder längere Zeit im Lager eingesperrt noch unter harten Arbeitsbedingungen in Fabriken oder Bergwerken eingesetzt wurden, sondern auf die Landgemeinden verteilt wurden. Hier waren die Haftbedingungen leichter, die Unterbringung war in der Regel besser und die Arbeitsbelastung geringer beziehungsweise körperlich weniger zermürbend. Die Gefangenen wurden weniger streng bewacht, und sie arbeiteten nicht an lauten und ungesunden Orten, sondern auf den Äckern und in den Wäldern an der frischen Luft.

Der Bedarf an Hilfskräften war in der Landwirtschaft groß, da viele Bauern und ihre Söhne in die Armee eingezogen waren, so dass häufig die Frauen, Kinder und älteren Männer den Hof alleine bewirtschaften mussten. Schon nach wenigen Monaten begannen die Landgemeinden damit, bei den zuständigen Kriegsgefangenenkommandos in Frankfurt, Darmstadt oder Wetzlar die Abstellung von ausländischen Kriegsgefangenen für den Einsatz in den Dörfern zu beantragen. Im Protokollbuch der Gemeindevertretung von Langenselbold wird für das Jahr 1915 mehrfach auf die Notwendigkeit hingewiesen, Kriegsgefangene in der Landwirtschaft zu beschäftigen. Am 27. Februar erbat die Gemeindevertretung beim stellvertretenden Generalkommando die Überlassung von 15 russischen Gefangenen, „die Landwirte sind, um für die Landwirte und für die Gemeinde die Arbeiten der Frühjahrsbestellung auszuführen".[4] Nur drei Wochen später wird von der Ankunft von 16 französischen Kriegsgefangenen im Ort berichtet, die für „Kulturarbeiten", das heißt landwirtschaftliche Tätigkeiten herangezogen werden sollten.[5] Schon am folgenden Tag wurde das präzisiert: die Gefangenen sollten die Maulwurfshügel entfernen.[6] Im Mai wurde beschlossen, wegen der bevorstehenden Heuernte weitere 10 Kriegsgefangene anzufordern.[7] Und am 24. Juli wurde berichtet, dass inzwischen 56 Kriegsgefangene in der Gemeinde tätig waren.[8]

Ähnliche Zahlen sind für andere Landgemeinden im Kreis Hanau überliefert. Am 31. Mai 1915 kamen die ersten 23 französischen Kriegsgefangenen aus dem Gefangenenlager Gießen nach Ostheim,

Abb. 17: Französische Kriegsgefangene in Windecken. Foto: Marlies Vogel, Hof Buchwald.

ihre Zahl stieg nach und nach auf 50. Sie wurden im Rathaus und in der Gastwirtschaft von Peter Kohl untergebracht. Zur Bewachung der Gefangenen wurden 6 Landsturmleute eingesetzt.[9] In Heldenbergen waren im Juni 1915 Kriegsgefangene eingetroffen, die im Saal des Gastwirts Heinrich Reis in der Homburger Straße 10 untergebracht wurden. Bis zum Ende des Krieges waren „zwischen 30-50 Franzosen, 2-3 Engländer u. 4-5 Russen" in Heldenbergen, die Hilfe bei landwirtschaftlichen Arbeiten leisteten.[10] Im gleichen Jahr kamen nach Eichen und Erbstadt etwa 50 Franzosen[11], und auch in Windecken gab es zahlreiche Kriegsgefangene.[12]

Kosten für die Beschäftigung von Gefangenen

Die Gemeinden mussten für die Unterkunft und Verpflegung der Gefangenen sorgen, die in der Regel in den Saalbauten der örtlichen Wirte untergebracht wurden. Die dadurch entstehenden Kosten wurden bestritten durch Abgaben, welche die Landwirte, die Kriegsgefangene als Arbeitskräfte in Anspruch nahmen, an die Gemeinde zahlen mussten. Die Gebühren variierten, waren aber durchaus nicht unerheblich. Bei Verwendung für gewerbliche Arbeiten waren in Langenselbold 3,50 Mark pro Tag zu entrichten, bei der Verwendung in der Landwirtschaft betrug der Tagessatz 3 Mark, bei „Selbstbeköstigung", das heißt bei der Verpflegung durch die Landwirte selbst, reduzierte sich der Betrag auf 1,50 Mark. Familien, die selbst Angehörige „im Felde" hatten, mussten nur 1,25 Mark zahlen. Die Gemeinden wiederum mussten für die Überlassung der Gefangenen den Kriegsgefangenenlagern ebenfalls eine Gebühr zahlen. In Langenselbold waren das ab Juli 1915 pro Gefangenen und Arbeitstag 30 Pfennig.[13] Aus Eichen und Erbstadt wird berichtet, dass die Bauern neben der Verköstigung der Gefangenen und ihrer Bewachung 30 Pfennig pro Tag zu zahlen hatten.[14] In Roßdorf, wo am 1. Juni 1915 die ersten Kriegsgefangenen eintrafen, waren es 40 Pfennig.[15] In Windecken lag der Satz bei 50 Pfennig.[16]

Ein „Senegalneger" in Eichen

In den untersuchten hessischen Landgemeinden wurden überwiegend französische und russische Kriegsgefangene einquartiert. Daneben werden einige wenige Engländer erwähnt, andere Nationalitäten waren kaum vertreten. Lediglich in Eichen gab es 1917 einen exotischen Kriegsgefangenen, dessen Nationalität beziehungsweise ethnische Herkunft Pfarrer Castendyck nicht klar bestimmen konnte, denn er schreibt, unter den neu angekommenen Gefangenen sei „ein Türke" gewesen, „ein Senegalneger sagen einige, kurzum ein Mohammedaner".[17] Es ist eher unwahrscheinlich, dass es sich wirklich um einen „Türken" handelte, denn das Osmanische Reich war ja mit den Mittelmächten verbündet. Die Bezeichnung „Senegalneger" könnte darauf hindeuten, dass es sich um einen Angehörigen der in der französischen Armee kämpfenden Kolonialtruppen gehandelt hat. Frankreich rekrutierte während des Ersten Weltkriegs etwa 29 000 Soldaten aus seiner Kolonie Senegal, die von Afrika nach Europa gebracht und dort an der Front in Nordfrankreich eingesetzt wurden.[18] Der Transfer von jungen Männern aus anderen Kontinenten auf die europäischen Kriegsschauplätze war keine Seltenheit und zeigt die globalen Auswirkungen des Krieges auf. Umgekehrt gerieten deutsche Soldaten teilweise in japanische Gefangenschaft. Der von Castendyck so merkwürdig beschriebene dunkelhäutige Gefangene, der nach Eichen kam, stammte wahrscheinlich aus einem über 5500 Kilometer entfernten Dorf in Westafrika und wurde durch die Zufälle des Krieges in ein Dorf in der Wetterau verschlagen. Ob er jemals in seine Heimat zurückkehrte? Über sein weiteres Schicksal gibt es leider keine Nachrichten.

Einsatzbereiche der Kriegsgefangenen

Der primäre Einsatzbereich der Kriegsgefangenen in den Dörfern war die Arbeit in der Landwirtschaft, also bei der Bestellung der Äcker, der Aussaat und dem Einbringen der Ernte. In größeren Orten wurden Gefangene auch in industriellen und gewerblichen Betrieben eingesetzt, in Langenselbold etwa bei einem Schuhmacher, dem ein Kriegsgefangener zur Hand ging.[19] Darüber hinaus wurden Kriegsgefangene auch für das Schlagen von Brennholz verwendet.[20] Eine

Kuriosität teilte die Windecker Zeitung in einem Bericht vom 22. September 1915 mit. Demnach hatte eine großer Apfelweinproduzent in Frankfurt-Bornheim wegen des Mangels an Arbeitskräften eine Kolonne von 70 russischen Kriegsgefangenen zum Apfelweinkeltern eingestellt, was mit der süffisanten Bemerkung kommentiert wurde: „Es gefällt ihnen diese Beschäftigung sehr gut. Ob sie wohl später in Rußland unser Stöffche nachfabrizieren werden?"[21]

Verhältnis zu den Dorfbewohnern

Über das Verhältnis zwischen den Kriegsgefangenen und der einheimischen Bevölkerung gibt es unterschiedliche Berichte. Im Allgemeinen war die Behandlung der Gefangenen offenbar gut, und es gab auch keine feindselige Stimmung von Seiten der Dorfbewohner. Die Bauern waren froh über die Hilfskräfte, die zum Teil jahrelang bei den gleichen Familien eingesetzt wurden, so dass sich durchaus ein Vertrauensverhältnis entwickeln konnte. Die Ankunft der ersten Gefangenen erweckte überall Neugier, doch schon bald hatte man sich an die Anwesenheit der Fremden gewöhnt. In Heldenbergen besuchten die Gefangenen, hauptsächlich Franzosen, anfänglich die regulären Gottesdienste, wobei sie von einem Wachmann begleitet wurden. Später wurde ein eigener Gottesdienst für sie abgehalten. An den kirchlichen Feiertagen kamen viele Gefangene aus den umliegenden Dörfern Kaichen, Büdesheim, Erbstadt, Eichen und Windecken nach Heldenbergen ins Hochamt, „wo ihnen dann auch das Evangelium in französ. Sprache verlesen wurde".[22]

In Eichen und Erbstadt erließ der evangelische Pfarrer Castendyck einen Aufruf in französischer Sprache an die Gefangenen und lud sie zum Silvestergottesdienst 1915 in die Kirche ein. Alle Franzosen erschienen daraufhin in der dichtbesetzten Kirche und feierten gemeinsam mit den Einheimischen den Gottesdienst zum Jahreswechsel. Allerdings hielt es Castendyck, der vom Kriegsgefangenenkommando in Wetzlar mit der seelsorgerischen Betreuung der in Eichen und Erbstadt einquartierten Kriegsgefangenen beauftragt worden war, für angebracht, dass die katholischen Franzosen die Messe in Heldenbergen besuchten, und er setzte sich dafür ein, dass ihnen dies von Zeit zu Zeit ermöglicht wurde.[23] Wenig Verständnis hatte der Pfarrer hingegen, als sich die Dorfbewohner vor dem Bretterzaun der Gefangenenunterkunft versammelten, um den Franzosen beim Singen zuzuhören und ihnen dann auch noch Beifall zu spenden. Das kam, so berichtet die Pfarrchronik, nur einmal vor und wurde sofort unterbunden.[24]

Hin und wieder kam es auch zu Vorwürfen wegen des Benehmens der Kriegsgefangenen. Pfarrer Castendyck schrieb 1917, die Gefangenen seien frech und unverschämt, sie wollten sonntags nicht arbeiten und meldeten sich einfach krank. Überdies würden sie durch die viele Zeit, die sie mit den Familien verbrächten, zuviel Einblick in die

Abb. 18: Bekanntmachung der Windecker Kriegsfrauenhilfe in der Windecker Zeitung vom 14. August 1915. Stadtarchiv Nidderau.

Kriegsfrauenhilfe.

Unsere Soldaten draußen im Schützengraben weichen den Franzosen nicht. Wir als deutsche Frauen lassen uns von ihnen das Singen nicht verbieten. Da wir aber die Verantwortung nicht übernehmen wollen, den Schlaf der Herrn Franzosen durch unseren Gesang zu stören, so finden die Versammlungen der Kriegsfrauenhilfe vom nächsten Montag, den 16. August ab im Saale des Herrn Gastwirt Schmalz statt.

Der Vorstand
der Kriegsfrauenhilfe.

wirtschaftlichen Nöte der Bevölkerung gewinnen. Viele würden auch Deutsch sprechen und könnten so in den Zeitungen von den militärischen Erfolgen der feindlichen Staaten lesen, was bei ihnen die Hoffnung auf einen baldigen Sieg der Entente gegen Deutschland erwecken würde.[25] Sein Kollege Heyde in Roßdorf hegte grundsätzlich großes Misstrauen gegen die Gefangenen und mahnte zur Wachsamkeit.[26]

In Windecken kam es 1915 zu einem Vorfall, der bei dem dortigen Frauenhilfsverein für große Entrüstung sorgte. Die in einem Gebäude am Marktplatz untergebrachten Franzosen beschwerten sich darüber, dass die Frauen bei ihren wöchentlichen Zusammenkünften im Saal des Gasthauses „Zum Goldenen Löwen" zu laut singen und dadurch ihre Nachtruhe stören würden. Der Vorstand der Kriegsfrauenhilfe setzte daraufhin eine Anzeige in die Windecker Zeitung, worin erklärt wurde, man lasse sich „als deutsche Frauen" das Singen nicht verbieten, werde sich aber, um „den Schlaf der Herrn Franzosen" nicht zu stören, künftig im Saal des Gastwirts Schmalz versammeln. Die Windecker Zeitung nahm den Vorfall zum Anlass, auf die gute Behandlung hinzuweisen, welche die französischen Gefangenen in Deutschland erfuhren und forderte die französische Regierung auf, ihrerseits die deutschen Gefangenen und Verwundeten besser zu behandeln und sich an die allgemeinen Menschenrechte zu halten.[27] Von solchen Irritationen abgesehen geben die lokalen Quellen kaum Hinweise auf Konflikte zwischen der einheimischen Bevölkerung und den Kriegsgefangenen.

Eine Tragödie in Erbstadt

Durch die gemeinsame tägliche Arbeit auf den Höfen und Feldern ergaben sich im Laufe der Zeit intensivere Kontakte zwischen Dorfbewohnern und Gefangenen. Letztere lernten die deutsche Sprache, teilweise erhielten sie sogar Deutschunterricht, wie Pfarrer Heyde aus Roßdorf berichtet.[28] In Abwesenheit der jungen Männer konnte es mitunter auch zu Annäherungen zwischen Gefangenen und einheimischen Frauen kommen, die weder politisch noch gesellschaftlich zulässig waren. Aus Erbstadt ist ein solcher Fall überliefert, der in einer menschlichen Tragödie endete. Dort „verging" sich im Jahr 1917 eine verheiratete Bauersfrau, deren Ehemann im Kriegsdienst war, mit einem französischen Kriegsgefangenen. Als die Sache bekannt wurde, musste sie das Dorf verlassen. Die Frau, deren Mann sich scheiden ließ, ging nach Frankfurt und betrieb dort ein Gemüsegeschäft. Kurz vor Pfingsten 1917 nahm sie ihren siebenjährigen Sohn aus Erbstadt zu sich, der dort bei seiner Großmutter geblieben war, während der Vater inzwischen in französische Gefangenschaft geraten war. Anfang Oktober 1917 nahm die Frau sich dann das Leben, nachdem sie zuvor ihren Jungen mit Salzsäure vergiftet hatte.[29]

Fluchtversuche

In Kriegsgefangenschaft zu geraten, war auf der einen Seite ein hartes Schicksal: Die mitunter jahrelange Inhaftierung in einem fremden Land, die Trennung von der eigenen Familie und die Ungewissheit, wann man seine Angehörigen wiedersehen würde, waren für die Gefangenen sehr belastend. Auf der anderen Seite kam man als Kriegsgefangener aus der unmittelbaren Gefahr heraus, in den mörderischen Kämpfen an der Front sein Leben zu verlieren oder verstümmelt zu werden. Wenn man dann noch das Glück hatte, aus der Lagerhaft zu einer Arbeitskolonne in den Landgemeinden abgeordnet zu werden, konnte man mit einiger Zuversicht darauf hoffen, den Krieg unbeschadet und unter erträglichen Bedingungen zu überstehen. Für die in den Dörfern einquartierten und dort in der Landwirtschaft arbeitenden Gefangenen gab es mithin im Grunde wenig Anlass, diese Situation zu verändern. Die Bewachung der Gefangenen war demnach auch nicht sehr streng, teilweise konnten sie sich sogar, etwa beim sonntäglichen Kirchgang, recht frei bewegen.

Dennoch wird mehrfach berichtet, dass einige Kriegsgefangene zu fliehen versuchten. In Roßdorf flohen im Juni 1917 sieben französische Gefangene, die aber wieder gefasst und mit hartem Arbeitsdienst bestraft wurden.[30] Ebenfalls im Juni 1917 machten sich auch in Eichen vier Gefangene „auf und davon", ob sie wieder ergriffen wurde, wusste der Chronist auch drei Wochen später noch nicht.[31] Am 6. Juli 1917 unternahmen fünf in Ostheim einquartierte französische Gefangene einen Fluchtversuch, sie wurden in der folgenden Nacht in Hanau festgenommen.[32] Der Zeitpunkt der Fluchtversuche deutet darauf hin, dass die betreffenden Gefangenen wohl schon länger inhaftiert waren und die Ungewissheit über ihr weiteres Schicksal und die weitere Dauer ihrer Gefangenschaft nicht länger ertrugen. Jedenfalls war die Aussicht auf eine erfolgreiche Flucht denkbar gering, denn die Gefangenen waren relativ leicht zu identifizieren, hatten wenig oder kein Geld, und es war kaum realistisch, sich in das Heimatland durchzuschlagen, denn dazu hätten sie die ausgedehnte Frontlinie überqueren, also einen Weg mitten durch starke Militärverbände, Stellungen und Schützengräben finden müssen.

Die rationalste Strategie für einen Gefangenen, der in einem Dorf in der Landwirtschaft eingesetzt wurde, war es demnach, ein möglichst gutes Verhältnis zum Arbeitgeber anzustreben und auszuharren in der Hoffnung auf ein baldiges Kriegsende. Dies bot die beste Aussicht darauf, den Krieg zu überleben und sogar körperlich unversehrt nach Hause zurückzukehren. Bei den meisten Kriegsgefangenen ging dieses Kalkül auf, sie konnten nach manchmal jahrelanger und gewiss nicht immer einfacher Gefangenschaft heimkehren.

Aber es gab auch viele, bei denen die Gefangenschaft nicht dieses ersehnte glückliche Ende nahm. Die eingangs erwähnten Schätzungen deuten darauf hin, dass insgesamt mehrere hunderttausend Soldaten während des Ersten Weltkriegs in der Kriegsgefangenschaft starben. Der Tod in Gefangenschaft trat auch in den untersuchten hessischen Landgemeinden des öfteren ein. Für die heutigen Stadtteile von Nidderau konnte die Zahl der verstorbenen Kriegsgefangenen anhand der Kirchenbücher und der Standesamtsregister genau ermittelt werden. Demnach starben in Nidderau zehn ausländische Kriegsgefangene: sieben Franzosen, zwei Russen und ein Ire, der in der britischen Armee gekämpft hatte. Alle Todesfälle ereigneten sich im Oktober 1918, und zwar in Windecken zwischen dem 10. und 14. Oktober, in Eichen zwischen dem 24. und 28. Oktober und in Erbstadt am 31. Oktober. Die Todesursache war, wie aus der Pfarreichronik von Eichen und Erbstadt hervorgeht, offenkundig die Grippe-Epidemie, die in diesen Wochen die genannten Gemeinden erfasste.[33] Die gestorbenen Gefangenen werden nachfolgend mit den ermittelten individuellen Lebensdaten kurz vorgestellt.[34]

Tod in Gefangenschaft

Fünf Todesfälle in Windecken

In Windecken starben innerhalb von sechs Tagen fünf Kriegsgefangene in der Unterkunft am Marktplatz Nr. 20. Der erste war am 10. Oktober 1918 der französische Kriegsgefangene André Joseph Henri Gounon. Er war 26 Jahre alt und stammte aus dem kleinen Dorf Rougnat im Departement Creuse in Zentralfrankreich. Am 13. Oktober verstarb Pierre Forgues aus Cadarcet, einem kleinen Pyrenäendorf im Departement Ariège im Alter von 33 Jahren. Einen Tag später, am 14. Oktober, starb der englische Kriegsgefangene William Noone. Noone stammte aus Dublin und war 29 Jahre alt. Wieder einen Tag später verstarb Georges Schnillier, 23 Jahre alt, geboren in Bussières in der Region Franche-Comté. Der fünfte tote Kriegsgefangene in Windecken war am 16. Oktober der russische Soldat Michail Kalugin. Er war in Alexandrowo im Gouvernement Nischni Nowgorod östlich von Moskau geboren und wurde 26 Jahre alt.

Fünf Todesfälle in Eichen und Erbstadt

Die Grippe-Epidemie griff anschließend auf Eichen und Erbstadt über. In Eichen, schreibt der Pfarrer in seiner Chronik, verschonte die Grippe „fast kein Haus, auch im Gefangenenlager in der Steinschen Wirtschaft gab es 3 Tote, 2 Franzosen u. einen Russen".[35] Es waren dies Victore Auguste Marie Moisseron, geboren 1885 in St. Jean du Corail in der Normandie, der am 24. Oktober starb; Auguste Charles Lechevalier, geboren 1878 in Gathemo im Departement Manche (Kanalküste), verstorben am 25. Oktober; Alfred François Lepage, geboren 1877 in Bonchamp-les-Laval im Departement Mayenne, gestorben am 26. Oktober; und der russische Kriegsgefangene Fedosej Tatarinow, 41 Jahre alt, geboren in „Duwulutschen" im Gouvernement Woronesch, gestorben am 28. Oktober. Einen weiteren Toten gab es am 31. Oktober 1918 in Erbstadt. Dort starb der französische Kriegsgefangene Joseph Marie Pemtroat, geboren 1874 in Kergrist Moëlou im Departement Cotes-du-Nord (Bretagne). Vier der zehn Verstorbenen waren verheiratet und hinterließen somit eine Ehefrau und wahrscheinlich auch Kinder.

Grabstätten

Die in Windecken gestorbenen Kriegsgefangenen wurden auf dem Ehrenfriedhof in Windecken begraben.[36] Eine dieser Grabstätten ist noch erhalten, nämlich die von Michail Kalugin, dessen Nachname in den Quellen durchgehend „Kalngin" geschrieben wird. Auch auf dem Grabstein steht der Name „Michael Kalngin", was nicht unmittelbar auf die russische Herkunft schließen lässt.

In Eichen wurden die gestorbenen Kriegsgefangenen auf dem Friedhof „in der Reihe" bestattet, auch wenn einige Dorfbewohner dagegen protestierten. Die Kameraden setzten Kreuze auf die Gräber.[37] Der in Erbstadt gestorbene Franzose Joseph Pemtroat fand hingegen „ein einsames Grab" in einem Winkel an der Friedhofsmauer. „Die Erbstädter", notierte Pfarrer Castendyck, „wünschten absolut nicht, daß er in der Reihe beerdigt wurde. Die Angehörigen könnten sich ihn ja vielleicht mal nach Friedensschluß holen wollen, u. dann wollten sie dem erbarmungslosen Feind an seinen Angehörigen keine Ehre auch erweisen. Auch fürchteten die Ältesten, daß keiner daneben sein Grab haben wollte." Der Pfarrer war gegenüber dem toten Feind milder gestimmt: „Mag es auch so sein; war der in der Fremde gestorbene Mensch ein braver, getreuer Christ, dann hat er ja doch seine Heimat; seine Ruhe ist bei Gott im Vaterhaus, wenn auch die irdische Hülle im verlassenen Grab im Mauerwinkel ruht."[38]

Die ausländischen Gefangenen waren ebenso „in weiter Ferne verstorben"[39] wie einige einheimische Soldaten, die in Kriegsgefangenschaft geraten waren. So starb der Windecker Heinrich Rödiger 1918 im englischen Gefangenenlager in Dartford, und Richard Schmidt aus Erbstadt starb nach 15-monatiger Gefangenschaft am 20. September 1918 auf der Kanalinsel Jersey.[40]

Aufweichung der Feindbilder?

Nach teilweise längerer Haft allein und krank in einem von der Heimat weit entfernten Lager zu sterben, war sowohl für die Gefangenen selbst als auch für ihre Angehörigen eine sehr bittere Erfahrung. Viele Bewohner der Landgemeinden konnten das nachvollziehen, da ja ihre eigenen Männer, Söhne oder Brüder ebenfalls in Gefangenschaft waren und ihre gesunde Rückkehr nicht gewiss war. Die Anwesenheit zahlreicher ausländischer Gefangener in den Dörfern, mit denen man im täglichen Kontakt stand und gemeinsam arbeitete, könnte somit dazu beigetragen haben, die von der Regierung und der Presse propagierten Feindbilder teilweise aufzulösen, denn man hatte es unmittelbar mit Menschen zu tun, die das gleiche Schicksal erlitten wie die eigenen Angehörigen. In Roßdorf gaben die Einwohner den Gefangenen an Weihnachten Geschenke – und die Gefangenen wiederum „gaben schließlich zu, dass die Deutschen gar keine Barbaren seien, sondern gute Menschen".[41] Solche Einzelbeobachtungen deuten an, dass die Begegnung mit den „Feinden" im Dorf auf beiden Seiten dazu führte, die Herabsetzung der jeweils anderen Nationalität zumindest punktuell zu überwinden und im anderen den Menschen zu sehen, der in diesem Krieg in ähnlicher Weise litt wie man selbst.[42] Festzuhalten bleibt in jedem Fall als spezifische ländliche Kriegserfahrung, dass die Dorfbewohner – anders als die Städter – im Ersten Weltkrieg über längere Zeit hinweg in näheren Kontakt mit den gefangenen Soldaten der deutschen Kriegsgegner kamen und dabei persönliche Begegnungen mit den „Feinden" machten, die sich über Jahre hinweg in den Dörfern aufhielten und dort mitarbeiteten. Diese Begegnungen führten zu Ansichten und Verhaltensweisen, die das offizielle Bild von den „Feinden", wie es in der Presse verbreitet wurde, in vielen Fällen relativierten.

1 Gerhard Hirschfeld/Gerd Krumeich/Irina Renz (Hg.): Enzyklopädie Erster Weltkrieg. Paderborn u.a. 2003, S. 641; Jochen Oltmer (Hg.): Kriegsgefangene im Europa des Ersten Weltkrieges. Paderborn u.a. 2006.
2 Vgl. dazu Georg Wurzer: Die Kriegsgefangenen der Mittelmächte in Russland im Ersten Weltkrieg. Göttingen 2005.
3 Zur Situation in Deutschland siehe Uta Hinz: Gefangen im Großen Krieg. Kriegsgefangenschaft in Deutschland 1914–1921. Essen 2004.
4 Protokollbuch über die Sitzungen der Gemeindevertretung in Langenselbold 1913–1921, S. 249, Eintrag zum 27. Februar 1915; Heimat- und Geschichtsverein Langenselbold.
5 Ebd., S. 256, Eintrag zum 19. März 1915.
6 Ebd., S. 258, Eintrag zum 20. März 1915.
7 Ebd., S. 272, Eintrag zum 21. Mai 1915.
8 Ebd., S. 277, Eintrag zum 27. Juli 1915.
9 Kriegschronik der evangelischen Pfarrei Ostheim, S. 7; AEvKG Ostheim.
10 Ortschronik der Pfarrei und Gemeinde Heldenbergen, S. 127; Archiv der Katholischen Pfarrgemeinde Heldenbergen; Chronik Heldenbergen (Nidderauer Hefte, Nr. 5.). Nidderau 1989, S. 152.
11 Pfarreichronik von Eichen und Erbstadt, S. 117; AEvKG Eichen-Erbstadt.
12 Windecker Zeitung Nr. 17. vom 27. Februar 1915; Pfarr-Chronik für Windecken 1905 bis Mai 1968, S. 16; AEvKG Windecken.
13 Protokollbuch über die Sitzungen der Gemeindevertretung in Langenselbold 1913–1921, S. 258, 269 und 277, Einträge zum 20. März, 7. Mai und 24. Juli 1915.
14 Pfarreichronik von Eichen und Erbstadt, S. 117.
15 Siehe dazu den Beitrag von Christian Lazic in diesem Band, S. 56.
16 Windecker Zeitung Nr. 17 vom 27. Februar 1915.
17 Pfarreichronik von Eichen und Erbstadt, S. 151.
18 Jörn Leonhard: Die Büchse der Pandora. Geschichte des Ersten Weltkriegs. München 2014, S. 158.
19 Protokollbuch über die Sitzungen der Gemeindevertretung in Langenselbold 1913–1921, S. 269, Eintrag zum 7. Mai 1915; Heimat- und Geschichtsverein Langenselbold.
20 So in Ostheim, wohin am 29. Januar 1917 zwanzig gefangene Franzosen zu Holzbauarbeiten im Gemeindewald überführt wurden, und in Roßdorf; vgl. Kriegschronik der evangelischen Pfarrei Ostheim, S. 33, und den Beitrag von Christian Lazic, S. 58.
21 Windecker Zeitung Nr. 76 vom 22. September 1915.
22 Ortschronik der Pfarrei und Gemeinde Heldenbergen, S. 127; Archiv der Katholischen Pfarrgemeinde Heldenbergen.
23 Pfarreichronik von Eichen und Erbstadt, S. 125.
24 Ebd., S. 117.
25 Ebd., S. 138.
26 Siehe dazu Christian Lazic in diesem Band, S. 57.
27 Windecker Zeitung Nr. 65 vom 14. August 1915, S. 4.
28 Siehe dazu oben S. 57.
29 Pfarreichronik von Eichen und Erbstadt, S. 152 und 170. – Die unglückliche junge Frau hieß Paulina Finkenauer. Sie war 1884 in Nieder-Hilbersheim, einem Dorf bei Ingelheim, geboren und hatte 1910 den verwitweten Erbstädter Landwirt Hermann Heinrich Otto Wörner (geboren 1876) geheiratet. Sieben Monate nach der Trauung war das erste und einzige Kind der beiden zur Welt gekommen: Willi Richard Heinrich Wörner. Trauungsbuch für die Gemeinde Erbstadt 1831–1954, S. 117, Nr. 318; Taufbuch für die Gemeinde Erbstadt 1830–1913, S. 270, Nr. 1359; AEvKG Eichen-Erbstadt.
30 Siehe dazu den Beitrag von Christian Lazic, S. 58.
31 Pfarreichronik von Eichen und Erbstadt, S. 151.
32 Kriegschronik der evangelischen Pfarrei Ostheim, S. 44.
33 Pfarreichronik von Eichen und Erbstadt, S. 183. – Die Grippe-Pandemie von 1917/18, bekannt als die sogenannte „Spanische Grippe", forderte weltweit nach Schätzungen zwischen 25 und 50 Millionen Opfer. Vgl. dazu Hirschfeld/Krumeich/Renz (Hg.): Enzyklopädie Erster Weltkrieg (wie Anm. 1), S. 459f.; Eckard Michels: Die „Spanische Grippe" 1918/19. Verlauf, Folgen und Deutungen in Deutschland im Kontext des Ersten Weltkriegs, in: Vierteljahrshefte für Zeitgeschichte 2010, S. 1–33; Manfred Vasold: Die Spanische Grippe. Die Seuche und der Erste Weltkrieg. Darmstadt 2009.
34 Die Daten sind zusammengetragen aus den Einträgen im Sterbe-Erstbuch Windecken 1918–1930, Sterbe-Erstbuch Eichen 1918–1923, Standesamt Nidderau; Webseite: Mémoire des hommes, http://www.memoiredeshommes.sga.defense.gouv.fr (Datenbank der französischen Gefallenen im Ersten Weltkrieg).

35 Pfarreichronik von Eichen und Erbstadt, S. 185. Tatsächlich waren es drei Franzosen.
36 StA Nidderau, Gemeindearchiv Windecken XVII.12.9: Nachweisung der Kriegsgräber auf dem alten und neuen Friedhof 1920.
37 Pfarreichronik von Eichen und Erbstadt, S. 185.
38 Ebd. – Die Grabstätte von Pemtroat ist nicht mehr vorhanden.
39 Pfarreichronik von Eichen und Erbstadt, S. 187.
40 Ebd, S. 186f.
41 Siehe dazu den Beitrag von Christian Lazic, S. 57.
42 Um diesen Befund zu erhärten, wären allerdings ausführlichere und umfassende Untersuchungen erforderlich, als sie in diesem Projekt geleistet werden konnten.

Kristina Schulz

„Krieg dem Kriege!"
Die Frauenfriedensbewegung und der Erste Weltkrieg

Als 1914 der Erste Weltkrieg ausbrach, blieben die Kriegsgegner nicht stumm. Pazifisten unterschiedlicher politischer Couleur verlangten die sofortige Beendigung der Kämpfe. Auch Frauen traten vehement gegen den Krieg ein, den sie als Geißel der Menschheit ansahen. Um einige dieser Frauen soll es im Folgenden gehen. Im Mittelpunkt stehen Friedensbemühungen in der Frauenbewegung. Um die Entstehung der Frauenbewegung zu begreifen, müssen wir uns zunächst einige Eckdaten der Geschichte des 19. Jahrhunderts vor Augen führen.

Deutschland im 19. Jahrhundert

Deutschland war Anfang des 19. Jahrhunderts kein Nationalstaat, sondern ein Flickenteppich von Königreichen und Fürstentümern, die das Heilige Römische Reich Deutscher Nation bildeten. Unter dem Druck Napoleons und der Revolutionskriege löste Kaiser Franz II. dieses Reich 1806 auf. Die Revolutions- und Befreiungskriege, die mit der Niederlage Napoleons endeten, führten zu einer Neuordnung Europas. Auf dem Wiener Kongress 1815 vereinten sich 29 Staaten zum Deutschen Bund, darunter die führenden Königreiche Preußen und Österreich. Eine Phase der Restauration begann. Sie stärkte die Macht der Fürsten und Adeligen. Die Großstaaten Preußen und Österreich bauten ihre Herrschaft aus. Sie waren darauf bedacht, freiheitliche Strömungen im Presse- und im Vereinswesen zu unterbinden und aufkeimende Kritik und Proteste – etwa Forderungen nach einer Verfassung – zu unterdrücken. 1848 war das Jahr der bürgerlichen Revolution. Es gelang allerdings nicht, einen demokratischen Nationalstaat zu gründen. Bereits nach wenigen Jahren wurden fast alle liberalen Errungenschaften rückgängig gemacht. Es folgte ein reaktionäres Jahrzehnt, an dessen Ende sich eine langsame gesellschaftliche Öffnung und Befreiung von Einschränkungen abzeichnete. In der ersten Hälfte der 1860er Jahre entstanden erste Organisationen der Sozialdemokratie, Ansätze einer Gewerkschaftsbewegung und schließlich, 1865, der Allgemeine Deutsche Frauenverein (ADF).

1871 kam es zur Gründung des Deutschen Kaiserreichs als einer konstitutionellen Monarchie unter der Führung Preußens. Der preußische König Wilhelm I. wurde zum Deutschen Kaiser erhoben und der preußische Ministerpräsident Otto von Bismarck zum Reichskanzler ernannt. Innenpolitisch waren dies bewegte Zeiten, denn es ging darum, die Vorherrschaft des protestantischen und monarchistischen Preußens zu stabilisieren. Um den Einfluss der katholischen Kirche einzudämmen, führte man etwa unter Bismarck die Zivilehe ein. Er baute auch das Sozialversicherungswesen, also Renten-, Unfall-, und Krankenunterstützung, auf. Damit versuchte das Regime, seinem größten innenpolitischen Gegner, der erstarkenden Sozialdemokratie, den Wind aus den Segeln zu nehmen. Die Sozialdemokratie begann sich in den 1860er Jahren breit aufzustellen und zwar zunächst in zwei Körperschaften: dem Allgemeinen Deutschen Arbeiterverein um Ferdinand Lassalle (gegr. 1863) und der Sozialdemokratischen Arbeiterpartei um Wilhelm Liebknecht und August Bebel (gegr. 1869). 1875 vereinten sich beide Organisationen zur Sozialistischen Arbeiterpartei Deutschlands (SAPD), die 1890 zur SPD umbenannt wurde.

1878 unterzeichnete der Kaiser das „Gesetz gegen die gemeingefährlichen Bestrebungen der Sozialdemokratie", mit dem Verbände, Druckschriften und Versammlungen der Sozialdemokratie verboten wurden. Mit diesem Gesetz konnten auch andere politisch Unerwünschte diskriminiert werden, genügte es doch, ihnen sogenannte „sozialistische Umtriebe" nachzuweisen. Das Sozialistengesetz galt bis 1890 und hatte zur Folge, dass viele Anhängerinnen und Anhänger der Sozialdemokratie ins Exil gingen. Außerdem wurden Tarnorganisationen gegründet, z. B. Arbeitersportvereine oder Naturfreundegruppen, in denen sozialistisches Gedankengut weiterverbreitet werden konnte. Schließlich gaben sich demokratisch gesinnte Frauenvereine und Assoziationen, die Frauen zu besseren Bildungsmöglichkeiten verhelfen wollten, einen karitativen Anstrich und stellten Forderungen nach politischer Teilnahme hintan. Nachdem der Reichstag der Verlängerung des Sozialistengesetzes 1890 nicht mehr zustimmte, florierte die Sozialdemokratie und wurde 1912 sogar zur stärksten Partei des Reichstags. Auch die Frauenbewegung erlebte, wie wir sehen werden, einen Höhepunkt.

Das Aufkommen der Frauenbewegung

Neben diesen Eckdaten der politischen Geschichte ist die gesellschaftlich-soziale Verfassung wichtig, um das Aufkommen der Frauenbewegung im letzten Drittel des 19. Jahrhunderts zu verstehen. Im Verlauf des 18. Jahrhunderts traten, verbunden mit dem Übergang von einer Subsistenz- zu einer (proto-)industriellen Wirtschaftsweise, Wohn- und Arbeitsplatz immer weiter auseinander. Mit diesen Entwicklungen, die durch die industrielle Revolution beschleunigt wurden, stabilisierte sich eine Geschlechterordnung, in welcher der Mann als Ernährer der Familie galt, während man der Ehefrau den Haushalt und die Kinderversorgung zusprach. Da diese Rollenzuweisung auf das Engste mit der Entstehung der bürgerlichen Gesellschaft verbunden war, spricht man vom „bürgerlichen Geschlechtermodell". Es handelt sich um die Vorstellung, dass der männliche Haushaltsvorstand Familie und Gattin nach außen zu vertreten hatte, während es seiner Frau zukam, die Geschicke der Familie im Haus zu lenken. Zur gleichen Zeit vollzog sich eine Aufwertung der Erwerbsarbeit und das, was die Geschlechtergeschichte eine „Sentimentalisierung der Hausarbeit" nennt: die Idee, dass Haus- und Familienarbeit eine „Arbeit aus Liebe" sei und damit weder zu entlohnen sei noch zum wirtschaftlichen Überleben der Familie beizutragen habe. Dieses neue Geschlechtermodell, das die Historikerin Karin Hausen eindrücklich beschrieben hat, prägte vor allem die Familienstruktur des Bürgertums.[1] Im späten 19. und vor allem im 20. Jahrhundert wurde es auch zum Vorbild der anwachsenden Industriearbeiterschaft, die eine „Verbürgerlichung" der Lebensweisen und Mentalitäten vollzog. Selbst politisch progressive Männer bezogen sich wie selbstverständlich auf diese Geschlechterordnung, an der zu zweifeln es aus ihrer Sicht selbst in Zeiten der gesellschaftlichen Umwälzung keinen Grund gab. Friedrich Hecker etwa, einer der führenden Köpfe der Revolution von 1848 in Baden, hielt für die Nachwelt fest: „Sonntag ... mit Tagesanbruch verabschiedete ich mich von meinem Weibe, welches in Freud und Leid treu und innig bei mir gestanden, bei der ich in ungetrübtem häuslichen Glück so oft Ruhe und Ersatz nach den Kämpfen des öffentlichen Lebens [fand] ... und verließ ein glänzendes Loos, getragen und gehoben von der Idee zu kämpfen, zu siegen oder unterzugehen für die Befreiung unseres herrlichen Volkes und mitzuwirken bei seiner Erlösung aus tausendjähriger Knechtschaft."[2]

1890–1912: Höhepunkt der Frauenbewegung

Die Frauenbewegung reagierte auf die gesellschaftlichen Verhältnisse. Die Aktivitäten, denen ein engmaschiges Netz von Vereinen, Assoziationen, Zeitschriften und Persönlichkeiten zugrunde lag, erreichten in der Zeit von 1890 bis zum Ersten Weltkrieg einen Höhepunkt. Die Trägerorganisationen kamen in erster Linie aus dem bürgerlichen Milieu. Deshalb ist in der Regel die bürgerliche Frauenbewegung gemeint, wenn von „der" Frauenbewegung gesprochen wird. Die proletarische Frauenbewegung war dagegen an die von Männern geführten Parteiorganisationen geknüpft und setzte weniger auf Selbstorganisation und Selbsthilfe von/für Frauen. Auch darf man nicht vergessen, dass die proletarische Frauenbewegung durch die Sozialistengesetze andere Startbedingungen hatte. Einige ihrer Führerinnen wurden ins Exil gedrängt, und auch nach 1890 dauerten Diskriminierungen an. Die Rede wird später trotzdem auf die sozialistischen Frauenorganisationen kommen, denn sie trugen die Aktivitäten zur sofortigen Beendigung des Krieges maßgeblich mit.

Wenn man nach der Entstehung der Frauenbewegung in den deutschen Staaten fragt, muss man auf das Jahr 1848 zurückgehen und den Namen einer bemerkenswerten Frau nennen: Louise Otto-Peters (1819–1895). Sie wird mitunter als „Mutter der deutschen Frauenbewegung" bezeichnet. Louise Otto wurde 1819 als Tochter des liberalen Bildungsbürgertums – der Vater war Gerichtsdirektor – geboren und erhielt eine typisch bildungsbürgerliche Mädchenerziehung, zu der Diskussionen und Lektüre gehörten. Louise Otto reiste viel und begann bereits in den 1830er Jahren, schriftstellerisch tätig zu werden. Es gab in ihrem Leben ein Initialereignis, durch das sie auf gesellschaftliches Elend und Ungerechtigkeit gestoßen wurde: Als junge Frau besuchte sie eine Textilfabrik im sächsischen Oederan und beobachtete hautnah die Bedingungen, unter denen die Arbeiterinnen (und Arbeiter) dort arbeiten mussten. Louise Otto fing früh an, in zeitgenössischen Zeitschriften zu schreiben, mitunter unter dem Pseudonym Otto Stern. Sie begehrte gegen Ungerechtigkeiten aller Art auf. In den Sächsischen Vaterlandsblättern schrieb sie 1843 den Satz „Die Teilnahme der Frau an den Interessen des Staates ist nicht ein Recht, sondern eine Pflicht."[3]

Damit war Otto nicht völlig unbekannt, als sie in den revolutionären Unruhen von 1848 das erste Frauenblatt, die „Frauen-Zeitung", herausgab. Ihre Devise lautete: „Dem Reich der Freiheit werb' ich Bürgerinnen". Die Zeitung fiel der Pressezensur zum Opfer. Im Kontext der Repressionen in der Zeit nach der Revolution von 1848 wurden auch die von Otto mitgegründeten Dienstboten- und Arbeiterinnenvereine aufgelöst. Das Preußische Vereinsgesetz von 1850 verbot „Frauenspersonen, Schülern und Lehrlingen", in politischen Vereinen mitzuwirken. Als deutlich wurde, dass die Versuche einer politischen und gesellschaftlichen Umwälzung gescheitert waren, zog Louise Otto sich für einige Jahre aus dem öffentlichen Leben zurück. Sie heiratete den Schriftsteller August Peters, der in der Restaurationszeit wegen oppositioneller Tätigkeiten einige Jahre im Gefängnis verbrachte. Louise Otto-Peters kam aber auf ihre Anliegen zurück und organisierte 1865 gemeinsam mit Auguste Schmidt (1833–1902) die erste deutsche Frauenkonferenz. Die Lehrerin und Schriftstellerin Auguste Schmidt hatte sich bereits zuvor für die Verbesserung der Mädchenbildung eingesetzt. Anfang des Jahres 1865 gründeten Auguste Schmidt und Louise Otto-Peters den Leipziger Frauenbildungsverein. Dieser trat als Organisator der Frauenkonferenz auf, die vom 16.-18. Oktober 1865 in Leipzig stattfand und über 300 Delegierte aus Sachsen und den übrigen deutschen Ländern versammelte. Bei dieser Konferenz hoben die Anwesenden den „Allgemeinen Deutschen Frauenverein" (ADF) aus der Taufe. Seine Satzung legte fest: „Der Allgemeine Deutsche Frauenverein hat die Aufgabe, für die erhöhte Bildung des weiblichen Geschlechts und die Befreiung der weiblichen Arbeit von allen ihrer Entfaltung entgegenstehenden Hindernissen mit vereinten Kräften zu wirken."

In der Folgezeit entfaltete sich das feministische Vereinswesen. Für 1877 schätzte Louise Otto-Peters die Zahl der Anhängerinnen des ADF und seiner Zweigvereine auf 11 000 bis 12 000. Diese Vereine konstituierten sich als unpolitisch, da sie dem Vereinsgesetz unterstanden, das Frauen politische Betätigung verbot und außerdem politische Versammlungen und Assoziationen einer strengen Kontrolle unterzog. Nach der Aufhebung des Sozialistengesetzes und der Lockerung des Vereinsgesetzes blühte die Frauenbewegung einmal mehr auf. Es entstanden neben den karitativen Zusammenschlüssen Bildungs- und Lehrerinnenvereine, Frauenerwerbsvereine, Frauenstimmrechtsvereine und konfessionelle Frauenbünde. Ins Leben gerufen wurden auch patriotische und antifeministische Frauenverbände, für die der „Deutsche Bund zur Bekämpfung der Frauenemanzipation" 1912 zum Kristallisationskern wurde. Für 1908 wurde in der Statistik des Deutschen Reiches die Zahl der den Frauenverbänden angeschlossenen Frauen auf knapp 860 000 geschätzt, das entsprach ca. 5,4 Prozent der weiblichen Bevölkerung über 18 Jahren. Auch die Bewegungspresse, aus Einzelpublikationen, unzähligen ephemeren Bulletins und mehreren großen Zeitschriften bestehend, boomte. Vier Themen beherrschten die Szene: Bildung, Frauenerwerbsarbeit, das Frauenwahlrecht sowie – in Gestalt der Sittlichkeitsbewegung gegen Prostitution, für Mutterschutz und Sexualreform – Körper und Sexualität.

1894 wurde beim ersten nationalen Frauenkongress der „Bund deutscher Frauenvereine" (BDF) als Dachverband der bürgerlichen Frauenorganisationen gegründet. Federführend war die Lehrerin und Frauenrechtskämpferin Helene Lange (1848–1939). Dem BDF, der 1904 und 1912 weitere, auch ein internationales Publikum anziehende Kongresse ausrichtete, traten bürgerliche Assoziationen verschiedener politischer Couleur bei, Arbeiterinnenvereine und sozialistische Frauenorganisationen hatten allerdings keinen Zugang. Der BDF, der, um möglichst viele Vereinigungen repräsentieren zu können, eine gemäßigte Linie einschlug, hatte großen Zulauf: 1900 zählte er 70 000 Mitglieder, 1908 200 000 und am Vorabend des Ersten Weltkriegs waren es bereits mehr als 300 000. Die Gründung des BDF ging auf das amerikanische Vorbild, den 1888 von Suzanne Anthony und anderen gegründeten „National Council of Women", zurück. Daher lohnt es, sich auch das internationale Umfeld anzusehen.

Die internationale Frauenbewegung

Was die Stellung von Frauen in Gesellschaft und Politik anging, stand es jenseits des Deutschen Reichs kaum besser. Um 1900 durften Frauen weltweit lediglich in vereinzelten Ländern wählen, etwa im amerikanischen Bundesstaat Wyoming seit 1869 oder in Neuseeland. Diese und andere Diskriminierungen sorgten für Empörung immer größerer Kreise von Frauen. Sie begannen, internationale Kontakte zu knüpfen. Transatlantische Verbindungen zwischen bürgerlichen Frauen, denen die weibliche Emanzipation am Herzen lag, gab es bereits in den 1830er Jahren. Emigrantinnen, Missionarinnen und Reisende trugen Ideen und Debatten von Kontinent zu Kontinent.[4] Die „Declaration of Rights and Sentiments", 1848 verabschiedet von über 300 Frauen und Männern in Seneca Falls, einem Ort nahe New York an der amerikanischen Ostküste, ging um die Welt.[5] Darin hieß es (hier in der Übersetzung der deutschen Sozialistin Clara Zetkin): „Wir halten folgende Wahrheit für keines Beweises bedürftig: dass alle Männer und Frauen gleich geschaffen sind. Dass sie von ihrem Schöpfer mit gewissen unveräußerlichen Rechten begabt sind, dass zu diesem Leben Freiheit und Streben nach Glück gehören, dass zur Sicherung dieser Rechte Regierungen eingesetzt werden, die den Rechtsgrund ihrer Macht aus der Zustimmung der Regierten ableiten." Unmissverständlich war die Diagnose, die auf diesen einleitenden Absatz folgte: „Die Geschichte der Menschheit ist eine Geschichte wiederholter Schädigungen und Übergriffe von seiten (sic) des Mannes gegenüber der Frau. [...] Der Mann hat der Frau niemals erlaubt, ihren unveräußerlichen Anspruch auf das politische Stimmrecht auszuüben." Die Erklärung der Frauenrechte, die sich an die amerikanische Unabhängigkeitserklärung von 1776 anlehnte, mündete in die Forderung, dass Frauen „sofort zu allen Rechten und Privilegien zugelassen werden, die ihnen als Bürger [...] zustehen."[6]

Zivile und politische Rechte standen auch auf der Tagesordnung des ersten Internationalen Kongresses für Frauenrechte. Er tagte 1878 im Rahmen der Weltausstellung in Paris. Vorbereitet wurde die Zusammenkunft von international orientierten Frauenrechtskämpferinnen. Das Treffen wurde zu einem Umschlagpunkt für Informationen über die soziale und rechtliche Lage von Frauen. Für eine internationale Organisation oder gar einen koordinierten Aktionsplan bot er dagegen keinen Ausgangspunkt. Das geschah erst 1888, als der zweite internationale Frauenkongress in Chicago tagte. Hier wurde eine internationale Vereinigung aus der Taufe gehoben, deren – zugegeben vages – Ziel es war, die Situation von Frauen in aller Welt zu verbessern. Der „Internationale Frauenrat" (International Council of Women, ICW) verstand sich als Dachverband von Frauenräten in einzelnen Ländern, wobei man in erster Linie an die Zentren der sich seit Mitte des 19. Jahrhunderts rasant entwickelnden industrialisierten Welt dachte. Der Bund Deutscher Frauenvereine trat 1897 dem ICW bei, andere Länder folgten. 1904 umfasste der Frauenrat Sektionen in 16 Ländern, 1914 bei Ausbruch des Ersten Weltkriegs, waren es 23.[7]

Nicht alle Frauen, die sich für eine internationale Öffnung der deutschen Frauenbewegung aussprachen, waren mit dem gemäßigten Kurs des ICW einverstanden. Sie stießen sich an der elitären Zusammensetzung, der hierarchischen Struktur und der abwartenden Haltung des ICW in der Frage des Frauenwahlrechts. Bei der dritten internationalen Frauenkonferenz 1904 in Berlin kam es daher zur Abspaltung einer in ihren Zielen radikaleren Vereinigung, des „Weltbundes für Frauenstimmrecht" (International Woman Suffrage Alliance, IWSA). Von deutscher Seite engagierten sich in diesem Zusammenschluss namentlich Anita Augspurg und Lida Gustava Heymann. Der ICW und die IWSA waren Schrittmacher beim Ausbau eines internationalen Netzwerks von Frauen, das in der Forschung auch als internationale Frauenbewegung bezeichnet wird. Der Kriegsausbruch 1914 stürzte diese Kreise allerdings in eine tiefe Krise, da er die internationale Solidarität in Frage stellte. Zudem verschärften sich Kontroversen in Bezug auf die Strategien bei der Durchsetzung des Frauenwahlrechts. Viele Anhängerinnen der internationalen Frauenbewegung stellten ihre Forderung zurück, da sie aus einem Gefühl des Patriotismus heraus ihrem Vaterland nicht in den Rücken fallen wollten. Zudem rechneten sie damit, dass Frauen, wenn sie sich im Krieg loyal zu ihrer Regierung stellen würden, nach Beendigung der Kämpfe das Wahlrecht zugestanden bekämen. Andere, darunter Heymann und Augsburg, drängten darauf, die begonnene Zusammenarbeit nicht nur fortzusetzen, sondern angesichts des Krieges zu intensivieren und dabei auf eine sofortige Beendigung der Kämpfe zu drängen.

Auch die sozialistischen Frauen vernetzten sich in den Jahrzehnten vor dem Ersten Weltkrieg international. 1907 tagte in Stuttgart die erste Internationale Konferenz sozialistischer Frauen unter dem Vorsitz der deutschen Sozialdemokratin Clara Zetkin (1857-1933). Bereits seit 1892 gab Zetkin die Zeitschrift „Die Gleichheit" heraus, welche die Interessen der Arbeiterinnen vertrat. 1907 wurde das Blatt zum „internationalen Organ der Genossinnen".[8] Die Fraueninternationale debattierte 1910 in Kopenhagen über die Einführung des internationalen Frauentages jeweils Anfang März. Er wurde am 19. März 1911 erstmals begangen. Der 1912 tagende Baseler Friedenskongress der internationalen Sozialdemokratie, der den zunehmenden weltpolitischen Spannungen einen Appell zum Frieden entgegensetzen wollte, gab auch Clara Zetkin eine Plattform. Als Sekretärin der Fraueninternationale plädierte sie dafür, dass alles nur Erdenkliche getan werde, um den sich abzeichnenden militärischen Konflikt zu verhindern. Ihr Appell ging in Kriegspropaganda und Säbelrasseln unter, ungehört verhallte er jedoch nicht. Es gelang Clara Zetkin, im März 1915 in Bern eine kleine Gruppe von internationalen sozialistischen Kriegsgegnerinnen zu vereinen. Der Kongress verabschiedete einen Appell an die internationale Solidarität der Proletarierinnen und Proletarier, der in vielen Ländern verteilt wurde.

Der Frauenfriedenskongress von Den Haag

Wenige Monate nach der sozialistischen Frauenkonferenz von Bern fand in Den Haag ein Frauenfriedenskongress der Bürgerlichen statt, an dem über 1100 Delegierte und mehrere hundert Interessierte aus zwölf Ländern teilnahmen. Verantwortlich zeichneten einzelne Vertreterinnen der internationalen Frauenbewegung, nicht aber deren Trägerorganisationen. Der ICW und die IWSA hatten es vorgezogen, die Zusammenarbeit für die Dauer des Krieges auszusetzen. Wie aus dem Bericht hervorgeht, den das in Den Haag geschaffene „Internationale Frauenkomitee für dauernden Frieden" im Anschluss veröffentlichte, stammte die Initiative für den Kongress aus feministischen Kreisen um die holländische Ärztin und Frauenrechtsaktivistin Aletta Jacobs.[9] Mit Lida Gustava Heymann und Anita Augspurg gehörten dem Vorbereitungskomitee, das im Februar 1915 in Amsterdam tagte, auch zwei Vertreterinnen des radikalen Flügels der bürgerlichen Frauenbewegung in Deutschland an. Diese Teilnahme war symptomatisch: In den meisten Ländern stellten diejenigen, welche die Idee eines Frauenfriedenskongresses unterstützten, in den bürgerlichen Frauenorganisationen eine Minderheit dar.

Die Trägerinnen der feministischen Friedensarbeit – der Begriff des „Pazifismus" (von lat. „pax" = Frieden und „facere" = machen) kam um die Jahrhundertwende gerade erst auf – teilten einige Gemeinsamkeiten, darunter die Herkunft aus der etablierten Gesellschaft und das Festhalten an einem bürgerlichen Weltbild. Damit ging auch eine Abgrenzung von der sozialistischen Frauenbewegung einher. Zusätzlich einte der Einsatz für das Frauenwahlrecht die Aktivistinnen, die auch jetzt wieder ihre Forderung, die Kämpfe einzustellen, mit der nach politischer Partizipation verknüpften. Schließlich lagen vielen sozialreformerische Anliegen am Herzen: die Verbesserung der Gesellschaft und der Situation insbesondere von Frauen und Kindern durch wohltätige Arbeit (von Frauen). Ein grenzübergreifendes Netzwerk, das seit der Jahrhundertwende einen „regelrechten transnationalen Dialog"[10] nährte, stellten die Sozialreformerinnen diesseits und jenseits des Atlantiks dar. Aus diesem Kreis stammte die Präsidentin des Kongresses, die amerikanische Soziologin, Sozialarbeiterin und Feministin Jane Addams, die 1931 für ihre Verdienste den Friedensnobelpreis erhalten sollte.

Die internationale Frauenfriedensbewegung griff also auf Verbindungen aus der Arbeit in der bürgerlichen Frauenbewegung zurück. Und doch konnten die Frauen von Den Haag nicht auf den Rückhalt dieser Gruppen und Organisationen zählen. Im Gegenteil: Zwischen dem Kongress von Den Haag und den Vertreterinnen der nationalen Frauenverbände bestand eine Spannung, die sich durch den ganzen Krieg hindurch halten sollte. Die Vorsitzende des BDF, Gertrud Bäumer, etwa kehrte dem Kongress den Rücken, da ihr pazifistische Bemühungen auf internationaler Ebene „unvereinbar mit

PHOTOGRAPH OF THE PLATFORM.

Reading from left to right: Mme. THOUMAIAN, Armenia; LEOPOLDINA KULKA, Austria; Miss HUGHES, Canada; ROSIKA SCHWIMMER, Hungary; Dr. ANITA AUGSPURG, Germany; JANE ADDAMS, U.S.A., President of tht Congress; EUGÉNIE HAMER, Belgium; Dr. ALETTA H. JACOBS, President of the Dutch Executive Committee; CHRYSTAL MACMILLAN, Great Britain; ROSA GENONI, Italy; ANNA KLEMAN, Sweden; THORA DAUGAARD, Denmark; LOUISE KEILHAU, Norway.

Abb. 19: Internationaler Frauenfriedenskongress 1915 in Den Haag; 5. v.l. Anita Augspurg; 6. v.l. Jane Addams (Präsidentin des Kongresses). Foto: Internationales Frauenkomitee für dauernden Frieden (Hg.): Internationaler Frauenkongress Haag vom 28. April bis 1. Mai 1915, Bericht. Amsterdam 1915, nach S. 2; Archiv der deutschen Frauenbewegung Kassel.

der vaterländischen Gesinnung und der nationalen Verpflichtung der deutschen Frauenbewegung"[11] schienen. Bäumer soll in Bezug auf den Kongress von Den Haag gesagt haben, es werde „doch so leicht niemand so dumm sein, dass er sich jetzt für ein platonisches Friedenskränzchen nach Holland begibt".[12]

In Den Haag bildeten sich neue Allianzen. Sie stabilisierten sich im „Internationalen Frauenkomitee für dauerhaften Frieden", das auf dem Kongress begründet wurde. Ziel war es, „das Abhalten eines internationalen Frauenkongresses zur Zeit und am Ort der offiziellen Konferenz, die die Friedensbedingungen nach dem Kriege festsetzen wird, zu sichern."[13] Das Komitee wurde beim Frauenfriedenskongress in Zürich im Frühjahr 1919 umbenannt und nahm die Gestalt der heute noch existierenden „Internationalen Frauenliga für Frieden und Freiheit" (Women's International League for Peace and Freedom, WILPF) an.

Die Kontakte, die für das Vorhaben von Den Haag fruchtbar gemacht werden konnten, stammten noch aus einem anderen Beziehungsgeflecht: den Organisationen und Protagonistinnen der Friedensbewegung. Friedensvereine gab es bereits in der ersten Jahrhunderthälfte in den angelsächsischen Ländern. 1828 entstand in Nordamerika der erste nationale Dachverband, die „American Peace Society". Es folgten ähnliche Gründungen auf dem europäischen Kontinent, etwa mit dem in Frankreich agierenden „Comité de la Paix". Um die Jahrhundertmitte fanden mehrere Friedenskongresse auf europäischem Boden statt. In den deutschen Staaten fand die Bewegung zunächst kaum Widerhall. Erst nach der Reichsgründung und den ihr vorausgehenden militärischen Auseinandersetzungen gewannen pazifistische Ideen Anhängerinnen und Anhänger. 1892 wurde die „Deutsche Friedensgesellschaft" (DFG) ins Leben gerufen. Der Gründung ging ein großer Weltfriedenskongress voraus, der 1889 anlässlich der Pariser Weltausstellung stattfand und internationale Strahlkraft hatte. Aus dieser Veranstaltung ging 1892 das „Berner Bureau" hervor, das den Auftrag erhielt, regelmäßig Weltfriedenskongresse zu veranstalten.

Der Einfluss Bertha von Suttners

Eine zentrale Persönlichkeit für die Friedensbewegung war die Schriftstellerin Bertha von Suttner, die heute genau vor 100 Jahren verstarb. Die aus einer verarmten böhmischen Adelsfamilie stammende Kosmopolitin hatte sich bis zu ihrem vierten Lebensjahrzehnt kaum mit gesellschaftspolitischen Themen beschäftigt. Doch im Anschluss an eine Begegnung mit Vertretern der organisierten Friedensbewegung im Jahre 1888 machte sie sich die Abschaffung des Krieges zur Lebensaufgabe. Noch im gleichen Jahr nahm sie in ihr beinahe abgeschlossenes Werk „Das Maschinenzeitalter" eine Passage über die internationale Friedensbewegung auf.[14] Wie eine Bombe schlug allerdings erst das im folgenden Jahr erschienene Buch „Die Waffen nieder!" ein.[15] Es verkaufte sich hunderttausendfach und wurde in ein Dutzend Sprachen übersetzt. Suttner beschrieb darin die Folgen des Krieges aus der Sicht von Ehefrauen und Müttern. Die Autorin wählte mit Bedacht nicht die Form eines Sachbuchs, sondern gestaltete das Werk als Roman, da sie damit eine breitere Leserschaft anzusprechen hoffte. 1905 wurde Bertha von Suttner, die auch bei der Gründung der Österreichischen Friedensgesellschaft Anfang der 1890er Jahre beteiligt gewesen war, mit dem Friedensnobelpreis ausgezeichnet. Suttner, die um die Jahrhundertwende unermüdlich Vorträge in Europa und den Vereinigten Staaten hielt, plädierte für den Abschluss von Verträgen als Grundlage einer friedlichen Schlichtung von Streitigkeiten zwischen Staaten, für die Einrichtung eines internationalen Schiedsgerichtshofs sowie für eine Friedensunion aller Staaten. Suttner war auch auf der Ersten Haager Friedenskonferenz 1899 anwesend, bei der

Abb. 20: Bertha von Suttner bei einem Vortrag.
Foto: UNOG Library, League of Nations Archives, Genf.

Regierungsoberhäupter über die Möglichkeiten der Friedenssicherung verhandelten. Dieser, wie auch die Nachfolgekonferenz 1907, gelang es allerdings nicht, wirksame Mechanismen einzurichten, die den Ersten Weltkrieg hätten verhindern können.

Bertha von Suttner interessierte sich auch für das, was man damals „die Frauenfrage" nannte. Sie war von der Gleichwertigkeit der Geschlechter überzeugt und lebte selbst vor, dass Frauen zu anderem berufen sein konnten als zu den ihnen zugewiesenen Erziehungs- und Hausarbeiten. Wie wichtige Protagonistinnen der Frauenbewegung identifizierte sie die Unwissenheit von Frauen als einen wesentlichen Grund für ihre schwache Position in der Gesellschaft und forderte entsprechend den Zugang von Frauen zu höherer Bildung. Allerdings war Bertha von Suttner anders als viele Wortführerinnen der bürgerlichen Frauenbewegung der Ansicht, dass „mit Bezug auf ihre Stellung zur Friedensfrage kein Unterschied zwischen den Menschen männlichen und weiblichen Geschlechts"[16] bestehe. Diese Überzeugung hielt sie nicht davon ab, 1904 die internationale Frauenkonferenz in Berlin zu besuchen und einen Vortrag über die Rolle der Frau in der Friedensbewegung zu halten. Sie war in diesen Kreisen also nicht nur durch ihr Werk, sondern auch als Person bekannt. Auch andere Frauen waren zugleich in der Friedens- und in der Frauenbewegung aktiv, etwa Margarethe Lenore Selenka, die 1915 gemeinsam mit Helene Stöcker zum Frauenfriedenskongress von Den Haag anreiste. Die Frauenfriedenskonferenz von Den Haag erlebte Suttner nicht mehr. 71-jährig erlag sie im Sommer 1914 wenige Tage vor Ausbruch des Ersten Weltkriegs einem Krebsleiden.

Positionen der internationalen Frauenfriedensbewegung

Welche Ideen lagen der internationalen Frauenfriedensbewegung, für die in Den Haag das organisatorische Fundament gelegt wurde, zugrunde? Der Kongress hatte diverse Punkte auf der Tagesordnung. Zur Sprache kamen die Problematik des Waffenstillstands, Möglichkeiten eines internationalen Schiedsgerichts, die Leiden von Frauen im Krieg, Angelegenheiten der Völkerverständigung und das Frauenstimmrecht. Verfolgt man die Debatten, lässt sich ein Grundkonsens aufzeigen. Er baute auf der Idee einer Komplementarität der Geschlechter auf und wies Frauen eine friedensstiftende Funktion in Gesellschaft und Gemeinwesen zu. Diese Funktion wurde als genuin politisch aufgefasst und daraus die Forderung nach politischer Gleichberechtigung abgeleitet. Auf das Einende zwischen Frauen, die Erfahrung der Mutterliebe, die „angeborenen friedlichen und versöhnenden Neigungen" der Frau verweisend, appellierte etwa Aletta Jacobs an die grenzübergreifende, nationale Zugehörigkeiten überwindende Solidarität unter Frauen. „Wir Frauen, wir beurteilen den Krieg anders als die Männer. Für den Mann kommt in erster Linie das praktische Ergebnis in Betracht [...]. Aber was bedeutet wohl uns Frauen der materielle Verlust, wenn wir ihn vergleichen mit der Unzahl von Brüdern, Vätern, Gatten und Söhnen, die ins Feld ziehen, um niemals heimzukehren."[17]

Der Grundkonsens lässt sich näher fassen, wenn man sich auf die zentralen Leitwerte (internationale) Solidarität, politische Teilhabe und Frieden konzentriert. Internationale Solidarität hatte Jane Addams, spätere Präsidentin des WILPF, bereits in ihrem Werk „Democracy and Social Ethics" (1902) gefordert.[18] Darin spricht sie von einer „Ethik der Solidarität", die sie einerseits auf Stadtteilarbeit bezog. Addams gründete als eine der Pionierinnen der Sozialarbeit in einem der verarmten Viertel Chicagos ein Siedlungshaus, in dem Angehörige der Unterschichten Sozial- und Bildungsleistungen erhielten. Andererseits hatte der Begriff der Solidarität bei Addams eine internationale Dimension: Neben ihrem Engagement für die Frauenbewegung hing sie der anti-imperialistischen Bewegung an und unterstützte ebenfalls die frühe Bürgerrechtsbewegung in den Vereinigten Staaten. Addams war nicht die einzige, die Solidarität zu einem wesentlichen Element des Frauenengagements für den Frieden erklärte. Auch in Gustava Heymans im Jahre 1943 fertiggestellten Memoiren, in denen sie über den Kongress spricht, sind „Völkersolidarität", Gerechtigkeit und Menschlichkeit zentrale Begriffe. Die Rede ist von „internationaler Verbundenheit", die Frauen „blödem Chauvinismus, falschem Patriotismus und nationalem Irrsinn" entgegen zu stellen hätten. In einer der Resolutionen hieß es: „Es ist festgestellt worden, dass wir lernen müssen, in Kontinenten zu denken; die Frauen von Den Haag gehen einen Schritt weiter und denken für die ganze Welt."[19]

Aus der besonderen Zuständigkeit von Frauen für den Frieden leitete die internationale Frauenfriedensbewegung ihren Anspruch auf politische Teilhabe ab. Dies kam beispielsweise in einer Botschaft zum Ausdruck, die aus dem Kreis um Gustava Heymann und Anita Augspurg im Oktober 1914 an Vertreterinnen der Frauenorganisation neutraler und kriegsführender Länder versandt wurde. „Wir wollen", hieß es darin, „über den Völkerkrieg hinweg uns die Hände reichen, trauernden, gesenkten Hauptes grüßen wir uns, einiger denn je mit dem Bewusstsein, dass nur, wenn die Frauen befreit sind und ihre Staaten lenken helfen, die Welt von der Wiederholung eines gleich grausigen Erlebnisses verschont bleiben wird."[20] In unzähligen Varianten tauchte die Forderung nach politischer Partizipation in den Kongressakten auf und wurde immer wieder als Voraussetzung für eine dauerhafte Beendigung der Kämpfe angeführt. So mussten sich Frauen, die Mitglieder des Kongresses werden wollten, im Vorfeld zu zwei Überzeugungen bekennen: „dass internationale Streitigkeiten durch friedliche Mittel ausgeglichen werden sollen", und „dass den Frauen politische Gleichberechtigung mit den Männern zu gewähren sei."²¹ „Dass Frauen die gleichen politischen Rechte wie Männern gewährt"²² würden, war Inhalt des dritten von zwanzig Beschlüssen, die in Form von Resolutionen im Nachgang des Kongresses an die Staatsoberhäupter der kriegsführenden und neutralen Länder überbracht wurden. Punkt neun forderte noch einmal explizit „die politische Gleichberechtigung der Frau",²³ Grundsatz und Garant eines dauernden Friedens.

Der dritte Leitwert lautete Frieden. Die von Fortschrittsglauben und moralisch-ethischen Überzeugungen geprägten Ideen Bertha von Suttners gingen in das Denken der internationalen Frauenfriedensbewegung ein, so dass Lida Gustava Heymann, Anita Augspurg und Helene Stöcker in der Forschung als Suttners „geistige Töchter" bezeichnet worden sind.²⁴ Sie akzentuierten allerdings im Gegensatz zu Suttner die besondere weibliche Neigung zum Pazifismus. Frieden war aus der Sicht des Frauenfriedenskongresses kein abstraktes Dogma, sondern eine pragmatisch zu lösende Aufgabe, zu der Frauen – als Mütter und Partnerinnen von Soldaten, aber auch weil der Krieg ihnen die Gebärfunktion als Hauptaufgabe zuwies – in besonderer Weise berufen waren. Solidarität, Partizipation und Frieden bildeten die zentralen Bezugspunkte, mit denen es gelang, nationale Loyalitäten, die in den Debatten rund um den Kongress immer wieder aufflammten, zugunsten eines „Geistes der Internationalität", wie Jane Addams es in ihrer Ansprache nannte, zu überwinden. Diese weibliche Fähigkeit zur Überwindung wurde von den Teilnehmerinnen selbst immer wieder beschworen. „Der Mut", so etwa Addams, „in Stunden der Betrübnis oder der Begeisterung uneins zu scheinen mit jenen, die sie lieben, war von jeher der höchste Beweis für die Gewissenhaftigkeit der Frau."²⁵

Zur Wirkung der Frauenfriedensbewegung

Vertreterinnen kriegsführender und neutraler Staaten nahmen im Mai 1915 in Den Haag einen Katalog von Beschlüssen an, die den Krieg und besonders die Leiden von Frauen im Krieg verurteilten. Sie forderten „die Regierungen der Welt" auf, „das Blutvergießen zu beenden und Friedensverhandlungen zu beginnen".²⁶ Der Kongress formulierte eine Reihe von Vorschlägen für einen dauernden Frieden, darunter das Selbstbestimmungsrecht der Völker, demokratische Strukturen, in denen nicht zuletzt Frauen zu ihren politischen Rechten kommen sollten, einen internationalen Schiedsgerichtshof, der das Haager Schiedsgericht dauerhaft erweitern solle, sowie allgemeine Abrüstung, internationale Handelsfreiheit und eine demokratische Kontrolle der Außenpolitik aller Staaten

Die Anwesenden in Den Haag stellten zwei Delegationen zusammen, die den Regierungen im Anschluss an den Kongress den Resolutionskatalog überbrachten. Innerhalb weniger Wochen sprachen sie bei 25 Staatsoberhäuptern und Außenministern (und dem Papst)

vor.[27] Kurzfristig konnte dieses Vorgehen den Kriegsverlauf jedoch kaum beeinflussen. Keiner der angesprochenen neutralen Staaten ließ sich dazu bewegen, eine Vermittlungskonferenz einzuberufen. Auch die sozialistische Fraueninternationale konnte den Kriegsverlauf nicht direkt beeinflussen. Clara Zetkin wurde aufgrund ihrer internationalistischen Aktivitäten in Zeiten des Krieges im Sommer 1915 mit dem Vorwurf des Landesverrats für mehr als zwei Monate in Haft genommen. Innerhalb des sozialistischen Lagers geriet sie zwischen alle Stühle. Während die Parteilinke die „Umwandlung des Krieges in einen revolutionären Bürgerkrieg"[28] forderte, stimmte die Mehrheit der sozialdemokratischen Fraktion im deutschen Reichstag den Kriegskrediten zu. Zetkin und andere Internationalistinnen dagegen strebten als Nahziel den Friedensschluss an und waren zunehmend isoliert. Die Beschlüsse der Berner Konferenz von 1915 konnten vor diesem Hintergrund weder nationale noch internationale Reichweite entfalten.

Dennoch ist zu würdigen, dass bürgerliche wie sozialistische Frauenorganisationen von den ersten Kriegsmonaten an Anti-Kriegs-Parolen verbreiteten. Sie nahmen damit eine Kritik vorweg, die in den folgenden Kriegsjahren an Kraft gewann. Gerade sozialistische Friedenskämpferinnen und Friedenskämpfer um Clara Zetkin riefen zu Massenkundgebungen, Blockaden und Boykotts auf. Es handelte sich um Formen der Kritik, die in Protesten um die Teuerung, sozialen Unruhen und Massenstreiks von mehreren Seiten aufgegriffen wurden und in Deutschland in die Spaltung der Sozialdemokratie mündeten. Clara Zetkin gehörte mit Rosa Luxemburg (1871-1919) und Karl Liebknecht (1871-1919) zu jenen Oppositionellen, die unter dem Namen „Spartakus" ab 1916 gegen die Kriegspolitik der Regierung den Aufruf zum Massenstreik setzten. So wenig also die sozialistische und die bürgerliche Frauenfriedensbewegung konkrete Kampfhandlungen zu beeinflussen vermochten, so sehr trugen ihre Anhängerinnen mit öffentlichen Stellungnahmen zu einem politischen Klima bei, in dem Kritik am Krieg nicht nur geäußert, sondern auch in Widerstand überführt wurde. In der Zwischenkriegszeit erlebte der bürgerliche wie der proletarische Internationalismus einen Aufschwung. Der zerstörerischen Gewalt von Faschismus und Nationalsozialismus hielt er allerdings nicht stand. Nur wenige Organisationen überlebten den Zweiten Weltkrieg, darunter die WILPF, die 2015 das 100jährige Bestehen einer Organisation feiern kann, deren größte Ziele, Frieden und Freiheit, bis heute aktuell sind.

Der Beitrag beruht auf einem Vortrag, der am 21. Juni 2014 auf einer Gedenkveranstaltung anlässlich des 100. Todestages Bertha von Suttners an der Bertha-von-Suttner-Schule in Nidderau gehalten wurde.

1. Karin Hausen: Die Polarisierung der „Geschlechtscharaktere". Eine Spiegelung der Dissoziation von Erwerbs- und Familienleben, in: Werner Conze (Hg.): Sozialgeschichte der Familie in der Neuzeit Europas. Stuttgart 1976, S. 363–393; dies.: „... eine Ulme für das schwankende Efeu". Ehepaare im deutschen Bildungsbürgertum. Ideale und Wirklichkeiten im späten 18. und 19. Jahrhundert, in: Ute Frevert (Hg.): Bürgerinnen und Bürger. Göttingen 1988, S. 85–117.
2. Zitiert nach Angelika Schaser: Frauenbewegung in Deutschland 1848–1933. Darmstadt 2006, S. 21.
3. Ebd., S. 19.
4. Bonnie S. Anderson: Joyous Greetings. The First International Women's Movement 1830–1860. New York 2000; Lucy Delap: The Feminist Avant-Garde. Transnational Encounters of the Early Twentieth Century. Cambridge 2007.
5. Judith Wellman: The Road to Seneca Falls. Elisabeth Cady Stanton and the Women's Rights Convention. Champaign 2004; Sally Gregory McMillen: Seneca Falls and the Origins of the Women's Rights Movement. Oxford 2008.
6. Declaration of Sentiments (1848), zitiert aus: Clara Zetkin: Zur Geschichte der proletarischen Frauenbewegung. Berlin 1958, S. 35f. und S. 37.
7. Zahlen nach Leila Rupp: Worlds of Women. The Making of an International Women's Movement. Princeton 1997.
8. Gilbert Badia: Clara Zetkin. Eine neue Biographie. Berlin 1994, S. 140.
9. Internationales Frauenkomitee für dauernden Frieden (Hg.): Internationaler Frauenkongress Haag vom 28. April bis 1. Mai 1915, Bericht. Amsterdam 1915. Weitere Informationen finden sich auch in Lida Gustava Heymanns Memoiren: Erlebtes – Erschautes: deutsche Frauen kämpfen für Freiheit, Recht und Frieden (1850–1940), in Zusammenarbeit mit Anita Augspurg. Meisenheim am Glan 1972.
10. Anja Schüler: Ein „hoffnungsloses Unterfangen"? Deutsche und Amerikanerinnen auf den Frauenfriedenskongressen 1915–1919, in: Manfred Berg/Philipp Gassert (Hg.): Deutschland und die USA in der Internationalen Geschichte des 20. Jahrhunderts. Stuttgart 2004, S. 218–236, 235.
11. Alice Salomon: Charakter ist Schicksal. Lebenserinnerungen. Weinheim/Basel 1983, S. 153f.
12. Annika Wilmers: Pazifismus in der internationalen Frauenbewegung (1914–1920). Handlungsspielräume, politische Konzeptionen und gesellschaftliche Auseinandersetzungen. Essen 2008, S. 110.
13. Internationaler Frauenkongress (wie Anm. 9), S. 54.
14. Bertha von Suttner: Das Maschinenzeitalter. Zukunftsvorlesungen über unsere Zeit von „Jemand". Zürich 1888.
15. Dies.: Die Waffen nieder! Eine Lebensgeschichte. Dresden 1889.
16. Brigitte Hamann: Bertha von Suttner. Ein Leben für den Frieden. München 1991, S. 449.
17. Internationaler Frauenkongress (wie Anm. 9), S. 10.
18. Zu Addams siehe Dorothy Ross: Jane Addams (1860–1935). Häuslicher Feminismus und die Möglichkeiten der Sozialwissenschaften, in: Claudia Honegger/Theresa Wobbe (Hg.): Frauen in der Soziologie. München 1998, S. 130–152.
19. Internationaler Frauenkongress (wie Anm. 9), S. XII (Übersetzung der Verf.)
20. Heyman: Erlebtes (wie Anm. 9), S. 127.
21. Internationaler Frauenkongress (wie Anm. 9), S. 44.
22. Ebd., S. 48.
23. Ebd., S. 49.
24. Regine Bracker: Bertha von Suttner's Spiritual Daughters. The Feminist Pacifism of Anita Augspurg, Lida Gustava Heymann and Helene Stöcker at the International Congress of Women at The Hague, 1915, in: Women's Studies International Forum 18, 1995, H. 2, 103–111.
25. Internationaler Frauenkongress (wie Anm. 9), S. 24.
26. Ebd., S. 47.
27. Schüler: Unterfangen (wie Anm. 10), S. 225.
28. Tânia Puschnerat: Clara Zetkin. Bürgerlichkeit und Marxismus. Eine Biographie. Essen 2008, S. 221.

DIE AUSSTELLUNG

Die Ausstellung präsentiert in 9 Räumen die Ereignisse, Erfahrungen und Folgen des Ersten Weltkriegs in den hessischen Landgemeinden. Der Schwerpunkt liegt auf der Region Main-Kinzig und hier vor allem den Dörfern im Altkreis Hanau, aber es finden sich auch Exponate aus anderen Orten im Gebiet des heutigen Bundeslands Hessen. Es ist nicht die Absicht – und es wäre gar nicht möglich – die Zeit des Weltkriegs in allen ihren Aspekten zu erfassen, und auch der allgemeine politische, militärische und wirtschaftliche Kontext des Krieges kann nur angedeutet werden.

Das Ziel ist es vielmehr, anhand lokaler und persönlicher Quellen ein Licht auf das konkrete Leben der Landbewohner unter den Bedingungen der Kriegszeit zu werfen. Die Ausstellung stützt sich dabei ganz wesentlich auf persönliche Quellen aus privaten Sammlungen: Feldpostbriefe und -karten, Aufzeichnungen, Berichte und Dokumente, Fotos und Gegenstände wie etwa militärische Auszeichnungen, Ausrüstungsgegenstände und dergleichen. Hinzu kommt das Verwaltungsschriftgut der lokalen und regionalen Behörden, soweit es sich unmittelbar auf die innerdörflichen Verhältnisse bezieht. Des Weiteren wurde die lokale und regionale Presse ausgewertet, konkret die Windecker Zeitung und der Hanauer Anzeiger. Besonders ergiebig waren schließlich die Akten in den Pfarreiarchiven und hier vor allem die von den Pfarrern geführten Chroniken, die teilweise sehr detailliert über das Leben in den Kriegsjahren berichten.

Insgesamt entsteht so ein sehr facettenreiches Bild, das sich zwar auf eine begrenzte Anzahl von Landgemeinden bezieht, gleichwohl aber in exemplarischer Weise das dörfliche Leben im Weltkrieg veranschaulicht – zum Teil mit durchaus überraschenden Erkenntnissen, die in der Forschung bislang noch kaum oder gar nicht beachtet worden sind.

Die Anordnung der Räume folgt einer gewissen Chronologie. Am Anfang steht in Raum 1 die Friedensbewegung mit ihrer herausragenden Protagonistin Bertha von Suttner, der Namensgeberin des Ausstellungsortes, die im Juni 1914 nur eine Woche vor dem Attentat von Sarajevo starb. Es folgt in Raum 2 ein Blick auf den Kriegsausbruch im Sommer 1914 und seine unmittelbaren Auswirkungen auf das dörfliche Leben. Danach präsentiert Raum 3 die Fronterfahrungen der Soldaten, wobei das Schicksal einiger junger Männer aus den Dörfern nachgezeichnet wird. Raum 4 ist dem Tod und dem Leiden auf den Schlachtfeldern gewidmet und dokumentiert konkrete Fälle aus der Region. Den Kern der Ausstellung bildet Raum 5, der unter dem Titel „Heimat" das dörfliche Leben im Weltkrieg beleuchtet: die wirtschaftlichen Folgen, die Ernährungssituation, die Sorge um die in den Krieg gezogenen Väter und Söhne, den Umgang mit dem Verlust der Angehörigen, die Situation der Kriegerwitwen und Waisen, die karitativen Aktivitäten von Vereinen, die seelsorgerische Tätigkeit der Pfarrer usw. In Raum 6 wird ein Blick auf die sogenannten „Feinde" geworfen, das heißt die fremden Nationen und Soldaten, wie sie etwa in der Presse und in den Berichten der eigenen Soldaten geschildert wurden, aber auch die ausländischen Kriegsgefangenen, die über Jahre hinweg in den Dörfern einquartiert waren und dort als landwirtschaftliche Arbeitskräfte eingesetzt wurden. Raum 7 ist ein kleiner Medienraum, in dem an zwei PC-Stationen Ton- und Bilddokumente gehört und betrachtet werden können. In Raum 8 richtet sich der Blick auf die ländliche Erinnerungskultur, die unmittelbar nach Kriegsende einsetzte und in den 1920er Jahren in den allerorten errichteten Kriegerdenkmälern ihren Ausdruck fand. Der abschließende Raum 9 schließlich wirft ein Schlaglicht auf die Folgen des Weltkriegs, insbesondere den wirtschaftlichen Zusammenbruch und die politische Radikalisierung, die den Weg ebnete für den Aufstieg der Nationalsozialisten und die Errichtung einer totalitären Diktatur, die schließlich die Katastrophe des Zweiten Weltkriegs und des Holocaust herbeiführte.

Auf den folgenden Seiten werden die Ausstellungsräume kurz beschrieben und dazu jeweils einige markante Exponate abgebildet.

Raum 1:
BERTHA VON SUTTNER

Bertha von Suttner (1843-1914) setzte sich seit den 1880er Jahren konsequent und energisch für internationale Verständigung und das friedliche Zusammenleben der Staaten ein. Mit dem 1889 veröffentlichten Roman „Die Waffen nieder!", der die Geschichte einer jungen Frau schildert, die in den wiederholten Kriegen des 19. Jahrhunderts zwei Ehemänner verlor, wurde sie weltberühmt. Sie war beteiligt an der Gründung von Friedensgesellschaften in Deutschland und Österreich, nahm seit den 1890er Jahren an mehreren internationalen Friedenskongressen teil und wurde 1905 für ihr Engagement mit dem Friedensnobelpreis ausgezeichnet – als erste Frau überhaupt. Bis an ihr Lebensende setzte sie sich in Schriften und öffentlichen Reden – eine Vortragsreise führte sie sogar in die USA – unermüdlich für den Frieden ein. Der Krieg, so schrieb sie, sei die „Verneinung der Kultur", und es sei die Verpflichtung eines jeden, der regiert, den Krieg zu vermeiden.

Bertha von Suttner starb am 21. Juni 1914 einige Tage nach ihrem 71. Geburtstag. Eine Woche danach, am 28. Juni, ermordeten serbische Attentäter in Sarajevo das österreichische Thronfolgerpaar, und genau einen Monat später, am 28. Juli, begann der Erste Weltkrieg. Der Einsatz Bertha von Suttners und vieler anderer Pazifisten für den Frieden war erfolglos gewesen, im Krieg wurden sogar ihre Schriften verboten. Gleichwohl waren ihre Worte damals wie heute wahrer als alle politisch-militärischen Kalkulationen und Planspiele: „Keinem vernünftigen Menschen wird es einfallen, Tintenflecken mit Tinte, Ölflecken mit Öl wegwaschen zu wollen. Nur Blut, das soll immer wieder mit Blut ausgewaschen werden."

Abb. 21: Bertha von Suttner, undatierte Aufnahme.
Foto: UNOG Library, League of Nations Archives, Genf.

Bertha v. Suttner

Die Waffen nieder!

Eine Lebensgeschichte

von

Bertha von Suttner.

Volks-Ausgabe.

E. Piersons Verlag
Dresden, Leipzig und Wien
1896.

Abb. 22: Titelblatt des Romans „Die Waffen nieder!", Volksausgabe von 1896. Leihgabe: Jürgen Müller, Eichen.

Abb. 23: Bertha von Suttner in späteren Jahren.
Foto: UNOG Library, League of Nations Archives, Genf.

Raum 2:
KRIEGSAUSBRUCH

Am 28. Juli 1914 erklärte Österreich-Ungarn Serbien den Krieg. In wenigen Tagen entstand daraus ein militärischer Konflikt, in den alle europäischen Großmächte und viele kleinere Staaten hineingezogen wurden. Das Deutsche Reich erklärte Russland am 1. August 1914 den Krieg, und schon einen Tag später marschierten deutsche Truppen in Luxemburg und Belgien ein. Die Nachrichten vom Kriegsausbruch erreichten auch die kleinsten Dörfer in kürzester Zeit und sorgten für große Aufregung. Schon in den ersten Augusttagen wurden aus den Landgemeinden die jungen Männer und Reservisten zur Armee einberufen und an die Front transportiert.

Man hat oft vom „Augusterlebnis" gesprochen, einer euphorischen Stimmung der Kriegsbegeisterung, die sich in der deutschen Bevölkerung verbreitet habe. Das ist eine Wahrnehmung, die sich auf bestimmte große Städte und Teile der Gesellschaft bezieht. Auf dem Land war hingegen von einer Kriegsbegeisterung wenig zu spüren. Vielmehr dominierte die Sorge um das, was der Krieg bringen würde, das Denken und Handeln der Menschen in den Dörfern. Es gab eine zuweilen hysterische Angst vor ausländischen Spionen, die Bauern sorgten sich um die kurz bevorstehende Ernte, die eingebracht werden musste, Eltern, Frauen und Kinder verabschiedeten sich voller Kummer von den ins Feld ziehenden Soldaten, von denen man nicht wissen konnte, ob sie gesund zurückkehren würden. Die Behörden und die Presse trugen zwar die nationale Kriegspropaganda auch in die Dörfer und versuchten Siegesgewissheit zu verbreiten, doch die „geistige Mobilisierung", die viele Intellektuelle – Professoren, Künstler, Lehrer und nicht zuletzt auch Pfarrer – ergriff, erfasste die einfachen Leute offenbar kaum. Während manche vom „Heiligen Krieg" faselten, machten sich die kleinen Bauern, Handwerker und Händler Gedanken darüber, ob sie ihre Angehörigen wiedersehen würden und wie sie ihren Betrieb weiterführen konnten.

Abb. 24: Extrablatt des Casseler Tageblatt und Anzeiger vom 2. August 1914.
Leihgabe: Walter Lechler, Stuttgart.

Extra-Blatt des Casseler Tageblatt und Anzeiger.

Sonntag den 2. August, 5.30 Uhr nachmittags.

Luxemburg von deutschen Truppen besetzt.

Berlin, 2. August. (W. T. B.) **Luxemburg** ist zum Schutze der dort befindlichen deutschen Eisenbahnen von Truppenteilen des 8. Armeekorps **besetzt** worden.

Abreise des russischen Botschafters.

Berlin, 2. August. (W. T. B.) Dem russischen Botschafter in Berlin, v. Swerbejew, sind die Pässe zugestellt.

Englands Haltung.

London, 2. August. (W. T. B.)

Die „Westminster Gazette" betont, daß England bemüht gewesen sei, die Vermittlerrolle zu spielen, um unverpflichtet zwischen den beiden Ländern zu stehen, sowie daß keine bindenden Verpflichtungen für England existierten. Dann fährt das Blatt fort: Aber Deutschland weiß, daß gewisse Verträge bestehen, deren Bruch uns in eine schwierige Lage bringen würde. Es weiß also, daß es gewiß mögliche Entwickelungen des Kampfes zwischen ihm und Frankreich gibt, die die öffentliche Meinung aufreizen könnten. Das Blatt wendet sich dann gegen die Idee, eine Flottenexpedition in einen kontinentalen Krieg zu senden, und sagt: Die britische Macht in Europa ist Seemacht und wird, wie wir zuversichtlich hoffen, zum äußersten verwendet werden, um England den Frieden zu erhalten und um den Kampf der übrigen Mächte in Grenzen zu halten. Freilich liege auch eine Gewähr in der freundlichen Politik, aber es könne nicht den Interessen der Mächte entsprechen, unter den gegenwärtigen Gefahren das Gebiet der Herausforderungen zu erweitern.

Das neutrale Norwegen.

Christiania, 2. August. (W. T. B.)

Die norwegische Regierung hat heute aus Anlaß des österreichisch-serbischen Krieges eine Neutralitätserklärung ausgegeben. Die Regierung hat die notwendigen Veranstaltungen zur Sicherung der Neutralität getroffen. Die Küstenbefestigung soll instand gesetzt und der wesentlichste Teil der Fahrzeuge, die nicht unter Kommando stehen, zur Verteidigung der Neutralität ausgerüstet werden.

Der heilige Krieg.

> *** Abgestürzter Flugapparat.** Wie wir hören, soll gestern Morgen zwischen Hanau und Friedberg ein leerer Flugapparat gefunden worden sein. Der Verbleib des Fliegers ist nicht ermittelt. Vermutlich handelt es sich um den Flieger, der über Frankfurt durch Bombenwerfen im Hauptbahnhof Schaden anrichten wollte, was ihm aber nicht gelungen ist. Er hält sich nach der unfreiwilligen Landung verborgen. Möglicherweise ist er von einer Kugel getroffen worden und herausgestürzt und der Apparat noch eine Strecke weitergeflogen. — Die Luftlinie von Frankfurt bis zur französischen Grenze beträgt etwa zweihundert Kilometer. Bei normalen Windverhältnissen kann diese Strecke von den Fliegern in zwei Stunden zurückgelegt werden.

Abb. 26: In der Windecker Zeitung Nr. 62 vom 5. August 1914 wurde über den angeblichen Absturz eines „Flugapparats" zwischen Hanau und Friedberg berichtet. Der Flieger hatte, so hieß es, den Frankfurter Hauptbahnhof bombardieren wollen. Der Vorfall ist extrem unwahrscheinlich, denn weder technisch noch militärstrategisch erscheint ein französischer Fliegerangriff für diesen frühen Zeitpunkt des Krieges auf eine Stadt in der Mitte Deutschlands möglich. Die Meldung gehört offenbar zu den vielen Gerüchten, die in den ersten Kriegstagen über ausländische Angriffe, Sabotageakte und im Land umherfahrende Spione kursierten. Diese Spionagehysterie machte sich auch in den Landgemeinden bemerkbar. Schon am 30. Juli 1914, als die Nachricht von der deutschen Mobilmachung verbreitet wurde, wurden an der Straßenkreuzung zwischen Eichen und Erbstadt sowie am Bahnhof Wachen aufgestellt, denn „allenthalben vermutete man Spione". Noch einige Wochen später notierte Pfarrer Castendyck in der Chronik: „Überall herrschte eine riesenhafte Angst vor Spionen" (Pfarreichronik von Eichen und Erbstadt, S. 106 u. 109).
AEvKG Eichen-Erbstadt / Stadtarchiv Windecken.

Abb. 25: „Der heilige Krieg" von Ernst Barlach, Lithografie, 1914; Beitrag für die Zeitschrift „Kriegszeit". Viele Künstler und Intellektuelle – Maler, Schriftsteller, Wissenschaftler – überhöhten 1914 den Krieg zu einem mystischen, ja „heiligen" Ereignis und gaben ihm damit eine quasi-religiöse Bedeutung. Unter der Landbevölkerung fanden solche kriegsverherrlichenden Deutungen keine Resonanz, hier dominierte eine realistischere Einschätzung der mit dem Krieg verbundenen Belastungen und Gefahren.
Leihgabe: Otto Löber, Ostheim; Foto: Julia Wirth, Frankfurt.

Raum 3:
FRONT

In Deutschland wurden in den vier Jahren des Krieges mehr als 13 Millionen Männer zum Kriegsdienst eingezogen. Dies hatte zur Folge, dass auch aus kleinen Dörfern Dutzende meist junge Männer als Soldaten „ins Feld" zogen. Die männlichen Dorfbewohner, deren Lebenskreis bis dahin auf ihre Heimatgemeinde und die umliegenden Orte begrenzt gewesen war, wurden an die weit entfernten Kriegsschauplätze im Westen, Osten und Südosten Europas geschickt. Manche wurden, wie sich aus erhaltenen Militärpässen ergibt, an weit voneinander entfernt liegenden Kriegsschauplätzen eingesetzt und durchquerten infolgedessen fast ganz Europa mit den Truppentransporten.

Mit unzähligen Feldpostkarten und Briefen hielten die Soldaten ständigen Kontakt mit ihren Angehörigen in der Heimat, die wiederum häufig Pakete mit Lebensmitteln und Kleidung an die Front schickten. In ihren Schreiben nach Hause berichteten die Soldaten wegen der Zensur und auch, um ihre Familien nicht zu beunruhigen, nur wenig von den Kämpfen. Hin und wieder sind jedoch detaillierte Berichte erhalten wie der von Heinrich Peter Brodt aus Ostheim (siehe Abb. 8, S. 78), der in einem ausführlichen Brief die dramatischen Kämpfe in Nordfrankreich im Sommer 1918 schilderte.

Diejenigen Soldaten, die nicht getötet oder schwer verwundet wurden, blieben bis zu vier Jahre lang fast ununterbrochen im Kriegseinsatz und kehrten nur zu kurzen Urlauben in ihre Dörfer zurück. Manche sahen ihre Angehörigen jahrelang nicht wieder, wie etwa der Kriegsgefangene Johann Georg Wörner aus Ostheim, der erst Anfang 1920 wieder zurückkehrte. In einigen Fällen erlauben es die erhaltenen persönlichen Unterlagen, die einzelnen Stationen des Kriegsdienstes an der Front exakt zu rekonstruieren, so etwa bei Philipp Pieh, dessen Weg von der Einberufung über die Kämpfe an der Westfront, wo er einen Nervenzusammenbruch erlitt, den Genesungsaufenthalt in der Etappe, die Rückkehr in den Kriegseinsatz, die Verleihung diverser militärischer Auszeichnungen bis hin zur glücklichen Heimkehr Ende 1918 genau nachgezeichnet werden kann.

Abb. 27: Wilhelm und Margarete Merz aus Eichen. Wilhelm Merz (1881–1936) war vier Jahre lang im Krieg. Aus dieser Zeit sind über 70 Feldpostkarten erhalten, die er mit seiner Frau wechselte.
Leihgabe: Ingrid Menzel, Eichen.

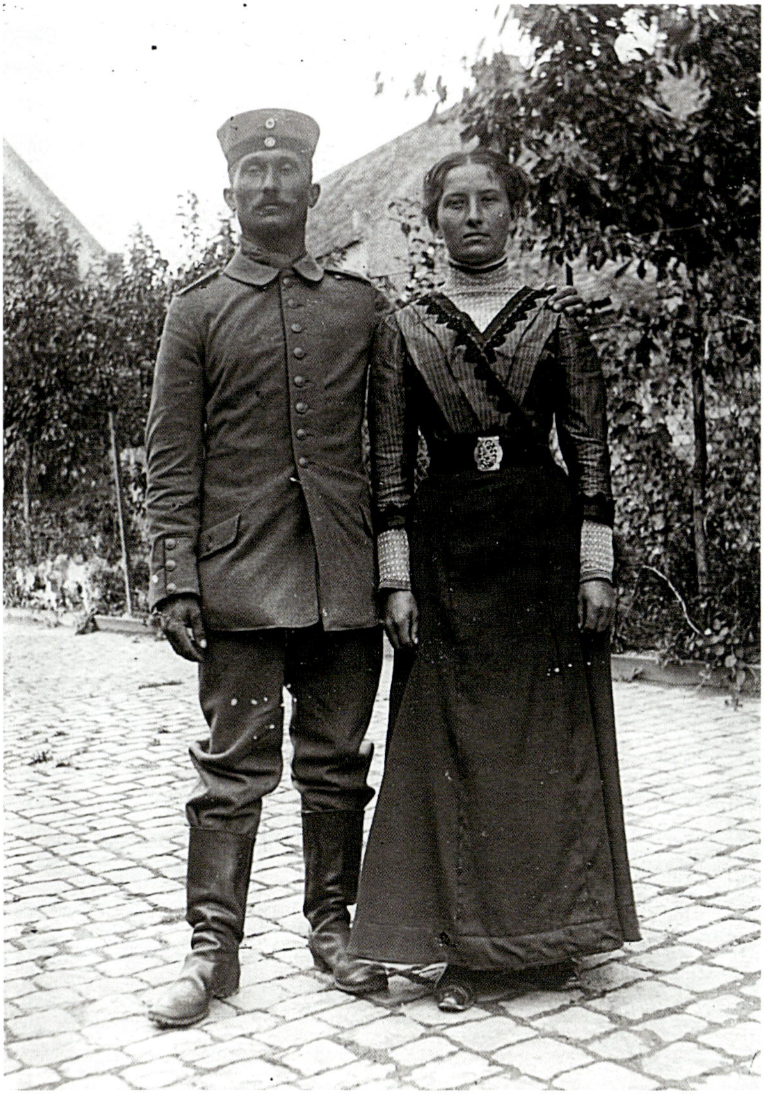

Abb. 28: Philipp Pieh (1884–1963) aus Ostheim,
Offizier-Stellvertreter, 1916.
Leihgabe: Heinrich Pieh, Ostheim.

Front | 193

Abb. 29: Taschenuhr, Auszeichnungen und Militärpass von Philipp Pieh.
Auf der Innenseite des Uhrendeckels ist eingraviert: „Glückl. Heimkehr
wünscht D. Vater 5.8.14".
Leihgabe: Heinrich Pieh, Ostheim; Foto: Julia Wirth, Frankfurt.

Abb. 30: Ein Aschenbecher, angefertigt aus einer Geschosshülse. Die Hülse trägt den Prägestempel „Aug. 1914". Derartige „Grabenkunst" wurde häufig von den Soldaten aus den Resten von Granaten hergestellt und als Souvenir mit nach Hause genommen. Leihgabe: Heinz Blum, Bruchköbel; Foto: Julia Wirth, Frankfurt.

Abb. 31: Familie Müller aus Rumpenheim, ca. 1917; in Uniform Anton Müller, links daneben seine Schwester Sofie und sein Bruder Emil, der Urgroßvater von Anja Neubert (Klasse 9, Bertha-von-Suttner-Schule); sitzend die Eltern Sofie (3. v.l.) und Anton (2. v.r.).
Leihgabe: Bianca Neubert, Heldenbergen.

196

Abb. 32: Feldbesteck mit Etui und Koppelschloss des k.u.k. Infanterieregiments 59 / Hausregiment Erzherzog Rainer. Leihgabe: Markus Neubert, Heldenbergen; Foto: Julia Wirth, Frankfurt.

Raum 4:
TOD UND VERWUNDUNG

Jeder siebte Soldat der deutschen Armee wurde im Krieg getötet, der Anteil der Verwundeten war noch weit höher. Wie überall in Deutschland, so hatte auch jede hessische Landgemeinde viele gefallene Soldaten zu beklagen, und sehr viele kehrten mit schweren Verwundungen oder psychischen Leiden zurück. Die fünf heutigen Nidderauer Stadtteile – Windecken, Heldenbergen, Ostheim, Eichen und Erbstadt – verloren im Ersten Weltkrieg zusammen 197 meist junge Männer, das Durchschnittsalter der Gefallenen lag bei etwa 25 Jahren. Nicht selten fielen 18-jährige Soldaten wenige Tage oder Wochen nach der Einberufung in die Armee.

Der Tod kam häufig schnell durch einen Gewehrschuss oder durch Granatsplitter, manche Soldaten wurden bei Explosionen verschüttet. In vielen Fällen zog sich das Sterben aber auch über Tage und Wochen in den Lazaretten hinter der Front hin. Besonders gut dokumentiert sind die letzten sieben Lebenswochen des Ostheimer Soldaten Heinrich Peter Bickes (1895–1915), der im September 1915 durch einen Kopfschuss verwundet wurde und Anfang November nach einer Operation im Lazarett starb. Sein Leichnam wurde – wie in einigen anderen Fällen auch – in seinen Heimatort überführt und dort beigesetzt.

Die meisten Gefallenen wurden jedoch auf den Soldatenfriedhöfen nahe der Front beigesetzt. Manche blieben vermisst und erhielten keine Grabstätte. Einige ehemalige Soldaten starben nach dem Ende des Krieges an den Folgen der Verwundungen, die sie erlitten hatten. Andere überlebten zwar, waren aber körperlich schwer beeinträchtigt durch den Verlust von Gliedmaßen oder durch Blindheit infolge von Gasvergiftungen. Viele Familien wurden mehrfach betroffen, indem zwei, drei oder gar vier Brüder im Krieg ihr Leben ließen, manchmal innerhalb weniger Monate.

Abb. 33: Sterbeurkunde von Philipp Heinrich Baumann aus Erbstadt, gestorben am 21. November 1915 im Alter von 23 Jahren im Lazarett in Weißkirchen (Ungarn) an einer Verwundung durch ein Schrapnellgeschoss.
Leihgabe: AEvKG Eichen-Erbstadt.

Sterbeurkunde.

Nr. 6

Eichen am 27ten Januar 1916.

Vor dem unterzeichneten Standesbeamten erschien heute, der Persönlichkeit nach ―――――――――――――――――――― bekannt,

der Kommandeur des Ersatz Bataillon Reserve Infanterie Regiment No. 116 zur Zeit wohnhaft in Mitgeteilt und zeigte an, daß der Ersatz Reservist der 5ten Komp. gewesen dieses Regiments, Zimmermann Philipp Heinrich Baumann 25 Jahr alt, evangelischer Religion, zuletzt wohnhaft in Erbstadt geboren zu Erbstadt verheiratet mit Elisabetha geborene Schlotthauer Sohn des verstorbenen Metzger Wilhelm Daniel Baumann, zuletzt wohnhaft in Erbstadt und seiner Ehefrau Elisabetha geborene Lingelbach wohnhaft in Erbstadt im Kriegs-Lazarett Weißkirchen Abt. 2 I. bayr. Res. Korps am einundzwanzigsten November des Jahres tausend neunhundert fünfzehn vormittags um zehn Uhr an den erhaltenen Verwundungen (Kopfschuß durch Schrapnell) verstorben sei.

Vorgelesen, genehmigt und
Vorstehend 12 Druckworte gestrichen

Der Standesbeamte.
Adam

Daß vorstehender Auszug mit dem Sterbe-Haupt-Register des Standesamts zu Eichen, Landkr. Hanau gleichlautend ist, wird hiermit bestätigt.

Eichen am 10 Januar 1917.

Der Standesbeamte.
Kam

(Siegel)

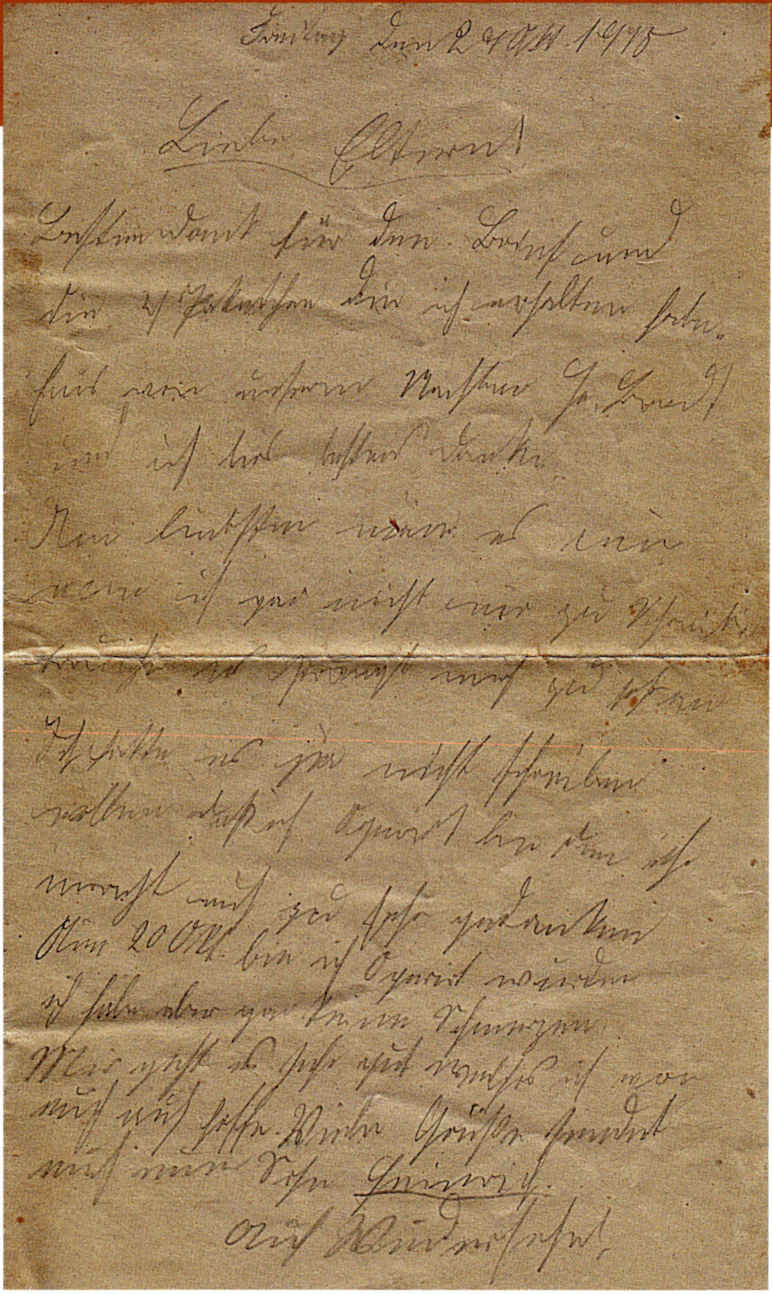

Abb. 34: Der letzte Brief von Heinrich Peter Bickes vom 27. Oktober 1915 an seine Eltern, in dem er über seine Operation berichtet. Eine Woche später, am 4. November, starb Bickes im Feldlazarett in Rembercourt bei Verdun in Frankreich im Alter von 20 Jahren.
Leihgabe: Familie Fritz Kohl, Ostheim / Dorfmuseum Ostheim.

Abb. 35: Jakob Lipp (x) im Lazarett. Lipp (geb. 1895 in Eichen) wurde 1916 bei Verdun schwer verletzt und ins Feldlazarett eingeliefert. Nach seiner Genesung wurde er 1917 in Galizien eingesetzt, wo er bei einer Explosion verschüttet wurde, aber gerettet werden konnte. Es folgte ein weiterer Lazarettaufenthalt in Meißen, anschließend wurde Lipp im April 1917 wieder an die Westfront geschickt. Dort wurde er am 21. August 1918 bei Soissons durch einen Granatsplitter schwer verwundet und verblutete am 26. August im Feldlazarett in Laon.
Leihgabe: Dorfmuseum Ostheim.

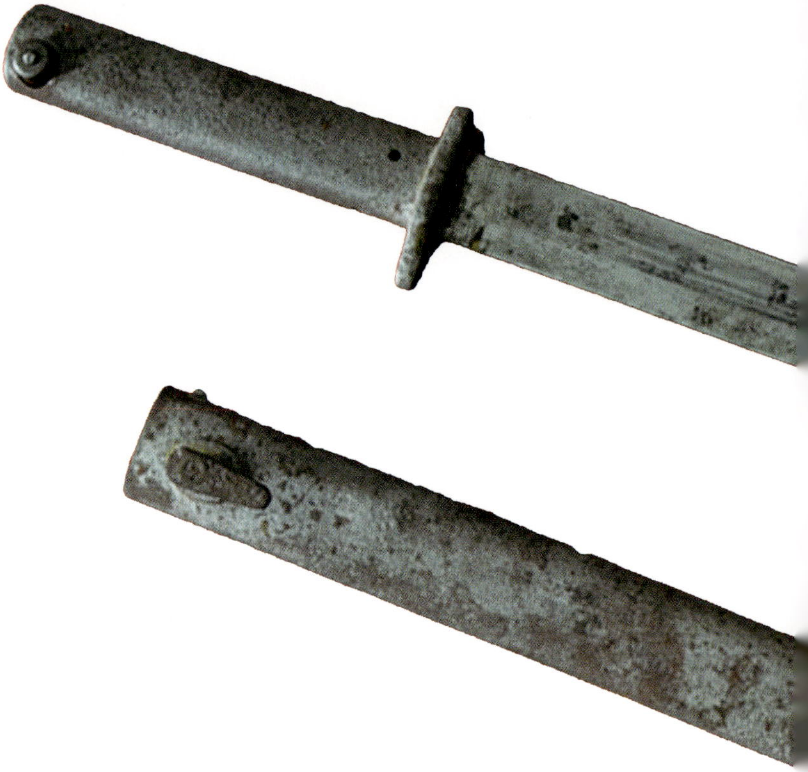

Tod und Verwundung | 203

Abb. 36: Bajonett. Das Bajonett ist eine altertümliche Waffe, die aber auch heute noch verwendet wird. Es handelt sich um eine lange Klinge, die am Lauf eines Gewehrs befestigt („aufgepflanzt") wird, das damit zur Stichwaffe für den Nahkampf wird. Der Name wird auf die französische Stadt Bayonne zurückgeführt, deren Bewohner angeblich im 17. Jahrhundert ihre Jagdmesser an den Musketen befestigten, nachdem diese heißgeschossen waren. Im Ersten Weltkrieg gehörte das Bajonett zur Standardausrüstung der Infanterie. Es kam in den Stellungskämpfen und in den Schützengräben zum Einsatz.
Leihgabe: Heinz Schmidt, Ostheim; Foto: Julia Wirth, Frankfurt.

Raum 5:
HEIMAT

Die „Heimat", das kleine Dorf mit seiner traditionellen Gesellschaft von Bauern, Handwerkern und Kleinhändlern, mit der Pfarrkirche und der Dorfschule, den vertrauten Äckern und Wiesen, war das Gegenteil der „Front", wo der gewaltsame Tod allgegenwärtig war. Die Heimat wurde für die abwesenden Soldaten zum Sehnsuchtsraum, in den sie gesund zurückzukehren hofften. Die Familien hielten engen Kontakt zu ihren Ehemännern, Vätern, Söhnen und Brüdern im Feld. Die deutsche Feldpost beförderte etwa 11 Milliarden Sendungen von der Front nach Hause, während von dort etwa 17,7 Milliarden Karten, Briefe und Päckchen an die Soldaten geschickt wurden.

In nahezu jedem Dorf wurden schon gleich nach Kriegsbeginn Kriegsausschüsse gebildet, die die sogenannte Kriegsfürsorge für bedürftige Familien und Hinterbliebene im Ort organisierten. Gleichzeitig sorgten die Ausschüsse sowie weitere Unterstützungsvereine wie etwa die Windecker „Kriegsfrauenhilfe" dafür, dass Spenden gesammelt und „Liebesgaben" hergestellt wurden, um sie den Soldaten an der Front zu schicken.

Schon nach einem Kriegsjahr machten sich in der Heimat die wirtschaftlichen Auswirkungen des Kriegs bemerkbar. Die Preise für Lebensmittel stiegen, was den Produzenten – den Bauern – zugute kam, diejenigen aber in Bedrängnis brachte, die Lebensmittel nicht selbst anbauten, sondern kaufen mussten – die Handwerker, Händler, Pfarrer und Lehrer, ganz besonders aber die Bevölkerung der umliegenden Städte, die anfing, auf den Dörfern nach Lebensmitteln zu hamstern. Wie in den Städten wurde auch in den Dörfern der Brennstoff knapp, so dass besonders in den Wintern 1916/17 und 1917/18 die Landbewohner frieren mussten. Mancherorts wurden die Schulen im Winter wochenlang geschlossen.

Das Einbringen einer guten Ernte wurde für die Dorfbewohner überlebenswichtig, denn auf Lebensmittelimporte von außen bei Missernten konnten sie nicht mehr zählen. Die Bestellung der Äcker wurde erschwert durch den Mangel an Arbeitskräften. Es fehlten nicht nur die Männer, die im Krieg waren, sondern auch viele junge Frauen, die in den Fabriken in den Städten gutbezahlte Arbeit fanden, vor allem in den Rüstungsbetrieben. In nahezu jedem Dorf wurden deshalb ausländische Kriegsgefangene aus Frankreich, Großbritannien und Russland einquartiert und als landwirtschaftliche Arbeitskräfte eingesetzt.

Abb. 37: Anzeige der Firma J. Hermann aus Hanau in der Windecker Zeitung vom 21. November 1914 für „Liebesgaben".
Stadtarchiv Nidderau.

Zusätzlich beherbergten die Dörfer im Main-Kinzig-Raum zeitweise Flüchtlinge aus Schlesien und dem Elsass, die ihre Heimat wegen der dort stattfindenden schweren Kämpfe verlassen mussten. Und in den Sommermonaten kamen mehrmals Kinder aus dem Ruhrgebiet in die Dörfer zu Pflegefamilien, um sie zeitweise aus der Not, die in den Industriegebieten herrschte, herauszuholen.

Aber auch in den Landgemeinden stieg die Not im Lauf der Kriegsjahre. Immer wieder traten ansteckende Krankheiten auf, denen vor allem die geschwächten Älteren oder Kinder zum Opfer fielen. Die Viehbestände wurden dramatisch reduziert durch Seuchen und durch das von der Regierung angeordnete Schlachten der Schweine, die damit den Futtermittelverbrauch senken wollte. In jedem Dorf wuchs die Zahl der Kriegerwitwen und Waisen immer mehr an, und häufig waren die Angehörigen auf Unterstützung durch die Gemeinde angewiesen. Mit zunehmender Kriegsdauer wurden so die ländlichen Gemeinden immer stärker erschöpft, materiell, moralisch, physisch und psychisch. Auf allen Ebenen riss der Krieg Lücken in die dörfliche Gesellschaft, in einem Ausmaß, wie es das bis dahin allenfalls im Dreißigjährigen Krieg gegeben hatte.

Der Erste Staatsanwalt.　　　　　　　Hanau, den　　　ten April 191

2.J.421/15

1.

Gegen

die ledige ~~Margarethe~~ Margarethe Möller
in Erbstadt, geboren am 11. Juni 1897 in
Erbstadt,

soll Anklage erhoben werden, weil hin=
reichend verdächtig erschein :

    zu Erbstadt am 27. März 1915 dem Ver=
    bot zuwider Kuchen gebacken zu ha=
    ben,
– Vergehen gegen §§ 36b.,44 der Bundesrats=
verordnung vom 25. Januar 1915 über die
Regelung des Verkehrs mit Brotgetreide und
Mehl in Verbindung mit § 2 Absatz 2 der
Ausführungsverordnung des Kreisausschusses
des Landkreises Hanau vom 6. März 1915
(Hanauer Anzeiger No.57).–

An

das evangelische Pfarramt

   in

     ~~MMMMMMM~~ Erbstadt.

Abb. 39: Notgeld der Stadt Hanau von 1917.
Leihgabe: Dorfmuseum Ostheim.

Abb. 38: Anklage wegen unerlaubten Kuchenbackens gegen die 17-jährige Margarete Möller aus Erbstadt. Das Mädchen hatte für eine Konfirmationsfeier Kuchen gebacken und damit gegen eine Verordnung vom Januar 1915 verstoßen. Dies konnte mit Gefängnis bis zu 6 Monaten oder einer Geldstrafe bis 1500 Mark bestraft werden. Margarete und ihre Mutter Elisabeth wurden am 22. April 1915 vom Schöffengericht in Windecken zu 5 bzw. 10 Mark Geldstrafe verurteilt. Die Kuchen wurden „beschlagnahmt und einem Hanauer Lazarett überwiesen" (Windecker Zeitung Nr. 33 vom 24. April 1915). Wegen des gleichen Delikts wurde am 17. April 1915 die 14-jährige Emilie Mörschel aus Erbstadt angeklagt. In beiden Fällen wurde der Pfarrer aufgefordert, ein Gutachten als Grundlage für eine mögliche Strafaussetzung bei Jugendlichen zu erstatten.
Leihgabe: AEvKG Eichen-Erbstadt.

Abb. 40: Reste einer Wandkritzelei im Treppenaufgang des landwirtschaftlichen Nebengebäudes der Familie Seidel in Windecken: „Gleich[e Löhnu]ng, gleiches Essen / währ [der Krieg] schon längst vergessen. [Ein] alter Krieger. 1918." Die Namenssignatur ist nicht aufzulösen. – Das Anwesen gehörte 1918 der Familie Levy und war eine Landesprodukten-Handlung. Im 1. Obergeschoss des Nebengebäudes befand sich vermutlich auch eine Schlafkammer. Möglicherweise waren 1918 Truppen in Windecken einquartiert, und ein Soldat hat sich hier mit der damals weitverbreiteten kriegskritischen Parole verewigt.
Foto: Christoph Seidel, Windecken.

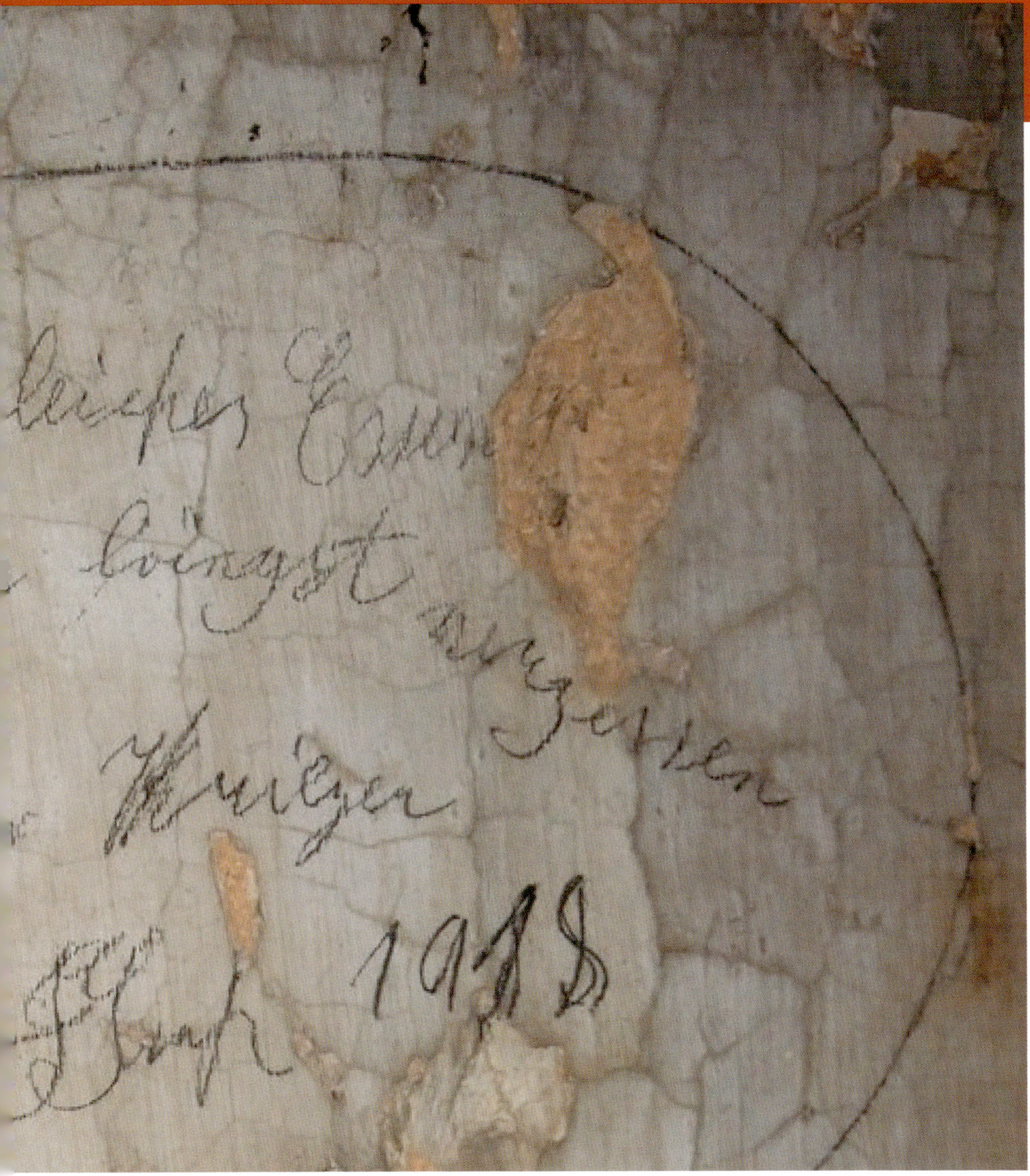
1918

Raum 6:
FEINDE

Im Ersten Weltkrieg sah sich Deutschland, wie man es selbst formulierte, einer „Welt von Feinden" gegenüber. In der Kriegspropaganda, die sofort mit großem Nachdruck einsetzte und über die Zeitungen und amtliche Proklamationen auch in die Dörfer hineingetragen wurde, galt besonders England als ein hinterhältiger Feind, weil es auf der Seite Frankreichs und Russlands in den Krieg eingetreten war. Der dadurch ausgelöste zügellose Englandhass ist auch in den Dörfern anzutreffen, etwa in Reden, die vor Kriegervereinen gehalten wurden, oder in den Pfarrchroniken, in denen manche Pfarrer ihren Ressentiments breiten Raum gaben.

Ein direkter Kontakt mit „Feinden" ergab sich durch die ausländischen Kriegsgefangenen, von denen es in manchen Dörfern im Laufe des Krieges mehrere Dutzend gab. Hier gab es Friktionen, wie zum Beispiel in Windecken, wo sich die Kriegsgefangenen über den abendlichen Gesang des Frauenhilfsvereins beschwerten, der ihre Nachtruhe störe. Es kam aber auch zu Annäherungen, so in Eichen, wo die Einheimischen den Franzosen gerne beim Singen zuhörten und begeistert applaudierten, was aber sogleich von der Verwaltung unterbunden wurde. An anderer Stelle wurde berichtet, die Kriegsfangenen seien „unverschämt und frech", denn sie wollten am Sonntag nicht arbeiten und würden sich dann einfach krank melden.

Zuweilen ergaben sich ganz bittere Folgen aus dem Kontakt zu den Kriegsgefangenen. So „verging" sich eine verheiratete Frau aus Erbstadt mit einem Gefangenen. Sie musste das Dorf verlassen und nahm ihrem siebenjährigen Sohn und sich selbst wenige Monate später in Frankfurt das Leben.

Im Allgemeinen wurden die Gefangenen gut behandelt, über Misshandlungen wie später im Zweiten Weltkrieg wird nirgendwo berichtet. Manche Gefangene blieben über Jahre im gleichen Dorf, und nicht wenige starben dort kurz vor dem Ende des Krieges, als die Rückkehr in ihre Heimat schon zum Greifen nahe war. Allein in den Dörfern des heutigen Nidderau fielen im Oktober 1918 zehn Kriegsgefangene der Grippe zum Opfer, von einem ist noch die Grabstätte auf dem Windecker Friedhof erhalten.

Abb. 41: Feldpostkarte von Wilhelm Merz an seine Familie vom 20. Juni 1916. Abgebildet ist die beim Vormarsch der deutschen Armee völlig zerstörte Ortschaft Mouron (Vaux-lès-Mouron), ein Dorf von etwa 120 Einwohnern in der Champagne etwa 50 Kilometer östlich von Reims.
Leihgabe: Ingrid Menzel, Eichen.

Hier laust sich der Vater, hier laust sich das Kind,
Hier laust sich der Herr, hier laust sich's Gesind',
Ich als Quartiergast sitz' in der Mitt',
Erst schau' ich zu, dann laus' ich mit.

Russische Kultur.

Geprüft und freigegeben Presseverwaltung, Warschau den 15/10 1915.

Von Kultur
Keine Spur,
Was hier haust
Ist verlaust!

Abb. 42 und 43: Auf diesen Propagandapostkarten wird die Bevölkerung von Russland bzw. Russisch-Polen als verlaust, verdreckt und unkultiviert dargestellt. Diese Motive waren weit verbreitet und wurden häufig von den Soldaten an ihre Familien versandt. Das oben abgebildete Exemplar wurde von Karl Best aus Wehrheim seinem 8-jährigen Sohn Richard geschickt. Die Karte auf S. 212 erhielt Elisabeth Clarius aus Ostheim von ihrem Vater Heinrich 1916 aus Polen.
Leihgabe: Gerd Brodt, Ostheim / Doris Wagner, Frankfurt.

Abb. 44: Die Grabstätte von Michail Kalugin, einem russischen Kriegsgefangenen, auf dem Windecker Friedhof. Der Name des jungen Mannes, der am 16. Oktober 1918 in Windecken offenbar an der „Spanischen Grippe" starb, ist offensichtlich falsch geschrieben. Kalugin stammte aus Alexandrow im Departement Nischni Nowgorod. Er wurde wie neun weitere in Nidderau verstorbene Gefangene auf dem örtlichen Friedhof begraben. Sein Grabmal blieb jedoch als einziges erhalten, möglicherweise wegen der falschen Schreibweise des Namens, die nicht gleich auf eine russische Herkunft schließen lässt.
Foto: Jürgen Müller, Eichen.

Raum 7:
MEDIENRAUM

Im Medienraum können an zwei PC-Stationen Tondokumente angehört werden. Sie stammen – mit einer Ausnahme – aus den hessischen Landgemeinden. Es sind Originalzeugnisse aus den Dörfern, von Soldaten, Pfarrern, Lehrern und Müttern, die eigens für die Ausstellung von Sprechern aufgenommen wurden, um einen akustischen Eindruck zu vermitteln. Den Dokumenten ist jeweils eine kurze Erläuterung vorangestellt. Die Sprecherinnen und Sprecher sind Franziska Reichenbacher, Volker Kehl und Katja Alt (Erläuterungen). Im Einzelnen sind folgende Dokumente verfügbar:

Nr. 1	07.08.1914:	Ansprache von Marie Henß in der Frauenhilfe Windecken
Nr. 2	Sept. 1914:	Gedicht von Minna Pörschke aus Plauen: „Vermißt!"
Nr. 3	05.12.1914:	Vortrag von Lehrer Schmidt bei der Generalversammlung des Windecker Kriegervereins
Nr. 4	19.11.1915:	Brief des Militärarztes Lintner aus dem Feldlazarett Rembercourt in Frankreich an Frau Maria Philippine Bickes in Ostheim
Nr. 5	01.12.1915	Brief von Klara Katz aus Ostheim an ihre Schwester Mathilde in New York
Nr. 6	12.12.1915:	Predigt von Pfarrer Karl Wilhelm Castendyck bei der Gedächtnisfeier für Philipp Heinrich Baumann aus Erbstadt
Nr. 7	Dez. 1917:	Feldpostkarte von Margarete Merz aus Eichen an ihren Ehemann Wilhelm
Nr. 8	Juli 1918:	Brief von Heinrich Peter Brodt an Pfarrer Karl Wilhelm Castendyck in Eichen
Nr. 9	10.09.1918:	Brief von Militärpfarrer Ehlers an Pfarrer Friedrich Fink in Ostheim
Nr. 10	Ende 1918:	Aufruf des Bundes zur politischen Förderung der Frau, Hanau
Nr. 11	25.12.1919:	Brief von Johann Georg Wörner aus der Kriegsgefangenschaft

Die Tonaufnahmen 1, 2, 5, 7 und 10 wurden hergestellt vom Studio E9, Offenbach.

Abb. 45: Feldpostkarte von Margarete Merz an ihren Ehemann Wilhelm, Ende Dezember 1917; links im Bild das Gasthaus und die „Specereihandlung" der Familie Merz in der Obergasse in Eichen.
Leihgabe: Ingrid Menzel, Eichen.
Abb. 46: Rückseite der Feldpostkarte von Margarete Merz.

Raum 8:
ERINNERUNG

Unmittelbar nach dem Ende des Krieges begann man damit, für die gefallenen Soldaten Denkmäler zu errichten und Ehrentafeln in den Kirchen aufzuhängen. Das Gedenken konzentrierte sich dabei auf die für das „Vaterland" gefallenen „Helden". Die jungen Männer wurden also auch nach ihrem Tod für die Nation in Anspruch genommen, ihr Sterben wurde als sinnvolles Opfer für das Land gedeutet. Dahinter verblassten die Individuen und ihr persönliches Leiden zunehmend, und es wurde kaum wahrgenommen, dass die gefallenen Soldaten in der großen Mehrheit keine Macht über ihr eigenes Schicksal im Krieg gehabt hatten. Sie hatten nicht willentlich das Opfer ihres Lebens für das Vaterland gebracht, sondern sie waren Opfer von einem Geschehen geworden, das jenseits ihrer Kontrolle lag. Dies kam in den Kriegerdenkmälern nur selten zum Ausdruck. Eine bemerkenswerte Ausnahme stellt das 1928 in Heldenbergen eingeweihte Ehrenmal dar, das schlicht „den Opfern" gewidmet war. Hier wurde nicht militärisches Heldentum in den Vordergrund gerückt, die Widmung ließ vielmehr Raum für das Gedenken an die vielen zivilen Opfer, denen man gemeinhin keine Stätten der Erinnerung einrichtete.

Im Allgemeinen jedoch waren die Kriegerdenkmäler Ausdruck eines nationalen Opfer- und Heldenkults. Dieser erfasste bemerkenswerterweise auch die Kirche. So glorifizierte die Schrift „Ein Ehrenhain der deutschen Pfarrerschaft" den militärischen Einsatz der evangelischen Pfarrer und ihrer Söhne im Weltkrieg. Über 600 Pfarrer und Kandidaten „blieben auf dem Felde der Ehre", hinzu kamen 1700 Studenten der Theologie sowie über 3000 Söhne von Pfarrern – diese schreckliche Bilanz wurde mit Stolz als Dienst am deutschen Vaterland gepriesen.

Das Gedenken an die Opfer des Krieges blieb also in den 1920er und 1930er Jahren dem patriotischen, teilweise ins Mythische übersteigerten Heldenkult verhaftet, der kaum hinterfragt wurde. Nach 1945 geriet dann die Erinnerung an die Kriegsopfer von 1914 bis 1918 vollkommen in den Hintergrund und wurde von den unfassbaren Verlusten und Verbrechen des Zweiten Weltkrieges und des Holocaust überschattet. Daran hat sich bis heute wenig geändert, das alljährliche Gedenken am Volkstrauertag vermag kaum zur Lebensrealität jener Männer, Frauen und Kinder vorzudringen, die in unseren Dörfern und auf den europäischen Schlachtfeldern während des Ersten Weltkriegs ihr Leben verloren.

Erinnerung | 217

Abb. 47: Das Ehrenmal auf dem Friedhof Heldenbergen, eingeweiht 1928. Das Denkmal wurde Anfang der 1970er Jahre abgerissen und durch einfache Gedenktafeln an der Mauer bei der Trauerhalle ersetzt. Lediglich der große Kelch, der im Innern auf dem hohen Sockel stand, blieb erhalten und steht auch heute noch neben der Gedenktafel.
Foto: Stadtarchiv Nidderau.

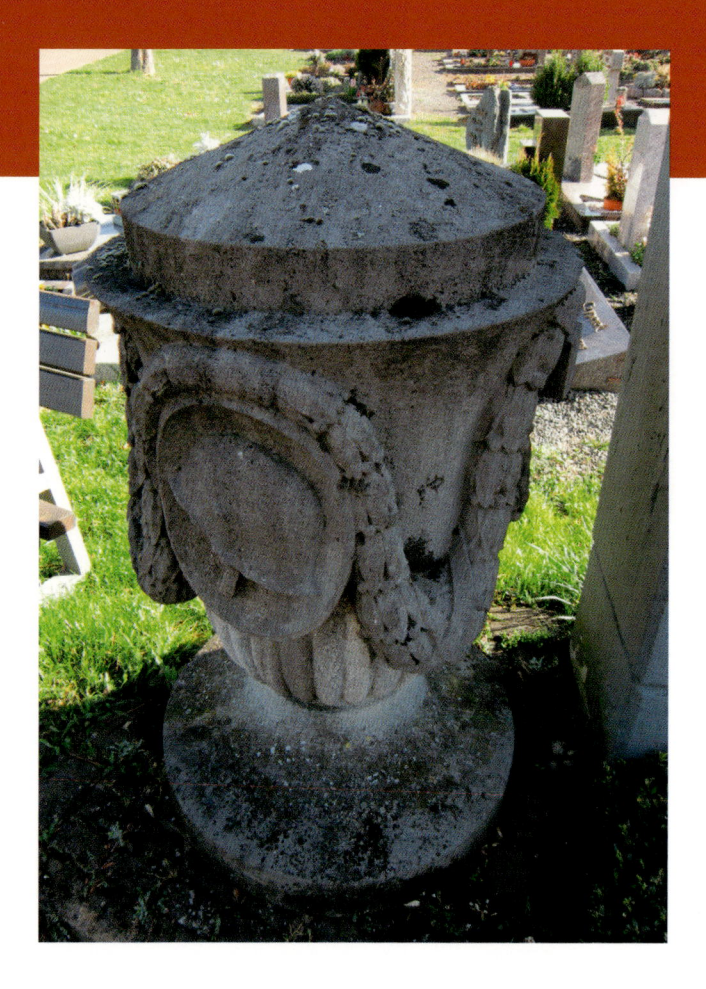

Abb. 48: Steinerer Kelch auf dem Heldenberger Friedhof.
Das Relief zeigt einen Stahlhelm, eingefasst von einem Lorbeergewinde. Der Lorbeerkranz ist ein aus der Antike stammendes Ehrenzeichen, das vor allem ruhmreichen Feldherren verliehen wurde. Es findet bis heute vielfache Verwendung als symbolische Auszeichnung für besondere Leistungen. Lorbeerkränze oder -zweige sind auf vielen Kriegerdenkmälern für gefallene Soldaten angebracht.
Foto: Jürgen Müller, Eichen.

Abb. 49: Schrift Ehrenhain der deutschen Pfarrerschaft. Essen [1938], S. 2. Die eindeutig propagandistische Schrift lobt die „opfernde Hingabe" des evangelischen Pfarrhauses „für des Volkes Ehre und Freiheit" und hebt hervor, dass die Söhne von Pfarrern unter den ersten waren, „die das Schwert faßten, um die Heimat zu schützen".
Leihgabe: AEvKG Eichen-Erbstadt.

ICH HABE GERUFEN / DICH BEI DEINEM NAMEN DU BIST MEIN ✝

JESAJA 43 / VERS 1

„Totenklage ist ein arger Totendienst", sagt Walter Flex. „Wollt ihr eure Toten zu Gespenstern machen oder wollt ihr uns Heimrecht geben? Es gibt kein Drittes für Herzen, in die Gottes Hand geschlagen. Gebt euren Toten Heimrecht, ihr Lebendigen, daß wir unter euch wohnen und weilen dürfen in dunklen und hellen Stunden. Weint uns nicht nach, daß jeder Freund sich scheuen muß, von uns zu reden. Gebt uns Heimrecht, wie wir's im Leben genossen haben!" Ihr Toten aus deutschen evangelischen Pfarrhäusern, ihr sollt dieses Heimrecht bei uns haben! Wir haben euch nicht vergessen, wir leben mit euch, mehr noch, wir rufen euch, damit ihr Zeugnis ablegt für den Geist, der in den Mauern des evangelischen Pfarrhauses wohnte und wohnt bis zu dieser Stunde. Des evangelischen Pfarrhauses Ehre war es stets, ein Hort zu sein für letzte Treue zum Vaterland, und heiße Herzen und opfernde Hingabe für des Volkes Ehre und Freiheit wohnte in ihm. Standen Notzeichen am Himmel, dann fand man seine Söhne unter den ersten, die das Schwert faßten, um die Heimat zu schützen und das Feuer des Herdes. Und doch gibt es Menschen, die da fragen, wo der deutsche Pfarrer und sein Haus standen, als des Vaterlandes Fundamente zitterten! Wir rufen euch, Brüder ihr, als Zeichen für alle die anderen, die Tausende und Tausende, die Pfarrhaus und Pfarrerstand freudig opferten. Nun steht ihr hier wieder als Brüder zusammen, zu dritt, ja zu viert, so wie das Leben euch oft genug sah im frohen Mut der Jugend. Gar manchen traf das tötende Blei im Aufsprung zum Sturm, und das siegreiche Hurra der Kameraden brandete über ihn hin. Vielen aber auch riß das Geschoß schmerzende Wunden, und von der Strohschütte im fernen Feldlazarett eilten die letzten Gedanken über Länder und Grenzen hin zum stillen Pfarrhaus, das eure Kindheit sah. Ihr hattet Väter, mehr noch, ihr hattet Mütter, die stolz auf euch sahen, als ihr das Feldgrau des Krieges trugt. Dann fiel der erste, dann der zweite und dann der dritte. Mutter, du deutsche Pfarrfrau, wie grausam weh muß es dir gewesen sein, oft genug auch den vierten hinzugeben, den du einst versonnen unter dem Herzen trugst! Wir haben euch nicht vergessen, ihr Mütter unserer Pfarrhäuser, die ihr einst drei und vier Söhne dem Vaterland gabt. Zu eurem stillen Stolze sollen sie heute am Heldengedenktag unseres Volkes Zeugen sein für den Opfersinn des deutschen evangelischen Pfarrhauses und sollen stellvertretend zeugen für alle unsere Gefallenen und die beispielhafte Liebe zum Vaterland, die in der deutschen evangelischen Theologenschaft und im deutschen Pfarrhause wohnte.

S.

Nach bisherigen Feststellungen haben achtundsechzig Pfarrhäuser drei Söhne im Weltkrieg verloren. Sechs Pfarrfamilien gaben vier Söhne dem Vaterland zum Opfer. Von den nachstehend aufgeführten Gefallenen konnten wir Bilder leider nicht mehr erhalten:

Otto Fischer
* 14. 5. 1885, † 3. 2. 1915 als Leutnant der Reserve bei Chalbrange
Franz Fischer
* 21. 1. 1887, † 29. 10. 1914 als Unteroffizier bei Malinowka
Hermann Fischer
* 21. 1. 1887, † 15. 6. 1915 als Unteroffizier an der Lorettohöhe

Reinhart Mau
* 1889, † 30. 4. 1918 als Leutnant der Reserve bei Amiens
Wilhelm Mau
* 1892, † 4. 9. 1916 als Unteroffizier an der Somme
Johannes Mau
* 1893, † 15. 2. 1917 als Leutnant der Reserve bei Mailly

Otto August Qualt
* 14. 2. 1895, † 9. 1. 1915 als Kriegsfreiwilliger bei Crouy b. Soillons
Wilhelm Qualt
* 29. 2. 1896, † 23. 7. 1917 als Leutnant der Reserve bei Dünaburg
Hermann Gustav Qualt
* 24. 3. 1898, † 16. 10. 1916 als Unteroffizier bei Epehy

Johannes Schroeder
* 5. 10. 1880, † 5. 5. 1915 als Infanterist in Berlin-Tempelhof
Paul Schroeder
* 21. 5. 1887, † 18. 11. 1914 als Jäger in Gent/Belgien
Ernst Schroeder
* 16. 12. 1890, † 30. 12. 1914 als Kriegsfreiwilliger in Nieuport

Hans Trautmann
* 1886, † 31. 3. 1916 als Leutnant der Reserve bei St. Eloi
Franz Trautmann
* 1890, † 17. 9. 1915 als Musketier in Batorze/Rußland
Friedrich Trautmann
* 1895, † 8. 10. 1917 als Leutnant der Reserve bei Havrincourt

Raum 9:
FOLGEN

An Silvester 1918 feierten in Eichen die einquartierten Soldaten und die Dorfbewohner bis in die frühen Morgenstunden. Es wurde, so berichtet Pfarrer Castendyck in seiner Chronik, auf den Straßen getanzt, gelärmt und geschossen. Die Menschen begrüßten nach der langen und bitteren Kriegszeit fröhlich das neue Jahr, doch der Pfarrer blickte mit großer Skepsis auf den Silvesterjubel: „Die Menge tanzt auf einem Vulkan." Der Jahresschluss war für Castendyck ganz anders, „als wir ihn uns Jahrs zuvor erträumt hatten. Armes, deutsches Vaterland, was wird dir das kommende Jahr bringen; armes, irre geführtes Volk, wann wird dir ein Retter erstehen!"[1]

Das neue und die ihm nachfolgenden Jahre brachten große Umwälzungen in den Landgemeinden – im politischen, gesellschaftlichen und wirtschaftlichen Leben. Das größte unmittelbare Problem stellte natürlich die katastrophale wirtschaftliche Lage nach dem deutschen Zusammenbruch dar. Zwar waren die Bauern als Landbesitzer und Lebensmittelerzeuger ökonomisch in einer besseren Lage als viele andere, doch wurden die Dorfbewohner von der Inflation, die schon im Krieg eingesetzt hatte, betroffen. Das Geld wurde in kurzer Zeit nahezu wertlos, und die Finanzen der Gemeinden, die im Krieg viel Geld in Kriegsanleihen investiert hatten, wurden ruiniert.

Im politischen Leben kehrte nach 1918 keine Ruhe ein. Im November erfasste die Revolution auch die kleinen Dörfer, allerorten entstanden Arbeiter- und Bauernräte. Im Zusammenhang der Demokratisierung verbreiteten sich auf dem Land sogar Bestrebungen zur politischen und gesellschaftlichen Emanzipation der Frauen. Die neue demokratische Ordnung blieb allerdings labil und wurde von radikalen Kräften mit zunehmendem Erfolg bekämpft. Seit Ende der 1920er Jahre gerieten die hessischen Landgemeinden in den Sog der nationalsozialistischen Propaganda, die viele Menschen mit dem Versprechen auf eine bessere Zukunft in ihren Bann zog.

Als im Januar 1933 Adolf Hitler zum Reichskanzler ernannt wurde und die Nationalsozialisten die Macht übernahmen, wurde dies in den hessischen Landgemeinden von vielen bejubelt. Pfarrer Castendyck schrieb in seiner Chronik: „Wir stehen mitten in der Revolution, einer Revolution, die im Grunde 1914 begonnen hat, die 1918 durch falsche Weichenstellung auf das tote Gleis geraten, seit 1930 nun auch äußerlich in das Zeichen getreten ist, das ihm Sinn u. Ursprung offenbart, in das Zeichen der deutschen Bewegung."[2]

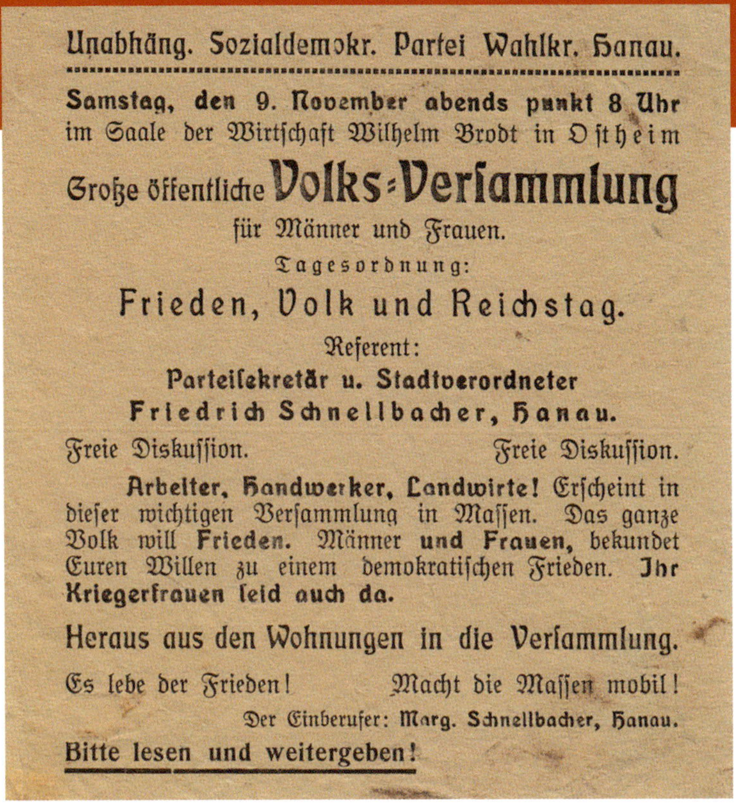

> **Unabhäng. Sozialdemokr. Partei Wahlkr. Hanau.**
>
> Samstag, den 9. November abends punkt 8 Uhr im Saale der Wirtschaft Wilhelm Brodt in Ostheim
>
> Große öffentliche **Volks-Versammlung**
> für Männer und Frauen.
>
> Tagesordnung:
> **Frieden, Volk und Reichstag.**
>
> Referent:
> Parteisekretär u. Stadtverordneter
> **Friedrich Schnellbacher, Hanau.**
>
> Freie Diskussion.   Freie Diskussion.
>
> **Arbeiter, Handwerker, Landwirte!** Erscheint in dieser wichtigen Versammlung in Massen. Das ganze Volk will **Frieden**. Männer **und Frauen**, bekundet Euren Willen zu einem demokratischen Frieden. Ihr **Kriegerfrauen seid auch da.**
>
> Heraus aus den Wohnungen in die Versammlung.
>
> Es lebe der Frieden!   Macht die Massen mobil!
>
> Der Einberufer: Marg. Schnellbacher, Hanau.
>
> **Bitte lesen und weitergeben!**

Abb. 50: Aufruf zur ersten Volksversammlung in Ostheim am 9. November 1918 durch die USPD Hanau. Männer und Frauen wurden aufgerufen, ihren Willen zu einem demokratischen Frieden zu bekunden. In einer zweiten Versammlung am 14. November wurde ein Bauernrat für Ostheim gebildet, der die alte Gemeindevertretung ersetzte (Kriegschronik der evangelischen Pfarrei Ostheim, S. 92).
Leihgabe: AEvKG Ostheim.

Mit Hitler, so glaubten viele Deutsche, werde es gelingen, die Niederlage des Ersten Weltkriegs zu revidieren. In Wirklichkeit wurde die Politik der Gewalt fortgesetzt und statt internationaler Verständigung ein neuer, noch furchtbarerer Krieg vorbereitet. In diesem Krieg wurden nicht nur auswärtige Feinde erbarmungslos bekämpft, sondern auch große Teile der eigenen Bevölkerung verfolgt und vernichtet: die jüdischen Deutschen, die Sozialdemokraten und Kommunisten, die Pazifisten, die kranken und behinderten Menschen, die Sinti und Roma, die Vertreter der christlichen Kirchen, die sich dem nationalsozialistischen Rassenwahn verweigerten. Nicht die Stimme des Friedens einer Bertha von Suttner fand Gehör, sondern die Hasstiraden eines verbrecherischen „Führers", der in eben jenem Jahr das Licht der Welt erblickt hatte, als der pazifistische Roman „Die Waffen nieder!" erschienen war.

1   Pfarreichronik Eichen-Erbstadt, S. 188; AEvKG Eichen-Erbstadt.
2   Ebd., S. 249.

Das Gebot der Stunde!

Frauen rüstet Euch zur Wahl!

Tretet ein für die **Nationalversammlung**!

Ohne Nationalversammlung kein Friede!

Ohne Friede kein Brot!

Jede Frau **muß** wählen!

Ihr müßt die Ziele der verschiedenen Parteien kennen lernen!

Ihr müßt wissen, was von Eurer Stimme für das allgemeine und Euer **eigenes Wohl** abhängt!

Euch durch Vorträge und Besprechungen darüber aufzuklären ist unser Ziel!

Darum tretet ein in den

„Bund zur politisch. Förderung der Frau!"
Geschäftsstelle: Römerstraße 7[I]

Abb. 51: Aufruf an die Frauen, von dem ihnen in der Weimarer Reichsverfassung gewährten Wahlrecht bei der Wahl der Nationalversammlung Gebrauch zu machen. Das vom „Bund zur politischen Förderung der Frau" in Hanau verbreitete Flugblatt zirkulierte auch in den umliegenden Landgemeinden. Leihgabe: AEvKG Eichen-Erbstadt.

Abb. 52: Banknote vom 15. Oktober 1923 über 200 Milliarden Mark. Die Inflation hatte schon 1915 im Krieg begonnen und steigerte sich nach der Niederlage 1918 zur Hyperinflation, die alle Geldvermögen vernichtete. Der wirtschaftliche Zusammenbruch trug wesentlich zum Aufstieg der radikalen politischen Kräfte in den 1920er Jahren bei – auch auf dem Land.
Leihgabe: Jürgen Müller, Eichen.

Abb. 53: Arbeitseinsatz an der Adolf-Hitler-Anlage im Eichen 1933. Die Anlage, in deren Mitte eine neu gepflanzte „Hitlerlinde" stand, wurde am 1. Mai 1933 eingeweiht. Die Festansprache hielt Pfarrer Castendyck. Die Anlage befand sich auf dem damals noch unbebauten Platz zwischen der Obergasse und dem Friedhof und war mit einem weißen Lattenzaun eingefriedet. Die Linde wurde nach Aussage von Armin Dörr (Eichen) später gefällt, der unbekannte Täter konnte aber nicht ermittelt werden. Nach 1945 wurde der Baumstumpf entfernt, als der Platz bebaut wurde (Zeitzeugenbefragung Armin Dörr, 30.4.2010).
Leihgabe: Margret Reichhold, Eichen.

Dank

Wir danken folgenden Personen und Institutionen für finanzielle Unterstützung:

Bertha von Suttner-Stiftung, Dortmund
Buchhandlung Borchers, Langenselbold
Bürgerstiftung Hanau Stadt und Land
Bürgerstiftung Nidderau
Evangelische Kirchengemeinden Nidderau
Evangelischer Kirchenkreis Hanau
Förderverein der Bertha-von Suttner-Schule Nidderau
Ferdinand Hack, Windecken
Hessische Staatskanzlei
Hessisches Ministerium für Wissenschaft und Kunst
Kreiswerke Main-Kinzig GmbH, Gelnhausen
Walter Lechler, Stuttgart
Martin Löber GmbH & Co. KG, Hofgeismar
Sparkassen-Kulturstiftung Hessen-Thüringen
Stadt Nidderau
Stiftung Gedenken und Frieden
Stiftung der Sparkasse Hanau
VR Bank Main-Kinzig-Büdingen

Für inhaltliche Kooperation und logistische Unterstützung danken wir:

Bertha-von-Suttner-Schule Nidderau
Bildungspartner Main-Kinzig GmbH
Cantemus Kammerchor e.V., Nidderau
Duo EigenArt
Ensemble Kardamom
Evangelische Kirchengemeinde Eichen-Erbstadt
Evangelische Kirchengemeinde Heldenbergen
Evangelische Kirchengemeinde Ostheim
Evangelische Kirchengemeinde Windecken
FC Sportfreunde 1924 Ostheim e.V.
Förderverein der Bertha-von-Suttner-Schule Nidderau e.V.
Folklore-Orchester Nidderau
Fotostudio Viktoria Diele
Frauenkreis Erbstadt
Geschichtsverein Gelnhausen e.V.
Hack Holz- und Baustoffgroßhandel, Windecken
Katholische Pfarrei Mariä Verkündigung, Heldenbergen
Kulturbeirat der Stadt Nidderau
Kulturverein Schlosskeller Windecken e.V.
Musikschule Schöneck-Nidderau-Niederdorfelden
Schulbotschafterrat der Bertha-von-Suttner-Schule
Firma Thorsten Sinn, ETS Elektrotechnik, Ostheim
Stadt Nidderau
Stadtbücherei Nidderau
Studio E9, Offenbach
Verein für Vor- und Frühgeschichte im unteren Niddatal e.V.
Volksbund Deutsche Kriegsgräberfürsorge, Landesverband Hessen
Zentrum für Regionalgeschichte Main Kinzig-Kreis, Gelnhausen

Leihgaben haben dankenswerterweise zur Verfügung gestellt:

Edmund Acker, Bad Orb
akg-images, Berlin
Hans Alt, Dreieich
Altherrenverband der Marburger
  Burschenschaft Rheinfranken e.V.
Archiv der Evangelischen Kirchengemeinde
  Eichen-Erbstadt
Archiv der Evangelischen Kirchengemeinde
  Ostheim
Archiv der Evangelischen Kirchengemeinde
  Roßdorf
Archiv der Evangelischen Kirchengemeinde
  Windecken
Archiv der Pfarrei Mariä Verkündigung,
  Heldenbergen
Archiv FC Sportfreunde Ostheim,
  Frank Wagner
Heinz Blum, Bruchköbel
Katrin Boysen-Kux, Nidderau
Gerd Brodt, Ostheim
Bundesarchiv Koblenz
Erhard Bus, Windecken
Dr. Wilfried Carl, Ostheim
Cercle Philatélique des Fagnes de Chimay
Joan Chantrell, Hale, Großbritannien
Dorfmuseum Ostheim
DRK Kreisverband / Medienzentrum Hanau
Familie Lutz Erdmann, Ostheim
Geschichtsverein Haitz e.V.
Rainer Häuser, Windecken
Rudolf Harich (†), Niederissigheim
Heimat- und Geschichtsverein Langenselbold
Heimatmuseum Bruchköbel
Christa Heinrich, Gronau
Wilfried Horschig, Eichen
Eduard Kalbfleisch, Niederissigheim

Monica Kingreen, Windecken
Familie Fritz Kohl, Ostheim
Ewald Kolb, Ostheim
Walter Lechler, Stuttgart
Claude Legueltel, Frankfurt
Otto Löber, Ostheim
Ingrid Menzel, Eichen
Ingeborg Möckel, Eichen
Prof. Dr. Jürgen Müller, Eichen
Museum Weißenfels
Bianca und Markus Neubert, Heldenbergen
Rolf Neumann, Nidderau
Österreichische Nationalbibliothek, Wien
Wilfried Pfeiffer, Bad Soden-Salmünster
Heinrich Pieh, Ostheim
Elsbeth Ramme, Kilianstädten
Margret Reichhold, Eichen
Lothar Roß, Eichen
Dr. Gisela Schäfer-Kayserling, Schöneck
Heinz Schmidt, Ostheim
Christoph Seidel, Windecken
Stadtarchiv Chimay, Belgien
Stadtarchiv Hanau
Stadtarchiv Münster
Stadtarchiv Nidderau
Stiftung Archiv der deutschen Frauenbewe-
  gung, Kassel
Ulrike Streck-Plath, Maintal
Universitätsbibliothek Heidelberg
UNOG Library, League of Nations Archives,
  Genf
Verein für Heimatgeschichte Erbstadt e.V.
Christian Vogel, Niddatal
Marlies Vogel, Hof Buchwald
Doris Wagner, Frankfurt
Otfried Zipf, Linsengericht-Altenhaßlau

Viele Menschen haben das Projekt auf unterschiedliche Weise gefördert und unterstützt. Wir danken ganz herzlich:

Julia Balser, Heldenbergen
Guy Baudot, Chimay, Belgien
Jeanette Becker, Nidderau
Denise Below, Heldenbergen
Manuela Brademann, Maintal-Wachenbuchen
Karin Braun, Niederdorfelden
Helmut Brück, Ostheim
Angelika Brümmer-Leipold, Heldenbergen
Jutta Claar, Heldenbergen
Michael Dauth, Freigericht
Viktoria Diele, Heldenbergen
Armin Dörr, Eichen
Jutta Eckhardt, Stadtarchiv Nidderau
Frank Eisenzehr, Roßdorf
Pfarrerin Dr. Friederike Erichsen-Wendt, Windecken
Françoise Fassiaux, Chimay, Belgien
Ingrid Ferrand, Lempire aux Bois, Frankreich
Peter Gbiorczyk, Göttingen
Eva Gerlach, Heldenbergen
Helmut Gockert, Erbstadt
Manfred Heckelt, Windecken
Pfarrerin Simone Heider-Geiß, Heldenbergen
Patrick Hein-Becker, Stadtarchiv Nidderau
Martin Hoppe, Hanau
Julia Huneke, Windecken
Burkhard Jungcurt, Ostheim
Julia Jungjohann, Schöneck
Volker Kehl, Frankfurt
Leonore Kleff, Heldenbergen
Bernard Klein, Niederbronn, Frankreich
Hugo Klein, MdL, Freigericht
Pfarrer Andrew Klockenhoff, Hanau

Horst Körzinger, Windecken
Pfarrer Thomas Korfmann, Heldenbergen
Elisabeth Kretzschmar-Wegner, Nidderau
Gudrun Landgrebe
Dr. Heike Lasch, Windecken
Christian Lazic, Bruchköbel
Erika Lulka, Erbstadt
Julia Maaßen, Mailly-Maillet, Frankreich
Angela Meßner, Schöneck
Gertrud Nowak, Oberdorfelden
Constanze Ohlmes, Echzell
Pfarrer Dr. Lukas Ohly, Ostheim
Mechthild Pentzel, Karben
Dr. David Perkins, Canterbury, England
Sam Pfeiffer, Eichen
Ute Pieh, Ostheim
André und Marie-Thérèse Pinçon, L'Aigle, Frankreich
Christine Raedler, Gelnhausen
Franziska Reichenbacher, Wiesbaden
Sigrid Reichhold, Eichen
Heike Reinking, Heldenbergen
Jürgen Reuling, Heldenbergen
Peter Ripkens, Ostheim
Claudia Schmidt, Schöneck
Joachim Schulmerich, Hanau
Prof. Dr. Kristina Schulz, Bern
Nicole Stahlberg, Windecken
Julia Steul, Windecken
Pfarrerin Stephanie Stracke, Eichen-Erbstadt
Pfarrerin Heidrun Strippel, Kilianstädten
Inga Stutzke, Wächtersbach
Jean-Claude Toubeau, Chimay, Belgien

Sina Velten, Ostheim
Kerstin Völker-Zahn, Gründau
Céline Volders, Frankfurt
Corinna und Frank Wagner, Ostheim
Hedi Walter, Langenselbold
Christian Weis, Stuttgart

Stefanie Weudmann, Bad Homburg
Alexander Wicker, Gelnhausen
Michael Winterling, Nidderau
Julia Wirth, Frankfurt
Claudia Wolf, Nidderau
Linda Wolfrum, Schöneck

Ein besonderer Dank gilt:

den Kolleginnen und Kollegen, den Schülerinnen und Schülern und
der Elternschaft und dem Schulbotschafterrat der Bertha-von-Suttner-Schule
den Mitgliedern des Heimat- und Geschichtsvereins Ostheim e.V.
den Mitarbeiterinnen und Mitarbeitern der Stadtverwaltung Nidderau

Schließlich sei auch allen Personen und Institutionen gedankt, die bis zur Drucklegung dieses Bandes noch nicht genannt werden konnten.

Abkürzungen

AEvKG	Archiv der Evangelischen Kirchengemeinde	Ebd.	ebenda
		f. / ff.	folgende (Seite/n)
Anm.	Anmerkung	fol.	folio (bei Archivalien)
Aufl.	Auflage	H.	Heft
AZ	Aktenzeichen	Hg.	Herausgeber
Bd.	Band	S.	Seite
Bearb.	Bearbeiter	StA	Stadtarchiv
ders.	derselbe	Verf.	Verfasser / Verfasserin
dies.	dieselbe	vgl.	vergleiche

Die Autorinnen und Autoren

Katja Alt   geboren 1986, ist Lehramtsstudentin für Geschichte und Deutsch an der Johann Wolfgang Goethe-Universität in Frankfurt. Sie arbeitet seit 2011 als studentische Betreuerin der Hessischen Schülerakademie im Kurs „Geschichte". Seit 2012 ist sie als studentische Hilfskraft und Tutorin am Historischen Seminar in Frankfurt tätig, unter anderem in der „Mittelalterlounge", einem betreuten Studienzimmer. Im Rahmen des Projekts zu den Hessischen Landgemeinden im Ersten Weltkrieg bereitet sie ihre wissenschaftliche Abschlussarbeit vor.

Erhard Bus, M. A.   geboren 1953 in Windecken, arbeitet als freiberuflicher Historiker. Zu den Schwerpunkten seiner Tätigkeit gehören die Entwicklung inhaltlicher Konzepte für Museen, die Erstellung von Ortschroniken und Beiträgen zur Lokal- und Regionalgeschichte sowie die Beratung von Kommunen und Unternehmen im Rahmen ihrer Kultur- und Öffentlichkeitsarbeit. Zu seinem Repertoire zählen außerdem zahlreiche Vorträge zu historischen Themen. Siehe im Einzelnen: www.geschichte-und-gegenwart.de.

Friederike Erichsen-Wendt   Friederike Erichsen-Wendt, geboren 1976, hat evangelische Theologie und Erwachsenenbildung studiert und wurde 2005 an der Universität Heidelberg zum Dr. theol. promoviert. Sie ist seit 2008 Pfarrerin der Evangelischen Kirche von Kurhessen-Waldeck an der Stiftskirche zu Nidderau-Windecken.

Monica Kingreen   ist wissenschaftliche Mitarbeiterin im Pädagogischen Zentrum des Jüdischen Museums und des Fritz Bauer Instituts in Frankfurt. Sie ist Lehrbeauftragte am Seminar für die Didaktik der Geschichte der Goethe-Universität Frankfurt am Main. Ihre Arbeitsschwerpunkte sind die jüdische Lokal- und Regionalgeschichte Hessens vor 1933 und in der NS-Zeit sowie die Geschichte des Holocaust. Sie ist Mitglied der Kommission des Landes Hessen zur Geschichte der Juden in Hessen.

Christian Lazic   geboren 1980 in Hanau, studiert an der Johann Wolfgang Goethe-Universität in Frankfurt Geschichte, Politologie und Klassische Archäologie. Seit 2011 arbeitet er in einem Unternehmensarchiv. Er wohnt seit seiner Kindheit in Bruchköbel-Niederissigheim.

Jürgen Müller geboren 1959, ist Professor für Neuere Geschichte an der Johann Wolfgang Goethe-Universität in Frankfurt am Main. Als wissenschaftlicher Mitarbeiter der Historischen Kommission bei der Bayerischen Akademie der Wissenschaften ediert er die „Quellen zur Geschichte des Deutschen Bundes 1850–1866". Daneben ist er als Mitherausgeber der „Historischen Zeitschrift" verantwortlich für deren Rezensionsteil. Er lebt seit 1989 in Eichen.

Heinrich Pieh geboren 1940, lebt seit 1948 in Ostheim. Er war Gymnasiallehrer am Karl-Rehbein-Gymnasium in Hanau, wo er von 1989 bis 2004 als Schulleiter amtierte, und Fachleiter am Studienseminar in Offenbach. Seit 1972 war Heinrich Pieh Kreistagsabgeordneter im Altkreis Hanau und nach der Gebietsreform ab 1974 im Main-Kinzig-Kreis. In dieser Zeit war er 25 Jahre ehrenamtlicher Kreisbeigeordneter. Im Jahr 1987 gründete er den Heimat- und Geschichtsverein Ostheim, den er seither als Erster Vorsitzender leitet.

Kristina Schulz geboren 1971 in Bremen, studierte an den Universitäten Straßburg, Freiburg/Br., Bielefeld und Paris und wurde 2002 mit einer Studie über die Frauenbewegung in Frankreich und der Schweiz promoviert. Seit 2009 ist Kristina Schulz Förderungsprofessorin des Schweizerischen Nationalfonds am Historischen Institut der Universität Bern. Ihre Forschungsschwerpunkte sind die Sozialen Bewegungen, die Frauen- und Geschlechterbeziehungen im 20. Jahrhundert und die Historische Exilforschung.

Verzeichnis der Abbildungen

Abb. 1:	Die Pfarreichronik von Eichen und Erbstadt	20/21
Abb. 2:	Karl Wilhelm Castendyck mit dem Eicher Konfirmandenjahrgang 1925	25
Abb. 3:	Hessische Dorfbewohner im Ersten Weltkrieg	40
Abb. 4:	Die Mitglieder des Roßdorfer Kriegsausschusses im Jahr 1914	49
Abb. 5:	Titelblatt der Roßdorfer „Heimat" vom 25. Oktober 1914	51
Abb. 6:	Wilhelm Heldmann (1899–1918) aus Ostheim	69
Abb. 7:	Der 1. Ostheimer Fußballclub „Germania" von 1911	74
Abb. 8:	Dr. Heinrich Peter Brodt (1887–1963) aus Ostheim	78
Abb. 9:	David Sommer in Uniform, um 1915	85
Abb. 10:	Siegfried Katz mit Kameraden, 1915	94
Abb. 11:	Siegmund Grünewald mit seiner Familie, 1916	99
Abb. 12:	Carl und Marie Henß	111
Abb. 13:	Weihnachtsgruß für Windeckens Krieger 1914	113
Abb. 14:	Weihnachtsgrußkarte von Familie Merz aus Eichen an Wilhelm Merz 1914	119
Abb. 15:	Der Bahnhofsdienst der Freiwilligen Sanitätskolonne Hanau während des Ersten Weltkriegs	138
Abb. 16:	Das Reservelazarett I der Königlich-Preußischen Intendantur des XVIII. Armeekorps in Gelnhausen 1914	144
Abb. 17:	Französische Kriegsgefangene in Windecken	154
Abb. 18:	Bekanntmachung der Windecker Kriegsfrauenhilfe in der Windecker Zeitung vom 14. August 1915	157
Abb. 19:	Internationaler Frauenfriedenskongress 1915 in Den Haag	172
Abb. 20:	Bertha von Suttner bei einem Vortrag	174
Abb. 21:	Bertha von Suttner, undatierte Aufnahme	183
Abb. 22:	Titelblatt des Romans „Die Waffen nieder!", Volksausgabe von 1896	184
Abb. 23:	Bertha von Suttner in späteren Jahren	185
Abb. 24:	Extrablatt des Casseler Tageblatt und Anzeiger vom 2. August 1914	187
Abb. 25:	„Der heilige Krieg" von Ernst Barlach, Lithografie, 1914	189
Abb. 26:	Meldung über den Absturz eines feindlichen „Flugapparats" in der Windecker Zeitung vom 5. August 1914	189
Abb. 27:	Wilhelm und Margarete Merz aus Eichen	191
Abb. 28:	Philipp Pieh (1884–1963) aus Ostheim	192
Abb. 29:	Taschenuhr, Auszeichnungen und Militärpass von Philipp Pieh	193
Abb. 30:	Ein Aschenbecher, angefertigt aus einer Geschosshülse	194
Abb. 31:	Familie Müller aus Rumpenheim, ca. 1917	195
Abb. 32:	Feldbesteck mit Etui und Koppelschloss des k.u.k. Infanterieregiments 59 / Hausregiment Erzherzog Rainer	196/197
Abb. 33:	Sterbeurkunde von Philipp Heinrich Baumann aus Erbstadt	199
Abb. 34:	Der letzte Brief von Heinrich Peter Bickes vom 27. Oktober 1915	200
Abb. 35:	Jakob Lipp im Lazarett	201
Abb. 36:	Bajonett	202/203

Verzeichnis der Abbildungen | 233

Abb. 37:	Anzeige der Firma J. Hermann aus Hanau in der Windecker Zeitung vom 21. November 1914 für „Liebesgaben"	205
Abb. 38:	Anklage wegen unerlaubten Kuchenbackens gegen Margarete Möller aus Erbstadt	206
Abb. 39:	Notgeld der Stadt Hanau von 1917	207
Abb. 40:	Reste einer Wandkritzelei in Windecken	208/209
Abb. 41	Feldpostkarte von Wilhelm Merz an seine Familie vom 20. Juni 1916	211
Abb. 42:	Antirussische Propagandapostkarte	212
Abb. 43:	Antirussische Propagandapostkarte	213
Abb. 44:	Die Grabstätte von Michail Kalugin auf dem Windecker Friedhof	213
Abb. 45:	Feldpostkarte von Margarete Merz an ihren Ehemann Wilhelm, Ende Dezember 1917 (Vorderseite)	215
Abb. 46:	Feldpostkarte von Margarete Merz an ihren Ehemann Wilhelm, Ende Dezember 1917 (Rückseite)	215
Abb. 47:	Das Ehrenmal auf dem Friedhof Heldenbergen, 1928	217
Abb. 48:	Steinerner Kelch auf dem Heldenberger Friedhof	218
Abb. 49:	Schrift Ehrenhain der deutschen Pfarrerschaft, Essen 1938	219
Abb. 50:	Aufruf zur ersten Volksversammlung in Ostheim am 9. November 1918	221
Abb. 51:	Aufruf des „Bundes zur politischen Förderung der Frau"	222
Abb. 52:	Banknote vom 15. Oktober 1923 über 200 Milliarden Mark	223
Abb. 53:	Arbeitseinsatz an der Adolf-Hitler-Anlage in Eichen 1933	223

Register

Die Register wurden erstellt von Katja Alt und Julia Wirth.

Ortsregister

Alexandrowo 160, 213
Altenmittlau 141
Ardennen 73
Argonnen 73, 76, 85
Artois 76
Augustinow 100
Auschwitz 87, 89, 98, 104f.

Bad Homburg 104
Bad Orb 144, 148
Belgien 69, 75, 77, 117, 186
Bergen-Enkheim 131
Berlin 102, 105f., 170, 174
Bern 170f.
Bethlehem 118, 120f.
Beverloo 76
Birstein 142, 144f., 148
Bochum 62f.
Bonchamp-les-Laval 160
Borken, Westf. 85
Breitenbach im Herzberg 107
Breitenborn (Lützel) 141
Bremen 145
Brien 98
Bruchköbel 61f., 67, 93
Buchenwald 89, 97, 105
Büdesheim 133f., 156
Bulawajo 107
Bulgarien 65
Burgpreppach 85
Bussières 160
Butterstadt 57

Cadarcet 160
Cambrai 69
Champagne 69, 76
Charleroi 73
Chelmno 89
Chicago 169
Colmar 84
Crainfeld 96

Dachau 104
Dänemark 27
Darmstadt 56, 58, 101f., 104–106, 153
Dartford 161
Den Haag 171–176
Dörnigheim 134
Drancy 87
Dresden 145
Dublin 160

Eichen 13, 15, 18–47, 48, 67f., 78, 118f., 155f., 159f., 189, 198, 214f., 220, 223
Elsass (-Lothringen) 13, 39–41, 141, 151, 205
England 64, 106f., 210
Erbstadt 13, 15, 18–47, 48, 67f., 78, 155f., 158–161, 189, 198, 207, 210, 214
Essen 104

Fechenheim 131
Flandern 54, 76
Flörsbachtal 48
Frankfurt am Main 44, 63, 76f., 83, 87–90, 92–93, 96f., 99–102, 104–106, 142f., 145f., 149 153, 158
Frankfurt-Bornheim 156
Frankreich 64, 68–70, 75, 78, 85, 87, 92, 95, 117f., 137, 173, 210
Freiburg (Sachsen) 144
Friedberg 62f., 101f., 104f., 189

Galizien 69, 201
Gathemo 160
Gelnhausen 48, 130f., 139–149
Gießen 63, 103, 145, 153
Gnadenfeld 48
Gondsroth 141
Gronau 67
Großauheim 131, 133
Großbritannien 68
Groß-Umstadt 89
Grundhelm 48
Gurs 92

Hailer 141
Hamburg 85, 92
Hanau 29f., 34, 44, 49, 52, 54f., 58f., 62f., 65, 68, 73, 75f., 78, 149f., 189, 207, 214, 221f.
Hazebrouk 57
Heddernheim 42
Heldenbergen 54, 82, 98–106, 154, 156, 198, 214, 217f.
Hochstadt 67
Hofgeismar 48
Holland 104
Hrodna 111
Hüttengesäß 67

Italien 68
Jersey (Insel) 161

Kaichen 156
Kapstadt 96, 107
Karpathen 69
Kasan 76
Kassel 96, 141, 143, 145
Kaunas 89
Kergrist Moëlou 160
Kiew 76
Köln 63, 85
Kreuzburg, Schlesien 56

Langenbergheim 93
Langenselbold 34, 67, 134, 153, 155
Laon 201
Les Milles 91
Lille 56, 69
Lindheim 93
Lódz 56, 89
Lohrhaupten 48
Lublin 96, 107
Lütgendortmund 63
Luxemburg 186

Magdeburg 145
Mainz 58, 75–76, 106
Mariampol, Polen 100
Marköbel 67, 84, 93
Marsberg, Westf. 83

Meerholz 48, 144f., 148
Meißen 201
Melbach 75
Mittelbuchen 57, 61, 67
Mouron 211
München 145

Neuenhaßlau 141
Neuhof bei Fulda 48
Neuseeland 168
Neuses 141, 148
New York 87–89, 91–93, 95, 214
Niederdorfelden 67
Niederissigheim 56, 67
Nimes 91
Nizza 87
Nowy-Dor 69

Oberissigheim 56, 59, 67
Österreich (-Ungarn) 68, 164
Offenbach 63
Ortenberg 145
Osmanisches Reich 68, 155
Ostheim 19, 29, 62, 67f., 71–84, 93–98, 104, 153, 159, 190, 198, 214, 221
Ostpreußen 143, 151

Palästina 89, 97, 106, 129
Paramaribo 48
Paris 90, 169
Pensa 76
Perigieux 91f.
Plauen 214
Polen 213
Posen 145
Prag 96
Preußen 112, 164

Raasikuu 92
Reims 98
Rembercourt 70f., 80, 200, 214
Rhodesien 107
Rödelheim 69
Rosenberg, Schlesien 56
Roßdorf 13, 41, 48–62, 65, 67, 130, 155, 157, 159, 161
Rothenbergen 141
Rougnat 160
Roye 75
Rüdigheim 67
Rumänien 68, 146

Rumpenheim 195
Russland 53, 64, 68f., 73, 147, 152, 186, 210–213

Saarbrücken 99
Salmünster 145
San Francisco 106
Sarajevo 180f.
Schlesien 55–56, 205
Schlüchtern 48, 83, 145
Seneca Falls 169
Senegal 155
Serbien 69, 186
Sibirien 77
Soissons 201
Somborn 142, 144f.
Somme 73, 75f.
St. Baussant 73
St. Etienne à Arnes 98
St. Jean du Corail 160
Sterbfritz 86
Straßburg 87
Stuttgart 170
Südafrika 97, 107
Surinam 48, 65–66

Tann in der Rhön 111
Theresienstadt 87f. 96–98, 104, 106f.
Treblinka 87, 96, 105

USA 97, 106

Vassingcourt 69
Verdun 57, 69f., 73, 76f., 80
Vichy 87, 92
Ville de Tourbe 95
Villiers au Pluich 69

Wachenbuchen 61
Wächtersbach 147
Weinheim 83
Weißrussland 111
Werne 62f.
Wetzlar 75, 153, 156
Windecken 54, 62, 67, 82–93, 97, 104, 107, 109–115, 122–125, 130, 134, 154, 156, 157–160, 198, 207f., 210, 214
Witten 41, 63
Wjatka 76
Wölfersheim 75

Zonnebeke 73
Zürich 172

Personenregister

Addams, Jane 171f., 175
Adler, Arthur 93
Adler, Benzion 93, 97
Adler, Hermann 93, 97
Adler, Max 93
Adler, Willi 93
Anthony, Suzanne 168
Apel, Paul 104
Arper, Karl 125
Augspurg, Anita 170–172, 175f.

Bässler, Wilhelm 71
Bär, Bäcker 27
Baumann, Anna Elise 73
Baumann, Friedrich Wilhelm 73, 94f., 111
Baumann, Gustav Jakob 110f., 114–116, 121, 123, 127, 134
Baumann, Heinrich Wilhelm 72f.
Baumann, Heinrich, Landwirt 73
Baumann, Heinrich, Schreiner 73
Baumann, Konrad 73
Baumann, Margarete, geb. Stelz 73
Baumann, Maria 73
Baumann, Philipp Heinrich 23, 198, 214
Bäumer, Gertrud 171f.
Bebel, August 165
Bechtel, Kriegervereinsvorsitzender 49
Beck, Johannes 72
Bernbeck, Pfarrer 134
Best, Karl 213
Best, Richard 213
Betcke, Chefarzt 144
Bickes, Heinrich Peter 70–73, 80, 198, 200
Bickes II., Johannes 70
Bickes, Maria Philippine, geb. Löffler 70, 214
Bismark, Otto von 164f.
Bohländer, Wilhelm 69
Brecht, Karl 69
Brodt, Elise, geb. Adam 78
Brodt XV., Heinrich 69
Brodt, Heinrich Peter 78f., 190, 214

Carl, Heinrich Wilhelm 75
Castendyck, Karl Wilhelm 13, 18–47, 78, 81, 155f., 189, 214, 220
Castendyck, Minna 18
Clarius, Elisabeth 213

Demuth, Nachtwächter 53
Dietz, Johannes 24
Draudt, Kaspar 76f.

Ehlers, Militärpfarrer 214
Ehringhaus, Pfarrer 62

Faber, Asta 148
Fink, Friedrich Karl 19, 62, 67, 72, 79, 214
Fink, Gotthold Friedrich 72, 79f.
Fink, Johannes 72f.
Fischer, Ernst 134
Forgues, Pierre 160
Fuchs, Karl Jakob Theodor 123

Gauff, Kaufmann 48, 50
Geb, Rektor 134
Gounon, André Joseph Henri 160
Goy, Bürgermeister 48, 103
Goy, Kirchenältester 48f.
Grünewald, Ernst 99
Grünewald, Kurt 99
Grünewald, Max 99
Grünewald, Siegmund 98f., 104

Haas, David 98, 104
Haas, Isidor 98
Haas, Martin 104
Hartmann, Geheimer Sanitätsrat 133
Hecker, Friedrich 166
Heldmann, Wilhelm 74
Henkel, Diamantschleifer 48
Henß, Carl 111f., 114–116, 121f., 124, 126–129
Henß, Marie, geb. Baumann 111f., 114, 116, 134, 214
Hermann, Fritz 98, 104
Hermann, Jacob 98
Hermann, Johanna 98
Hermann, Julius 99, 104
Hermann, Klara 98
Hermann, Moritz 98f., 104
Heyde, Heinrich Bernhard 48, 65

Heyde, Karl 48–50, 52–57, 59–65, 157f.
Heymann, Lida Gustava 170f., 175f.
Hirschfeld, Provinzialrabbiner 103
Hitler, Adolf 220f.
Hüter, Anna 140f., 143
Hunold, Friedrich 72

Isenburg-Birstein, Fürstin von 148
Jacobs, Aletta 171

Kalugin, Michail 160, 213
Katz, Anselm 74
Katz, Gerda 93
Katz, Klara 95, 98, 214
Katz, Lina Sara 74
Katz, Mathilde 95–96, 214
Katz, Manfred 93, 97
Katz, Samuel 93, 97–98
Katz, Siegfried 74, 94–96
Katz, Wilhelm 93
Kaufmann, Ludwig 127
Kittsteiner, Sanitätsrat 133
Köppel, Konrad 72
Kohl, Ernst 69
Kohl, Peter 154

Lange, Helene 168
Lasalle, Ferdinand 165
Laubach, Johanna, geb. Bär 26
Laubach, Wilhelm Christian 26
Laur von Münchhofen, Maximilian Freiherr 132, 150
Lechevalier, Auguste Charles 160
Leichner, Ortsdiener 19
Lepage, Alfred François 160
Levi, Henriette 127
Levi, Jacob 83
Levi, Klara 96
Levi, Ludwig 83, 87
Levy, Herz 83
Liebknecht, Karl 177
Liebknecht, Wilhelm 165
Lintner, Lazarettarzt 72, 214
Lipp, Jakob 201
Löser, Landrat 87, 92
Luxemburg, Rosa 177

Malsch, Olga 50
Mehrling, Karl 72

Merz, Christoph Heinrich 15
Merz, Margarete 190, 214f.
Merz, Wilhelm 118f., 190, 211, 214
Möller, Elisabeth 207
Möller, Margarete 28f., 206f.
Mörschel, Emilie 28f.
Moisseron, Victore Auguste Marie 160
Müller, Anton 195
Müller, Doris 83
Müller, Emil 195
Müller, Grete 83
Müller, Joseph 83, 87
Müller, Moritz 86
Müller, Sofie 195

Neuffurth, Lehrer 48
Nobst, Hans 144
Noll, Geheimer Sanitätsrat 133
Noone, William 160

Östreich, Friedrich Wilhelm 73
Östreich, Georg 73
Östreich, Heinrich 72f.
Östreich, Johann Heinrich 73, 81
Östreich, Nikolaus 72, 74
Oppenheimer, Hilde 92
Otto-Peters, Louise 167

Pemtroat, Joseph Marie 160
Peters, August 166
Pieh, Katharina Maria, geb. Schuffert 75
Pieh, Philipp 75f., 190, 192f.
Pörschke, Minna 214

Rachhals, Otto 69
Reichenberg, Bertha 89
Reichenberg, Ernst 84, 88f.
Reichenberg, Frieda 83, 89
Reichenberg, Josef 83f., 89
Reichenberg, Julius 83f., 87, 89
Reichenberg, Löb 83
Reichenberg, Ludwig 84, 88
Reichenberg, Manfred 84, 88
Reichenberg, Meta 83
Reichenberg, Rita 83, 89
Reichenberg, Rosa 83, 89
Reichenberg, Ruth 84, 88
Reichenberg, Salli 83f., 87f.
Reichenberg, Salomon 84, 87f.

Reis, Heinrich 154
Röder, Lehrer 48
Rödiger, Heinrich 161
Römheld, Pfarrer 134
Rothschild, Albert 100, 106
Rothschild, Alfred 100, 105
Rothschild, Heinz 100
Rothschild, Helmut 100
Rothschild, Herbert 100
Rothschild, Hugo 100, 105
Rothschild, Josef 100, 105
Rothschild, Kurt 100
Rothschild, Manfred 100
Rothschild, Max 100, 105f.
Rothschild, Moritz 100
Rothschild, Theodor 100, 105, 107

Schatzmann, Hermann 101, 106
Schatzmann, Ilse 101
Schatzmann, Julius 101, 106
Schaum, Hermann 145
Scheer, Wilhelm 13, 127
Schernick, Friedrich 69
Scheuer, Bella 101
Scheuer, Hilde 101, 106
Scheuer, Julius 101, 106
Scheuer, Lea 101
Scheuer, Manfred 101
Scheuer, Michael 101, 106
Scheuer, Samuel 101, 106
Schilling, Gerlinde, geb. Heyde 48
Schilling, Johannes Adolf 48
Schmalz, Gastwirt 158
Schmalz, Hebamme 90
Schmidt, Auguste 166
Schmidt, Bürgermeister 143
Schmidt, Lehrer 214
Schmidt, Richard 161
Schneider, Bürgermeister 48
Schneider, Wirt 53, 59
Schnillier, Georges 160
Schnitzer II., Konrad 53
Schöffer, Willy 139
Schuffert, Heinrich 75
Schumann, Gertrud 148
Schuster, Felix 86–87, 93
Schuster, Manfred 86
Selenka, Lenore 174
Seligmann, Robert 101, 106
Sichel, Benno 102

Sichel, Ludwig 102, 106
Sichel, Siegfried 102
Sichel, Siegmund 102, 106
Sommer, David 84f., 87, 89–92
Sommer, Erich 85, 89–91
Sommer, Hella 85, 90f.
Sommer, Max 85, 92
Sonnenmayer, Georg 146
Speier, Adolph 102, 106
Speier, Blanka 106
Speier, Ellen 106
Speier, Martin 106
Speier, Max 102
Stein, Karl 69
Stock, Philipp 141
Stöcker, Helene 174
Strauß, Berthold 102, 107
Strempel, Schuhmacher 48
Suttner, Bertha von 16, 173f., 176, 180, 182, 185, 221

Tatarinow, Fedosej 160

Weißenstein, Marie 55
Wertheimer, Adolf 102, 107
Wertheimer, Else 102
Wertheimer, Irene 102
Wertheimer, Julius 102
Wilhelm II., Deutscher Kaiser 81f.
Wolf, Abraham 86
Wolf, Hilde 85
Wolf, Ida 127
Wolf, Joseph 85f., 92
Wolf, Raphael 127
Wörner, Charlotte 77
Wörner, Georg 77, 190
Wörner, Johann Georg 77, 214
Wörner, Katharina 77

Ysenburg, Alfons zu 150

Zetkin, Clara 169f., 177
Zillessen, Alfred 125